Wissensspeicher Chemie

Das Wichtigste bis zum Abitur
in Stichworten und Übersichten

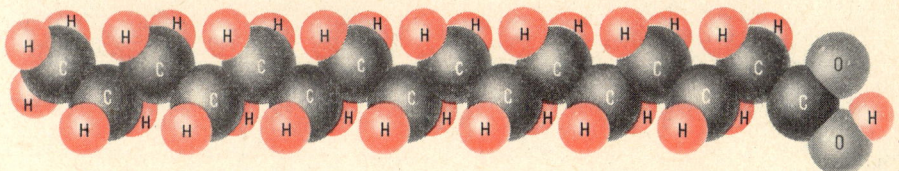

Klaus Sommer

16. Auflage

Volk und Wissen
Volkseigener Verlag Berlin
1988

Bei der Bearbeitung einzelner Textstellen wurden die im Verlag erschienenen Schulbücher für das Fach Chemie zugrunde gelegt.

Sommer, Klaus:
Wissensspeicher Chemie: d. Wichtigste bis
zum Abitur in Stichworten u. Übersichten/
Klaus Sommer. [Zeichn.: Fritz Hampel]. –
16. Aufl. – Berlin: Volk u. Wissen, 1988. –
302 S.: Ill.

ISBN 3-06-031717-8

16. Auflage
Die 1. bis 12. Auflage erschienen unter den Titelnummern 03 17 01, 03 17 11 und 03 17 10.
© Volk und Wissen Volkseigener Verlag, Berlin 1983
Lizenz-Nr. 203 · 1000/88 (UN 03 17 17–16) · VWV 31/87
Printed in the German Democratic Republic
Schrift: 9/10 p Gill Monotype
Gesamtherstellung: Grafischer Großbetrieb Völkerfreundschaft Dresden
Redaktion: Edward Gutmacher, Karin Hammann
Zeichnungen: Fritz Hampel
Einband: Manfred Behrendt
Typographische Gestaltung: Rainer Dassow
Redaktionsschluß: 20. Oktober 1987
LSV 1 207
Bestell-Nr. 707 747 8
00950

Inhalt

5

Zur Einführung

Der Wissensspeicher Chemie ist ein Nachschlagewerk aus der Wissensspeicher-Reihe des Verlages. Das Buch enthält das Wissen und Können, das im Chemieunterricht bis zum Abitur behandelt wird, in knapper und übersichtlicher Form, darüber hinaus Werte und andere Angaben, die häufig gebraucht werden. Teilweise wurden auch Fakten berücksichtigt, die sich auf den fakultativen Unterricht beziehen.

Der Inhalt ist, unabhängig von der Reihenfolge der Behandlung im Unterricht, nach Sachgebieten zusammengefaßt und zahlreichen Schlagwörtern zugeordnet. Das Auffinden wird durch das Inhaltsverzeichnis und das ausführliche Register erleichtert.

Das Internationale Einheitensystem (SI) wird in diesem Buch konsequent angewandt. Die Namen und Zeichen für chemische Elemente und Verbindungen entsprechen den von der IUPAC festgelegten Regeln.

In diesem Buch werden folgende Symbole verwendet:

■	Beispiel
↗	Hinweis auf ein anderes Schlagwort
Wiss Ph	Wissensspeicher Physik
Wiss Bio	Wissensspeicher Biologie

Grundbegriffe der Chemie

1.1. Chemie und ihre Teilgebiete

Chemie

Wissenschaft von den Stoffen, ihrem Aufbau, ihren Eigenschaften und den Reaktionen, die zu anderen Stoffen führen. Die Chemie wird in Teilgebiete untergliedert, die sich in ihrem Aufgabenbereich und ihren Arbeitsmethoden unterscheiden, zwischen denen es aber Übergänge und Grenzgebiete gibt.

Teilgebiete der Chemie

Teilgebiet	Untersuchungsgegenstand
Anorganische Chemie	Elemente und ihre Verbindungen (mit Ausnahme der in der organischen Chemie erfaßten Kohlenstoffverbindungen)
Organische Chemie	Kohlenstoffverbindungen (mit Ausnahme der Oxide des Kohlenstoffs, der Kohlensäure und ihrer Salze, der Carbide sowie einiger anderer einfacher Kohlenstoffverbindungen)
Allgemeine Chemie	Bau der Stoffe, chemische Bindung, allgemeine Eigenschaften der Stoffe, chemische Reaktionen der Stoffe
Physikalische Chemie	Physikalische Erscheinungen und Gesetzmäßigkeiten bei chemischen Reaktionen, Beeinflussung chemischer Reaktionen durch physikalische Einwirkungen
Chemische Thermodynamik	Energieumsatz bei chemischen Reaktionen
Technische Chemie und chemische Verfahrenstechnik	Überführung chemischer Erkenntnisse und Arbeitstechniken in technisch nutzbare Verfahren und die dazu notwendigen apparativen Ausrüstungen

Teilgebiet	Untersuchungsgegenstand
Elektrochemie	Chemische Reaktionen mit Umsatz elektrisch geladener Teilchen
Analytische Chemie	Qualitativer Nachweis, quantitative Bestimmung und Aufklärung der Struktur der Stoffe
Präparative Chemie	Darstellung der Stoffe
Biochemie und physiologische Chemie	Chemische Reaktionen im lebenden Organismus

Betrachtungsebenen in der Chemie

Ebenen der exakten begrifflichen Einordnung von Stoffen und ihren Teilchen, deren Eigenschaften und ihren Reaktionen in den Mikrobereich und den Makrobereich.
Begriffe der Chemie beziehen sich zum Teil sowohl auf den Mikro- als auch auf den Makrobereich, zum Teil sind sie aber eindeutig nur einem Bereich zuzuordnen. Eine exakte Unterscheidung ist deshalb wichtig:

Submikroskopische Betrachtungsweise (Teilchenebene)

■ Begriffe: Atom, Ion, Molekül
Eigenschaften: Masse eines Atoms, Ions, Moleküls, Oxydationszahl, Elektronegativitätswert

Makroskopische Betrachtungsweise (Stoffebene)

■ Begriffe: Stoff, Substanz, Metall, Nichtmetall, Mineral
Eigenschaften: Aggregatzustand, Farbe, Härte, Dichte, Schmelztemperatur, Siedetemperatur

1.2. Elemente und Verbindungen

Chemisches Element

Atomart, die durch eine bestimmte konstante Kernladungszahl gekennzeichnet ist (neuere, submikroskopische Betrachtungsweise).
Stoff, dessen sämtliche Atome die gleiche Kernladungszahl haben (herkömmliche, makroskopische Betrachtungsweise).

■ Alle Atome des chemischen Elements Kohlenstoff haben die Kernladungszahl 6.

Chemische Verbindung

Verband aus mehreren Atomen, die durch chemische Bindungen zusammengehalten werden (neuere, submikroskopische Betrachtungsweise).
Stoff, in dem die Atome eines oder mehrerer Elemente miteinander verbunden sind und zwischen deren Massen ein bestimmtes (stöchiometrisches) Verhältnis besteht (herkömmliche, makroskopische Betrachtungsweise).

Einelementverbindung: Diwasserstoff H_2, Trisauerstoff (Ozon) O_3

Mehrelementverbindung: Aluminiumoxid Al_2O_3, Methanol CH_3OH

Eine Verbindung entsteht durch eine chemische Reaktion aus Elementen oder aus Verbindungen oder aus Elementen und Verbindungen. Sie hat andere Eigenschaften als die Stoffe, aus denen sie entstanden ist.

↗ Chemische Reaktionen S. 67; chemische Bindung S. 42

Komplexverbindung

Verbindung, die durch Anlagerung von Molekülen oder Ionen an andere Ionen oder Atome entsteht. Komplexverbindungen sind aus Komplex-Ionen und Anionen beziehungsweise Komplex-Ionen und Kationen zusammengesetzt.

$$Cu(OH)_2 + 4\,NH_3 \longrightarrow [Cu(NH_3)_4]^{2+} + 2\,OH^-$$

komplexes Kation   Anionen

$[Cu(NH_3)_4](OH)_2$
Tetramminkupfer(II)-hydroxid

$$AgCl + 4\,Na^+ + 2\,S_2O_3^{2-} \longrightarrow 3\,Na^+ + [Ag(S_2O_3)_2]^{3-} + Na^+ + Cl^-$$

Kationen   komplexes Anion

$Na_3[Ag(S_2O_3)_2]$
Natrium-dithiosulfatoargentat

↗ Komplex-Ionen S. 40; Namen S. 146

1.3. Einteilung der Stoffe

Körper

Begrenzter makroskopischer Raumbereich, der von Masseteilchen ausgefüllt ist; Gegenstand physikalischer Untersuchungen. Körper haben Masse, Volumen und bestehen aus Stoffen.

Festkörper: Kupferwürfel

Flüssigkeit: Wasser in einem Becher

Gas: Luft in einem Ballon

9

Stoff

Anhäufung von Teilchen (Struktureinheiten wie Atome, Kationen und Anionen, Moleküle, Formeleinheiten), die untereinander in Wechselwirkung stehen; befindet sich im festen, flüssigen oder gasförmigen Aggregatzustand.

Ein Stoff besitzt typische Eigenschaften, die den submikroskopischen Struktureinheiten, aus denen er aufgebaut ist, nicht zukommen (z. B. Dichte, Härte, Aggregatzustand, Schmelztemperatur) und die meist auch nicht Summe der Teilcheneigenschaften darstellen.

↗ Betrachtungsebenen in der Chemie S. 8

Übersicht über die Stoffe

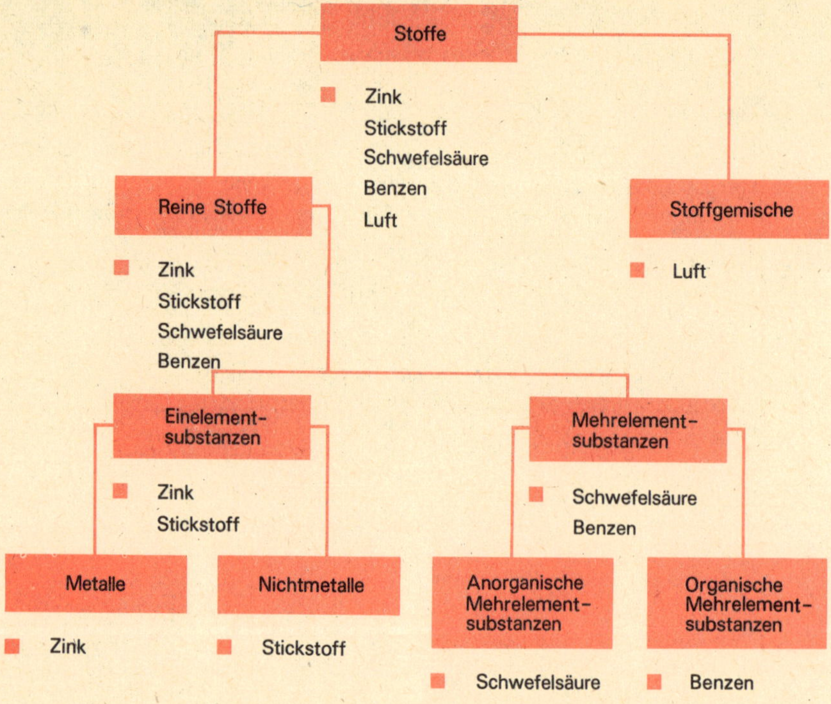

Stoffe
- Zink
- Stickstoff
- Schwefelsäure
- Benzen
- Luft

Reine Stoffe
- Zink
- Stickstoff
- Schwefelsäure
- Benzen

Stoffgemische
- Luft

Einelementsubstanzen
- Zink
- Stickstoff

Mehrelementsubstanzen
- Schwefelsäure
- Benzen

Metalle
- Zink

Nichtmetalle
- Stickstoff

Anorganische Mehrelementsubstanzen
- Schwefelsäure

Organische Mehrelementsubstanzen
- Benzen

Reiner Stoff (Substanz)

Stoff, der aus gleichen Teilchen (Struktureinheiten) besteht:

Einelementsubstanzen bestehen aus Teilchen nur eines Elements.

- Disauerstoff besteht aus Disauerstoffmolekülen

Mehrelementsubstanzen bestehen aus gleichen Teilchen (Struktureinheiten), die aus Teilchen mehrerer Elemente zusammengesetzt sind.

- Kohlendioxid besteht aus Kohlendioxidmolekülen

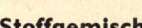
Stoffgemisch

Stoff, der aus Teilchen verschiedener Stoffe besteht.

■ Wäßrige Glucoselösung besteht aus Glucose- und Wassermolekülen. Luft besteht aus Stickstoffmolekülen, Sauerstoffmolekülen und anderen Teilchen.

Metall

Stoff (Einelementsubstanz), der als charakteristische Eigenschaften hohe Wärmeleitfähigkeit, hohe elektrische Leitfähigkeit und metallischen Glanz besitzt und sich meist durch Walzen, Schmieden, Pressen und Ziehen umformen läßt. Metalle lassen sich nach verschiedenen Gesichtspunkten einteilen:

Einteilungs-prinzip	Einteilung	
Dichte	**Leichtmetalle** ($\varrho < 5 \text{ g} \cdot \text{cm}^{-3}$) ■ Natrium ($\varrho = 0{,}97 \text{ g} \cdot \text{cm}^{-3}$)	**Schwermetalle** ($\varrho > 5 \text{ g} \cdot \text{cm}^{-3}$) ■ Eisen ($\varrho = 7{,}86 \text{ g} \cdot \text{cm}^{-3}$)
Schmelz-temperatur	**niedrigschmelzende Metalle** ($t_s < 1\,000\,°C$) ■ Zinn ($t_s = 232\,°C$)	**hochschmelzende Metalle** ($t_s > 1\,000\,°C$) ■ Kupfer ($t_s = 1\,083\,°C$)
Chemische Beständigkeit	**edle Metalle** (reagieren nicht mit Säurelösungen unter Wasserstoffentwicklung) ■ Silber, Gold	**unedle Metalle** (reagieren mit Säurelösungen unter Wasserstoffentwicklung) ■ Natrium, Eisen
Technische Verwendung	**Eisenmetalle** (auch Schwarzmetalle) ■ Roheisen, Stahl	**Nichteisenmetalle** (auch Buntmetalle) ■ Kupfer, Zinn, Messing

↗ Eigenschaften der Hauptgruppenelemente S. 62

Nichtmetall

Stoff (Einelementsubstanz), der nicht die charakteristischen Eigenschaften der Metalle aufweist.
Nichtmetalle haben meist schlechte Wärmeleitfähigkeit und schlechte elektrische Leitfähigkeit.

■ Chlor, Sauerstoff, Schwefel, Stickstoff, Phosphor, Wasserstoff.

Halbmetall

Stoff (Einelementsubstanz), der in seinen Eigenschaften zwischen Metallen und Nichtmetallen steht.

■ Bor, Silicium, Germanium, Arsen, Selen.

↗ Eigenschaften der Hauptgruppenelemente S. 62; Modifikationen S. 52

Klassen anorganischer Mehrelementsubstanzen

Klasse	Name	Formel
Oxid	Aluminiumoxid	Al_2O_3
Säure	Schwefelsäure	H_2SO_4
Hydroxid	Calciumhydroxid	$Ca(OH)_2$
Salz	Natriumchlorid	$NaCl$

Klassen organischer Mehrelementsubstanzen

Klasse	Name	Formel
Kohlenwasserstoff	Benzen	C_6H_6
Alkohol	Methanol	CH_3OH
Aldehyd	Ethanal (Acetaldehyd)	CH_3CHO
Keton	Dimethylketon (Propanon, Aceton)	CH_3COCH_3
Carbonsäure	Methansäure (Ameisensäure)	$HCOOH$

Oxid

Chemische Verbindung, die aus einem Element und dem Element Sauerstoff besteht.

■ **Oxid mit sauren Eigenschaften:**
Nichtmetalloxid,
das mit Wasser eine Säure bildet: Kohlendioxid CO_2

Oxid mit basischen Eigenschaften:
Metalloxid, das mit Wasser eine Base bildet: Calciumoxid CaO

Oxid mit sauren und basischen Eigenschaften:
Oxid, das mit einer Säure wie eine Base und mit

einer Base wie eine Säure reagiert: Aluminiumoxid Al_2O_3

↗ Eigenschaften der Oxide S. 62; Namen S. 142; Säure-Base-Theorie S. 88

Säure

Chemische Verbindung, die in wäßriger Lösung in frei bewegliche, positiv elektrisch geladene Wasserstoff-Ionen und negativ elektrisch geladene Säurerest-Ionen dissoziiert (Definition nach *Arrhenius*).

■ $H_2SO_4 \rightleftharpoons 2\,H^+ + SO_4^{2-}$
Schwefelsäure

Chemische Verbindung, die in funktionellem Zusammenhang mit einer Base Wasserstoff-Ionen (Protonen) abgibt (Definiton nach *Brönsted*).

■ $HNO_3 \rightleftharpoons NO_3^- + H^+$
$H_3O^+ \rightleftharpoons H_2O + H^+$
Säure   **Base**   **Wasserstoff-Ion**

↗ Namen S. 145; elektrolytische Dissoziation S. 89; Säure-Base-Theorie S. 88

Base

Chemische Verbindung, die in wäßriger Lösung oder in Schmelzen in frei bewegliche, positiv elektrisch geladene Ionen und negativ elektrisch geladene Hydroxid-Ionen dissoziiert (Definition nach *Arrhenius*).

■ $NaOH \rightleftharpoons Na^+ + OH^-$
Natriumhydroxid

Chemische Verbindung, die in funktionellem Zusammenhang mit einer Säure Wasserstoff-Ionen (Protonen) aufnimmt (Definition nach *Brönsted*).

■ $NH_3 + H^+ \rightleftharpoons NH_4^+$
$CH_3COO^- + H^+ \rightleftharpoons CH_3COOH$
Base   **Wasser-** **Säure**
             stoff-
             Ion

↗ Namen S. 144; elektrolytische Dissoziation S. 89; Säure-Base-Theorie S. 88

Salz

Chemische Verbindung, die in wäßriger Lösung oder in Schmelzen in frei bewegliche, positiv elektrisch geladene Metall-Ionen (oder Ammonium-Ionen) und negativ elektrisch geladene Säurerest-Ionen dissoziiert (Definition nach *Arrhenius*).

■ $NaNO_3 \rightleftharpoons Na^+ + NO_3^-$
Natriumnitrat

$$NH_4Cl \rightleftharpoons NH_4^+ + Cl^-$$
Ammoniumchlorid

↗ Namen S. 145; elektrolytische Dissoziation S. 89

Polymere Stoffe

Stoffe, die aus Molekülen mit hoher relativer Molekülmasse bestehen.

Diamantartige Stoffe bestehen im festen Aggregatzustand aus Atomkristallen.

Makromolekulare Stoffe sind meist Gemische ähnlicher Makromoleküle unterschiedlicher Molekülgröße, die als einheitliches Ganzes reagieren. Organische makromolekulare Stoffe entstehen durch Polymerisation, Polykondensation oder Polyaddition aus niedrigmolekularen Stoffen.

Natürliche polymere Stoffe		Synthetische polymere Stoffe	
Anorganische Stoffe	Organische Stoffe	Anorganische Stoffe	Organische Stoffe
Diamant Quarz Feldspat Tone	Stärke Cellulose Eiweiße Kautschuk	Porzellane Zemente Polyphosphate	Plaste Elaste Chemiefaserstoffe

Mineralien

Chemisch und physikalisch homogene, natürliche Stoffe der Erdkruste; meist im festen, zum Teil kristallinen Zustand.

Quarz, Steinsalz, Mineralwässer (unterirdisch vorkommende Wässer, die meist gelöste Mineralien oder Gase enthalten)

Gesteine

Mineralien oder Gemische von Mineralien mit annähernd gleichbleibender Zusammensetzung.

Kalkstein (besteht aus dem Mineral Calcit).
Granit (besteht aus den Mineralien Feldspat, Quarz und Glimmer).

Erze

Mineralien oder Gesteine, die sich in technischer und ökonomischer Hinsicht zur Metallherstellung eignen.

Roteisenstein, Bauxit, Bleiglanz

↗ Bergbauprodukte S. 245

Einteilung der Stoffe nach der Struktur

Stoffe	Bausteine	Chemische Bindung	Wechsel-wirkung zwischen den Bausteinen	Gitter
Salzartige Stoffe ■ Natrium-chlorid	Kationen und Anionen	Ionen-beziehung	elektrische Anziehungs-kräfte	Ionen-gitter
Metallische Stoffe ■ Zink	Kationen und Elektronen	Metall-bindung	elektrische Anziehungs-kräfte	Metall-gitter
Molekül-substanzen ■ Wasser	Moleküle	Atom-bindung	zwischen-molekulare Kräfte	Molekül-gitter
Polymere Stoffe − Diamant-artige ■ Diamant	Atome	Atom-bindung	gemeinsame Elektronen-paare	Atom-gitter
− Makromo-lekulare ■ Poly-ethylen	Makro-moleküle	Atom-bindung	zwischen-molekulare Kräfte	teilweise Molekül-gitter

1.4. Chemische Zeichensprache

Elementsymbol

Chemisches Zeichen für ein chemisches Element: umfaßt Aussagen aus dem Mikro- und Makrobereich.

Aussage eines Elementsymbols	■ Fe
− Ein chemisches Element	Das Element Eisen
− Ein Atom oder Ion eines Elements	1 Atom Eisen

Schreibweisen von Elementsymbolen

	■ Chlor-atome	■ Chlorid-Ionen
Ohne Angabe der Valenzelektronen der Atome oder Ionen	Cl	Cl^-
Mit Angabe der Valenzelektronen der Atome oder Ionen (Elektronenschreibweise)	$: \overset{..}{\underset{..}{Cl}} \cdot$	$\left[: \overset{..}{\underset{..}{Cl}} : \right]^-$
Mit Angabe der gepaarten und der ungepaarten Valenzelektronen der Atome oder Ionen (Valenzstrichschreibweise)	$\mid \overline{Cl} \cdot$	$\left[\mid \overline{\underline{Cl}} \mid \right]^-$

Stöchiometriezahl

Angabe, die in Formeln rechts unten neben einem Elementsymbol steht (tiefgestellte Zahl), oder
Angabe vor Elementsymbolen und Formeln in einer chemischen Gleichung (Faktoren).
Die Stöchiometriezahl „eins" wird gewöhnlich nicht geschrieben.

Teilchen-Stöchiometriezahl: Angabe der quantitativen Zusammensetzung einer Verbindung in einer Formel

■ C_2H_6; H_2SO_4

↗ Aufstellen von Formeln S. 20

Reaktions-Stöchiometriezahl: Angabe der Teilchenanzahl in einer chemischen Gleichung

■ $N_2 + 3 H_2 \rightleftharpoons 2 NH_3$

↗ Aufstellen von chemischen Gleichungen S. 23

Angaben am Elementsymbol

An einem Elementsymbol können vier verschiedene Angaben vermerkt sein:
Nukleonenzahl, Protonenanzahl, Ionenladung, Stöchiometriezahl.

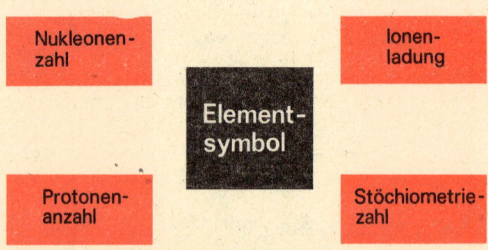

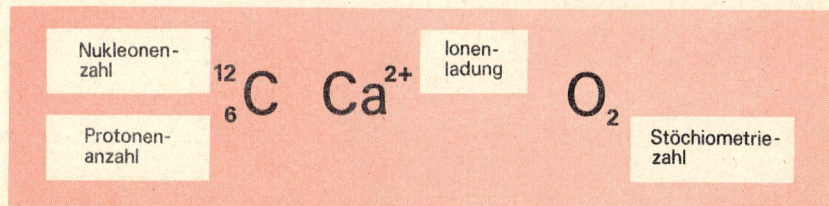

■ Elementsymbol
für Kohlenstoffatome

Elementsymbol
für Calcium-Ionen

Formel
für Sauerstoffmoleküle

$$_6^{12}C \quad Ca^{2+} \quad O_2$$

Nukleonen-
zahl

Protonen-
anzahl

Ionen-
ladung

Stöchiometrie-
zahl

↗ Nukleonenzahl S. 31; Protonenanzahl S. 30; Ionenladung S. 55; Stöchiometriezahl S. 16

Formel

Chemisches Zeichen für eine chemische Verbindung (Einelementverbindung oder Mehrelementverbindung) oder Teile einer chemischen Verbindung; ist aus Elementsymbolen zusammengesetzt; umfaßt Aussagen aus dem Mikro- und Makrobereich.

Aussage einer Formel	■ CO_2
– Eine chemische Verbindung und ihre Zusammensetzung aus Elementen	Die Verbindung Kohlendioxid und ihre Zusammensetzung aus Kohlenstoff und Sauerstoff
– Ein Molekül (oder eine Formeleinheit) einer Verbindung sowie das Zahlenverhältnis der Teilchen	1 Molekül Kohlendioxid und das Zahlenverhältnis 1 : 2 seiner Atome

Schreibweisen von Formeln

	■ Diwasserstoff	■ Natriumchlorid	■ Wasser
Ohne Angabe der Valenzelektronen der Atome oder Ionen	H_2	NaCl	H_2O
Mit Angabe der Valenzelektronen der Atome oder Ionen (Elektronenschreibweise)	H : H	$[Na]^+ \left[:\overset{..}{\underset{..}{Cl}}: \right]^-$	$H : \overset{..}{O} :$ H
Mit Angabe der gepaarten und der ungepaarten Valenzelektronen der Atome oder Ionen (Valenzstrichschreibweise)	H — H	$[Na]^+ \left[|\overline{Cl}\, | \right]^-$	$H — \overline{O}\, |$ | H

Formeleinheit

Gesamtheit der in einer chemischen Formel angegebenen Atome oder Ionen; dient zur Charakterisierung der submikroskopischen Struktureinheiten bei salzartigen, metallischen und makromolekularen Stoffen. Die kleinste Formeleinheit dient als gedachte „Baugruppe".

■ Die Formel $CaCl_2$ für eine Formeleinheit Calciumchlorid gibt an, daß in dieser Verbindung Calcium-Ionen und Chlorid-Ionen im Zahlenverhältnis $1:2$ vorhanden sind.

Angaben in chemischen Formeln

Für die Angaben von Stöchiometriezahlen und Ionenladungen in chemischen Formeln gelten folgende Regeln:

1. Wenn sich eine Stöchiometriezahl auf eine ganze Atomgruppe bezieht, werden die chemischen Zeichen für diese Gruppe in Klammern gesetzt.

■

$C_3H_5(OH)_3$ Glycerol	Die Formel gibt an, daß in einem Molekül Glycerol 3 Hydroxylgruppen enthalten sind.
$Ca(NO_3)_2$ Calciumnitrat	Die Formel gibt an, daß im Calciumnitrat Calcium-Ionen und Nitrat-Ionen im Verhältnis $1:2$ vorhanden sind.

2. Die Angabe der Ionenladung in der Formel für ein zusammengesetztes Ion bezieht sich auf das ganze Ion.

■

SO_4^{2-} Sulfat-Ion	Das Sulfat-Ion ist zweifach negativ elektrisch geladen.

3. Formeln für Komplex-Ionen werden in eckige Klammern gesetzt, hinter denen die Ionenladung angegeben wird. Sie sind zusammengesetzt aus
– dem Elementsymbol des Zentralatoms oder Zentral-Ions,
– der Formel des Liganden in runden Klammern,
– der Koordinationszahl (tiefgestellt).

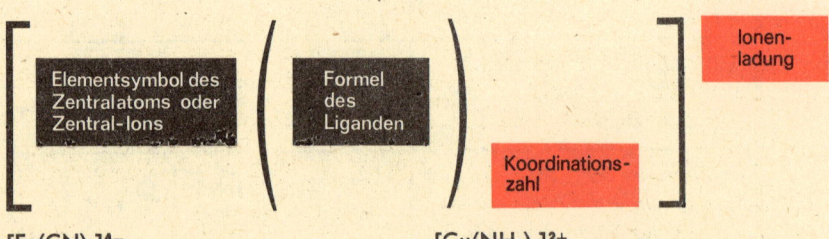

■ $[Fe(CN)_6]^{4-}$
Hexacyanoferrat(II)-Ion

$[Cu(NH_3)_4]^{2+}$
Tetramminkupfer(II)-Ion

4. Komplex gebundenes Kristallwasser in salzartigen Stoffen wird in der Formel mit einem Punkt angegeben.

■ $CuSO_4 \cdot 5\,H_2O$
Kupfer(II)-sulfat-5-Wasser

Arten von Formeln

Summenformel: einfachste Art der Formel, gibt die Zusammensetzung eines Stoffes an, enthält aber keine Aussagen über die Struktur der Teilchen und die Bindungsart zwischen ihnen.

■ C_3H_8
Summenformel für Propan

Verhältnisformel: Formel, die die Art der vorhandenen Elemente sowie das Zahlenverhältnis der Atome, Ionen oder Atomgruppen in einem Stoff angibt.

■ CH
Verhältnisformel für Ethin   **relative Formelmasse: 13**

■ C_2H_2
Summenformel für Ethin   **relative Formelmasse: 26**

Strukturformel: Formel, die für Stoffe mit Atombindung verwendet wird; gibt Zusammensetzung und Aussagen über die Struktur des Moleküls einer Verbindung an; stellt jedoch nicht die räumliche Anordnung der Atome dar.

■ H—H
Strukturformel für Wasserstoff

```
    H  H  H  H
    |  |  |  |
H—C—C—C—C—H
    |  |  |  |
    H  H  H  H
```
Strukturformel für Butan

Vereinfachte Strukturformel: vereinfachte Schreibweise der Strukturformel, wird vor allem bei organischen Stoffen verwendet.

■ $CH_3-CH_2-CH_2-C{\overset{O}{\underset{OH}{\lessdot}}}$ oder $C_3H_7-C{\overset{O}{\underset{OH}{\lessdot}}}$ oder C_3H_7COOH

vereinfachte Strukturformeln für Butansäure (Buttersäure)

$CH_3-CH_2-C{\overset{O}{\underset{H}{\lessdot}}}$ oder $C_2H_5-C{\overset{O}{\underset{H}{\lessdot}}}$ oder C_2H_5CHO

vereinfachte Strukturformeln für Propanal (Propionaldehyd)

Aufstellen von Formeln (Schrittfolgen)

Für Verbindungen aus zwei Elementen, wenn jedes Element nur in einer stöchiometrischen Wertigkeit vorliegt:

Teilschritte	■ Aufstellen der Formel für Aluminiumoxid	
1. Ermitteln der Symbole der Elemente, aus denen die Verbindung besteht	Al	O
2. Feststellen der Wertigkeit der Elemente, aus denen die Verbindung besteht	Al^{III}	O^{II}
3. Berechnen des kleinsten gemeinsamen Vielfachen der Wertigkeiten	6	
4. Feststellen, wie oft die Wertigkeiten im kleinsten gemeinsamen Vielfachen enthalten sind.	2mal	3mal
Angeben des Zahlenverhältnisses, in dem die Teilchen beider Elemente in der Verbindung enthalten sind (Stöchiometriezahlen)	2 :	3
	Al_2	O_3
5. Zusammenstellen der Formel	Al_2O_3	

Für Verbindungen, die in wäßriger Lösung dissoziieren:

Teilschritte	■ Aufstellen der Formel für Aluminiumsulfat	
1. Ermitteln der chemischen Zeichen der Ionen, in die die Verbindung dissoziiert	Al^{3+}	SO_4^{2-}
2. Feststellen der Anzahl der Ladungen der Ionen	III Al^{3+}	II SO_4^{2-}
3. Berechnen des kleinsten gemeinsamen Vielfachen der Ionenladungen	6	
4. Feststellen, wie oft die Ionenladungen im kleinsten gemeinsamen Vielfachen enthalten sind	2mal	3mal
Angeben des Zahlenverhältnisses, in dem die Ionen vorliegen (Stöchiometriezahlen)	2 :	3
	Al_2	$(SO_4)_3$
5. Zusammenstellen der Formel	$Al_2(SO_4)_3$	

Chemische Zeichen und Bau der Stoffe

Elementsymbole und Formeln geben die qualitative und quantitative Zusammensetzung von Stoffen an, jedoch nicht deren Bau.

Name	Chemisches Zeichen		Bau unter Bedingungen des Normzustandes
Diwasserstoff Chlorwasserstoff	H_2 HCl	Formeln	Moleküle
Helium Neon	He Ne	Elementsymbole	freie Atome
Eisen Magnesium	Fe Mg	Elementsymbole	Metallkristalle
Kohlenstoff Silicium	C Si	Elementsymbole	Atomkristalle
Natriumchlorid Magnesiumoxid	NaCl MgO	Formeln	Ionenkristalle
Diiod Wasser, fest (Eis)	I_2 H_2O	Formeln	Molekülkristalle

↗ Struktur S. 50

Chemische Gleichung

System von chemischen Zeichen, das die qualitativen und quantitativen Änderungen bei einer chemischen Reaktion veranschaulicht.

Aussage einer chemischen Gleichung	$CH_4 + 2\,O_2 \longrightarrow CO_2 + 2\,H_2O$
– Die Reaktion von Ausgangsstoffen zu Reaktionsprodukten	Methan reagiert mit Disauerstoff zu Kohlendioxid und Wasser.
– Die Anzahl der Moleküle (bzw. Formeleinheiten), die reagieren und nach der Reaktion vorliegen	Ein Molekül Methan reagiert mit zwei Molekülen Disauerstoff zu einem Molekül Kohlendioxid und zwei Molekülen Wasser.

Die Stöchiometriezahlen in den chemischen Gleichungen sind den Stoffmengen und damit den Massen dieser Stoffmengen proportional. Aus den Stöchiometriezahlen lassen sich also ableiten:

	■ $CH_4 + 2\,O_2 \longrightarrow CO_2 + 2\,H_2O$
– Die Stoffmengen, z. B. in mol, die reagieren und nach der Reaktion vorliegen	1 mol CH_4 reagiert mit 2 mol O_2 zu 1 mol CO_2 und 2 mol H_2O.
– Die Massen der Stoffmengen, die reagieren und nach der Reaktion vorliegen	16 g Methan reagieren mit 64 g Disauerstoff zu 44 g Kohlendioxid und 36 g Wasser.

↗ Massenberechnungen S. 129; molare Masse S. 116

Im allgemeinen werden als Stöchiometriezahlen die kleinstmöglichen ganzen Zahlen verwendet. Es ist aber auch möglich, chemische Gleichungen mit gebrochenen Stöchiometriezahlen zu schreiben, damit sich bei Berechnungen für das Reaktionsprodukt die Stöchiometriezahl 1 ergibt.

■ $2\,SO_2 + O_2 \rightleftharpoons 2\,SO_3$ oder $SO_2 + \dfrac{1}{2}\,O_2 \rightleftharpoons SO_3$

Schreibweisen der chemischen Gleichung

	■
Mit Summenformeln	$CH_4 + 2\,O_2 \longrightarrow CO_2 + 2\,H_2O$
Mit Strukturformeln	$H-\overset{\displaystyle H}{\underset{\displaystyle H}{C}}-H + 2\,O_2 \longrightarrow O=C=O + 2\,H-O$ mit H darunter
Mit Angabe der Valenzelektronen (Elektronenschreibweise)	$H\!:\!\overset{H}{\underset{H}{C}}\!:\!H + 2\,:\!O\!:\!O\!: \longrightarrow O\!::\!C\!::\!O + 2\,H\!:\!O\!:$
Mit Angabe der gepaarten und der ungepaarten Valenzelektronen (Valenzstrichschreibweise)	$H-\overset{H}{\underset{H}{C}}-H + 2\,|\overline{O}-\overline{O}| \longrightarrow \overline{O}=C=\overline{O} + 2\,H-\overline{O}|$ mit H darunter

22

Mit Angabe der Oxydationszahlen	$\overset{-4}{C}\overset{+1}{H_4} + 2\,\overset{\pm 0}{O_2} \longrightarrow \overset{+4\,-2}{CO_2} + 2\,\overset{+1\,-2}{H_2O}$
In lonenschreibweise ausführliche Form verkürzte Form	$Ba^{2+} + 2\,Cl^- + 2\,H^+ + SO_4^{2-} \longrightarrow$ $\qquad\qquad\qquad BaSO_4 + 2\,H^+ + 2\,Cl^-$ $Ba^{2+} + SO_4^{2-} \longrightarrow BaSO_4$

Aufstellen von chemischen Gleichungen (Schrittfolgen)

Vergleichen der Anzahl der Atome. (Nur möglich bei chemischen Gleichungen für chemische Reaktionen, bei denen jedes der beteiligten Elemente nur in einer stöchiometrischen Wertigkeit vorliegt.)

Teilschritte	■ Oxydation von Methan
1. Ermitteln der chemischen Zeichen für die Ausgangsstoffe und die Reaktionsprodukte	$CH_4 + O_2 \;(\longrightarrow)\; CO_2 + H_2O$
2. Ausgleichen durch Auffinden der Stöchiometriezahlen Überprüfen, ob auf jeder Seite der Gleichung von den beteiligten Atomen der Elemente die gleiche Anzahl vermerkt ist	1 Atom Kohlenstoff in 1 Molekül Methan — 1 Atom Kohlenstoff in 1 Molekül Kohlendioxid 4 Atome Wasserstoff in 1 Molekül Methan — 2 Atome Wasserstoff in 1 Molekül Wasser **Schlußfolgerung:** $2 \cdot 2$ Atome Wasserstoff = 4 Atome Wasserstoff $CH_4 + O_2 \;(\longrightarrow)\; CO_2 + 2\,H_2O$ 2 Atome Sauerstoff in 1 Molekül Disauerstoff — 4 Atome Sauerstoff in 1 Molekül Kohlendioxid und 2 Molekülen Wasser **Schlußfolgerung:** $2 \cdot 2$ Atome Sauerstoff = 4 Atome Sauerstoff $CH_4 + 2\,O_2 \longrightarrow CO_2 + 2\,H_2O$
3. Zusammenstellen der chemischen Gleichung	$CH_4 + 2\,O_2 \longrightarrow CO_2 + 2\,H_2O$

23

Berechnen der Stöchiometriezahlen durch Gleichungen mit mehreren Unbekannten. (Nur möglich, wenn die Anzahl der in den Reaktionsteilnehmern vorkommenden Elemente höchstens um 1 kleiner ist als die Anzahl der gesuchten Stöchiometriezahlen der chemischen Gleichung.)

Teilschritt	■ Rösten von Pyrit
1. Ermitteln der chemischen Zeichen für die Ausgangsstoffe und die Reaktionsprodukte	$FeS_2 + O_2 \ (\longrightarrow) \ Fe_2O_3 + SO_2$
2. Darstellen der unbekannten Stöchiometriezahlen durch allgemeine Zahlsymbole	$x\,FeS_2 + y\,O_2 \longrightarrow u\,Fe_2O_3 + v\,SO_2$
3. Aufstellen der Beziehungen zwischen den Unbekannten durch Vergleich der vorkommenden Elemente	Fe $\quad x = 2u$ S $\quad 2x = v$ O $\quad 2y = 3u + 2v$
4. Eine Unbekannte willkürlich gleich 1 setzen, wenn eine Beziehung fehlt	$x = 1$
5. Ausrechnen der Unbekannten nach den Regeln für das Lösen von Gleichungen mit mehreren Unbekannten	$x = 1 \qquad\qquad\qquad v = 2$ $u = \dfrac{1}{2} \qquad\qquad\quad y = \dfrac{11}{4}$
6. Gegebenenfalls multiplizieren, so daß ganzzahlige Werte entstehen	$x = 1 \qquad\quad \cdot 4 \qquad\quad x = 4$ $u = \dfrac{1}{2} \qquad\quad \cdot 4 \qquad\quad u = 2$ $v = 2 \qquad\quad \cdot 4 \qquad\quad v = 8$ $y = \dfrac{11}{4} \qquad\quad \cdot 4 \qquad\quad y = 11$
7. Einsetzen der gefundenen Stöchiometriezahlen in die chemische Gleichung	$4\,FeS_2 + 11\,O_2 \longrightarrow 2\,Fe_2O_3 + 8\,SO_2$

Aufstellen von chemischen Gleichungen für Redoxreaktionen

Chemische Gleichungen für Redoxreaktionen werden nach folgendem Schema aufgestellt:

Oxydation

$$Redm_1 \rightleftharpoons Oxm_1 + z_1 \cdot e^- \qquad \cdot z_2$$

Reduktion

$$Oxm_2 + z_2 \cdot e^- \rightleftharpoons Redm_2 \qquad \cdot z_1$$

$$z_2\, Redm_1 + z_1\, Oxm_2 \rightleftharpoons z_2\, Oxm_1 + z_1\, Redm_2$$

Schrittfolge

Teilschritt	■ Reaktion von Eisen(II)-chloridlösung mit Chlorwasser
1. Aufstellen der Gleichung für die beiden korrespondierenden Redoxpaare und Bestimmen der Faktoren zum Ausgleich der Elektronendifferenz	$Fe^{2+} \rightleftharpoons Fe^{3+} + e^- \qquad \cdot 2$ $Cl_2 + 2e^- \rightleftharpoons 2\,Cl^- \qquad \cdot 1$
2. Multiplizieren der Gleichungen mit den Faktoren	$2\,Fe^{2+} \rightleftharpoons 2\,Fe^{3+} + 2e^-$ $Cl_2 + 2e^- \rightleftharpoons 2\,Cl^-$
3. Kombinieren (Addieren) beider Gleichungen	$2\,Fe^{2+} + Cl_2 \rightleftharpoons 2\,Fe^{3+} + 2\,Cl^-$

Chemische Gleichung für die elektrolytische Dissoziation

System von chemischen Zeichen, das die qualitativen und quantitativen Änderungen bei der elektrolytischen Dissoziation veranschaulicht.

■ $H_2S \rightleftharpoons 2\,H^+ + S^{2-}$
Schwefel-
wasserstoff

$HCl \rightleftharpoons H^+ + Cl^-$
Chlor-
wasserstoff

↗ Elektrolytische Dissoziation S. 89

Aufstellen von chemischen Gleichungen für die elektrolytische Dissoziation (Schrittfolge)

Teilschritte	■ Vollständige elektrolytische Dissoziation von Schwefelwasserstoff
1. Aufstellen der Formel für die chemische Verbindung	H_2S
2. Ermitteln der Anzahl der Kationen und der Ionenladung des Kations	$2\,H^+$
3. Ermitteln der Anzahl der Anionen und der Ionenladung des Anions	S^{2-}
4. Zusammenstellen der chemischen Gleichung	$H_2S \rightleftharpoons 2\,H^+ + S^{2-}$

2.1. Modelle als Mittel zur Erkenntnisgewinnung

Modell

Abbildung eines komplizierten Systems durch ein einfacheres und übersichtlicheres; gibt nur einige, für die Betrachtung wichtige Seiten des Gegenstands oder des Vorgangs richtig wieder; verschafft eine Ersatzvorstellung oder ein vereinfachtes Bild der Wirklichkeit. Die aus dem Modell gewonnenen Erkenntnisse lassen sich auf ähnliche Fälle übertragen.

Für dasselbe System können zur Untersuchung verschiedener Eigenschaften unterschiedliche Modelle entwickelt werden. Modelle können bildliche und räumliche Darstellungen, Zeichen, mathematische Aussagen oder Kombinationen davon umfassen.

In der Chemie werden vor allem Modelle von Stoffstrukturen, Strukturen von Teilchen und der chemischen Bindung genutzt.

↗ Atommodelle S. 27; Molekülmodelle S. 29; Kristallmodelle S. 29

Modellmethode

Wissenschaftliche Erkenntnismethode, bei der mit Hilfe von Modellen Informationen und Erkenntnisse über die Wirklichkeit gewonnen werden. In der Chemie dient die Modellmethode insbesondere zur Demonstration wesentlicher Erscheinungen des Mikrobereichs.

Die Modellmethode umfaßt folgende Hauptschritte:

- Entwickeln eines Modells auf der Grundlage von Beobachtungen und Messungen;
- Arbeit mit dem Modell, Ziehen von Folgerungen aus dem Modell;
- Überprüfen der Folgerungen in der Realität durch Experimente;
- Bestätigung, Abänderung, Verfeinerung oder Verwerfen des Modells.

■ Das mathematische Modell des chemischen Gleichgewichts ermöglicht experimentell überprüfbare Aussagen über die Wirkung gleichioniger Zusätze bei Ionengleichgewichten.

↗ chemisches Gleichgewicht S. 72

Atommodelle

Veranschaulichungen des Baus der Atome; geben das Atom in ausgewählten, wesentlichen Eigenschaften wieder. Atommodelle berücksichtigen einmal die komplizierte Bewegung und den Aufenthaltsraum der Elektronen, zum anderen die Energieverhältnisse. Die Atommodelle spiegeln die historische Entwicklung des wissenschaftlichen Erkenntnisstandes vom Bau der Atome wider.

■ **Atommodell nach Dalton (1766 bis 1844):** Atome eines Elements als gleichartige kugelförmige Teilchen.

Atommodell nach Thomson (1856 bis 1940): Atom als positiv elektrisch geladene Wolke, an deren Oberfläche die negativ elektrisch geladenen Elektronen verteilt sind.

Atommodell nach Rutherford (1871 bis 1937): Atom besteht aus dem positiv elektrisch geladenen Kern und den negativ elektrisch geladenen Elektronen, die den Kern in der Atomhülle umlaufen.

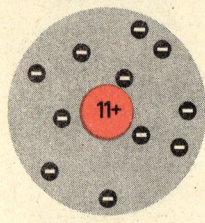

Modell für das Natriumatom
nach Rutherford

Atommodell nach Bohr (1885 bis 1962): Atom besteht aus dem positiv elektrisch geladenen Kern und den negativ elektrisch geladenen Elektronen, die eine bestimmte Energie haben und sich in der Atomhülle nur auf bestimmten Kreisbahnen bewegen, ohne Energie zu verlieren.

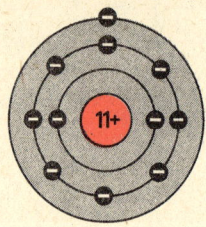

Modell für das Natriumatom
nach Bohr

Atommodell nach Sommerfeld (1868 bis 1951): Vervollkommnung des Bohrschen Atommodells; für die Bewegung der Elektronen in der Atomhülle werden nicht nur Kreisbahnen, sondern auch Ellipsenbahnen angenommen.

↗ Quantenzahlen S. 35

Wellenmechanisches Atommodell: entstand nach Forschungsergebnissen von Heisenberg (1901 bis 1976), Born (1882 bis 1970), Schrödinger (1887 bis 1961) und anderen; beschreibt den Atomzustand durch mathematische Funktionen; die Elektronen befinden sich in der Atomhülle entsprechend ihrem Energieniveau in Räumen größter Aufenthaltswahrscheinlichkeit, den Orbitalen.

↗ Orbital S. 33

Molekülmodelle

Veranschaulichungen des Baus der Moleküle; geben die Zusammensetzung eines Moleküls aus Atomen, die räumliche Anordnung der Atome im Molekül oder auch die Raumerfüllung eines Moleküls wieder.

■ **Kalottenmodell:** besteht aus einander berührenden Kugelkappen, die so bemessen sind, daß die äußeren Radien der Atome im Molekül und die Kernabstände im richtigen Verhältnis stehen; gibt ein annähernd richtiges Bild der Raumerfüllung der Moleküle.
Kugelstabmodell: räumlich gestaltete Strukturformel; veranschaulicht die quantitative Zusammensetzung eines Moleküls aus Atomen und die ungefähre Lage dieser Atome im Molekül.

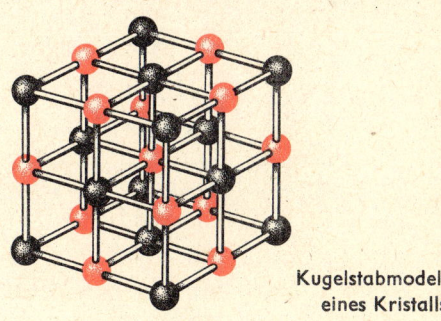

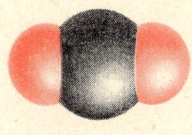

Kalottenmodell
eines Moleküls

Kugelstabmodell
eines Kristalls

Kristallmodelle

Veranschaulichungen der Gitterstruktur von Kristallen; geben die räumliche Anordnung von Ionen, Atomen oder Molekülen im Kristall wieder.
Die Teilchen können durch unterschiedliche Kugeln dargestellt werden, die eine maßstabgerechte Größen- und Entfernungswiedergabe ermöglichen, oder durch mit Stäben verbundene Kugeln, die die geometrische Form des Gitters verdeutlichen.

↗ Modifikationen S. 52; Molekülkristall S. 53; Ionenkristall S. 53; Metallkristall S. 54

2.2. Elementarteilchen – Bausteine der Stoffe

Elementarteilchen

Kleinste bekannte Bausteine der Materie; gelten als nicht aus anderen Teilchen zusammengesetzt; besitzen sowohl Eigenschaften von Teilchen als auch von Wellen.
Unter geeigneten Bedingungen können aus einem oder mehreren Elementarteilchen andere entstehen. Bei den meisten Elementarteilchen erfolgen die Umwandlungen spontan.

Gruppe	Name	Symbol	Ladung	Masse (bezogen auf Masse des Elektrons)
Photonen	Photon	γ	0	0
Leptonen	Neutrino	ν	0	0
	Antineutrino	$\bar{\nu}$	0	0
	Elektron	e^-	—1	1
	Positron	e^+	+1	1
	Myon	μ^-	—1	$206{,}86 \pm 0{,}11$
	Antimyon	μ^+	+1	$206{,}86 \pm 0{,}11$
Mesonen	Pionen (π-Mesonen)	π° π^- π^+	0 —1 +1	264,2 273,18 273,18
	Kaonen (K-Mesonen)	K^- K^+ K° $\bar{K}^{\circ}$	—1 +1 0 0	$965{,}6 \pm 1{,}2$ $965{,}6 \pm 1{,}2$ $974{,}4 \pm 1{,}2$ $974{,}4 \pm 1{,}2$
Nukleonen	**Proton**	P	+1	$1836{,}118 \pm 0{,}02$
	Antiproton	$\bar{P}$	—1	$1836{,}118 \pm 0{,}02$
	Neutron	η	0	$1838{,}645 \pm 0{,}02$
	Antineutron	$\bar{\eta}$	0	$1838{,}645 \pm 0{,}02$

↗ Elementarteilchen, Wiss Ph S. 310

Proton

Positiv elektrisch geladenes Masseteilchen (relative Masse rund 1) im Atomkern. Die Protonenanzahl ist für jedes Element charakteristisch. Sie stellt die Kernladungszahl (Anzahl der positiven elektrischen Ladungen) dar. Durch die Protonenanzahl ist auch die Stellung der Elemente im Periodensystem festgelegt. Die Protonenanzahl ist der Ordnungszahl gleich.

Protonenanzahl = Kernladungszahl = Ordnungszahl

Neutron

Elektrisch neutrales Masseteilchen (etwa gleiche Masse wie Proton) im Atomkern. Die Neutronenanzahl kann für die Atomkerne des gleichen Elements unterschiedlich sein.

Elektron

Negativ elektrisch geladenes Masseteilchen (Masse etwa $\dfrac{1}{1\,836}$ der Masse des Protons) in der Atomhülle, das sich mit sehr großer Geschwindigkeit um den Atomkern bewegt. Die Anzahl der Elektronen in der Atomhülle ist der Protonenanzahl des Atomkerns gleich. Es gilt:

Protonen-anzahl	= Kernladungs-zahl	= Elektronen-anzahl	= Ordnungs-zahl

↗ Elementarteilchen S. 29

Atom

Teilchen, das durch chemische Reaktionen nicht zerlegt werden kann.
Atome bestehen aus dem **Atomkern** und aus der **Atomhülle**.
Im elektrisch neutralen Atom ist die Anzahl der Elektronen (negativ elektrisch geladen) in der Atomhülle gleich der Anzahl der Protonen (positiv elektrisch geladen) im Atomkern.

↗ Atommodelle S. 27

Atomkern

Teil des Atoms, der sich im Zentrum des Atoms befindet und elektrisch positiv geladen ist; vereinigt in sich fast die gesamte Masse des Atoms; besteht aus **Nukleonen** (Protonen und Neutronen). Die Summe der Anzahl der Protonen und der Anzahl der Neutronen eines Atoms heißt Nukleonenzahl.

Protonenanzahl + Neutronenanzahl = Nukleonenzahl

■ Nukleonenzahl des Chlornuklids $^{35}_{17}\mathrm{Cl}$

17	+ 18	= 35
Protonenanzahl	Neutronenanzahl	Nukleonenzahl

Nuklide

Atomarten eines chemischen Elements, die sich im Bau ihres Kerns von anderen Atomarten unterscheiden.

■ Kohlenstoff $^{12}_{6}\mathrm{C}$:   6 Protonen   6 Neutronen
  Phosphor $^{31}_{15}\mathrm{P}$:   15 Protonen   16 Neutronen

↗ Protonen S. 30; Neutronen S. 31

31

Isotope

Atomarten eines chemischen Elements, die bei gleicher Protonenanzahl verschiedene Neutronenanzahlen haben (Nuklide gleicher Kernladungszahl). Isotope eines Elements haben daher unterschiedliche Nukleonenzahlen.

■ Kohlenstoff $^{12}_{6}$C: 6 Protonen   6 Neutronen

 Kohlenstoff $^{13}_{6}$C: 6 Protonen   7 Neutronen

Atomhülle

Raum, der durch alle zu einem Atom gehörenden Elektronen gebildet wird. Die Elektronen sind in der Atomhülle nach ihrer Energie geordnet. Elektronen mit annähernd gleicher Energie werden Energieniveaus zugeordnet. Räume des wahrscheinlichen Aufenthalts von Elektronen mit gleichem Energieniveau werden als **Elektronenschalen** bezeichnet.

Zu jedem Energieniveau gehört eine bestimmte größte Anzahl von Elektronen: $Z = 2n^2$

■ Energieniveau (n) Höchstanzahl der Elektronen
 1       $2 \cdot 1^2 = 2$
 2       $2 \cdot 2^2 = 8$
 3       $2 \cdot 3^2 = 18$
 4       $2 \cdot 4^2 = 32$

Energieniveaus lassen sich auf Grund feinerer Unterschiede in die Unterniveaus s, p, d und f aufteilen.[1] Die Elektronen, die zu diesen Unterniveaus gehören, heißen s-, p-, d- beziehungsweise f-Elektronen.

Energieniveau		Unterniveau	
Bezeichnung	Maximale Elektronenanzahl	Bezeichnung	Maximale Elektronenanzahl
1	2	1s	2
2	8	2s	2
		2p	6
3	18	3s	2
		3p	6
		3d	10
4	32	4s	2
		4p	6
		4d	10
		4f	14

[1] Von engl. sharp (s), principal (p), diffus (d), fundamental (f).

■ Aufteilung der Energieniveaus in Unterniveaus

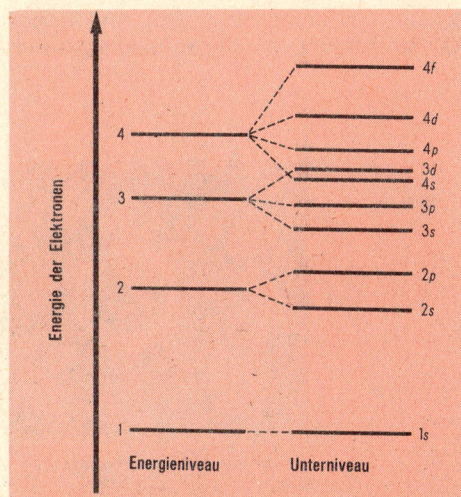

Energieniveaus können in **Energieniveauschemas** dargestellt werden.
Energieniveauschemas gelten für die Atomhülle der Atome im **Grundzustand**,
also für Atome, die keiner Energiezufuhr von außen unterworfen sind. Durch
Energiezufuhr werden die Atome in **angeregte Zustände** übergeführt.

↗ Hybridisierung S. 38

Orbital

Raum in der Atomhülle, in dem die Aufenthaltswahrscheinlichkeit eines Elektrons
am größten ist; kann durch ein bestimmtes Energieniveau gekennzeichnet
werden und maximal 2 Elektronen aufnehmen.
Zu den höheren Energieniveaus können neben einem s-Orbital jeweils drei
p-, fünf d- und sieben f-Orbitale gehören.

↗ Elektronenkonfiguration S. 37; Atomhülle S. 32

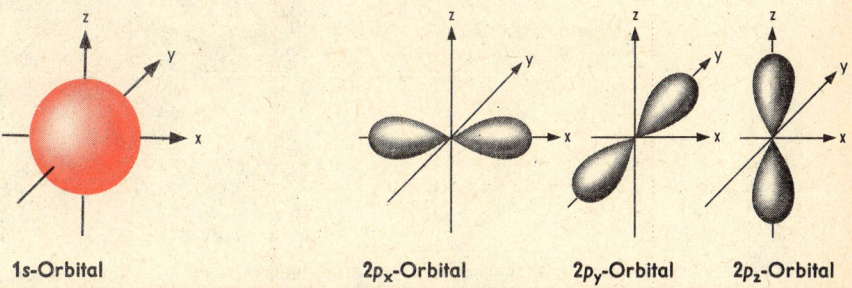

1s-Orbital   2p_x-Orbital   2p_y-Orbital   2p_z-Orbital

↗ Durchdringung von Orbitalen S. 42

Aufenthaltswahrscheinlichkeit der Elektronen

Wahrscheinlichkeit, mit der sich ein Elektron in einem bestimmten Abstand vom Atomkern aufhält; kann durch die **radiale Wahrscheinlichkeitsdichte** gekennzeichnet werden.

■ Wasserstoffatom

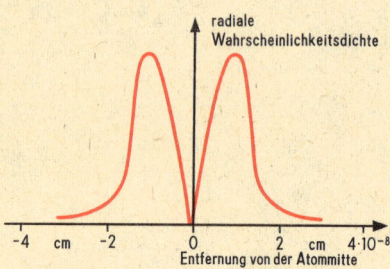

Radiale Wahrscheinlichkeitsdichte des Elektrons im Grundzustand 1s

Raum für die Aufenthaltswahrscheinlichkeit des Elektrons im Grundzustand

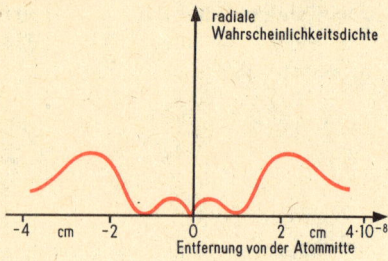

Radiale Wahrscheinlichkeitsdichte des Elektrons im angeregten Zustand 2s

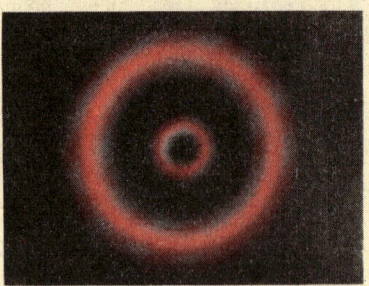

Raum für die Aufenthaltswahrscheinlichkeit des Elektrons im angeregten Zustand 2s (x — y-Ebene)

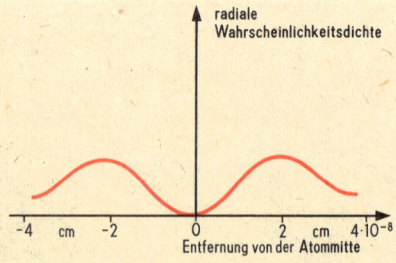

Radiale Wahrscheinlichkeitsdichte des Elektrons im angeregten Zustand $2p_x$

Raum für die Aufenthaltswahrscheinlichkeit des Elektrons im angeregten Zustand $2p_x$ (x — y-Ebene)

Quantenzahlen

Vier charakteristische Größen zur Beschreibung der Zustände eines jeden Elektrons in der Atomhülle; sind untereinander durch eindeutige Beziehungen verknüpft.

Hauptquantenzahl n: Quantenzahl, die den Radius einer Kreisbahn und die große Halbachse einer Ellipsenbahn beschreibt.

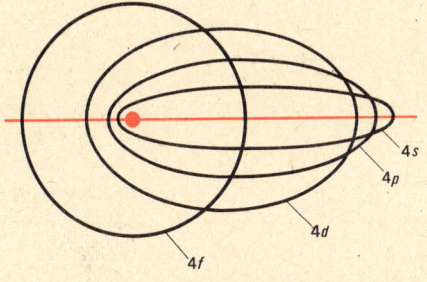

Zur Hauptquantenzahl $n = 4$
gehören 4 Bahnen:
3 Ellipsenbahnen und eine Kreisbahn.

Mit steigender Hauptquantenzahl nimmt der Radius und die Energie der Elektronen zu. Jeder Hauptquantenzahl entspricht ein Energieniveau.

Hauptquantenzahlen	1	2	3	4	5	6	7
Energieniveau	1	2	3	4	5	6	7

Nebenquantenzahl l: Quantenzahl, die die kleine Halbachse einer Ellipsenbahn beschreibt. Für jede Hauptquantenzahl n kann die Nebenquantenzahl l die Werte 0 bis $(n-1)$ annehmen. Die Bahn mit der Nebenquantenzahl $l = n-1$ ist ein Kreis. Den Nebenquantenzahlen entsprechen die Unterniveaus s, p, d, f.

Magnetische Quantenzahl m: Quantenzahl, die die Lage des Drehimpulses eines Elektrons im Magnetfeld beschreibt; kann ganzzahlige negative und positive Werte in den Grenzen von -1 bis $+1$ annehmen.

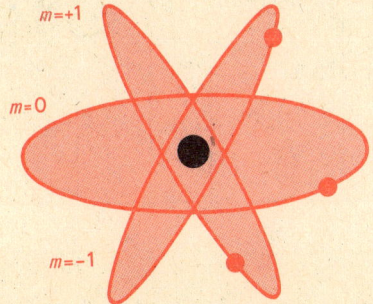

Spinquantenzahl *s*: Quantenzahl, die die Eigenrotation eines Elektrons (Elektronenspin) beschreibt. Sie hat die Werte $+\frac{1}{2}$ oder $-\frac{1}{2}$.

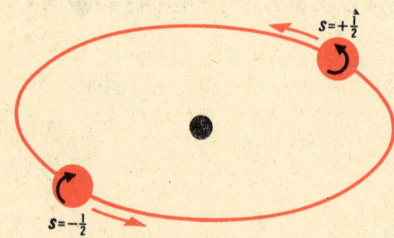

Zeichnerische Darstellung der Spinorientierung in einem besetzten Orbital:

Pauli-Prinzip

In einem Atom stimmen niemals zwei Elektronen in allen vier Quantenzahlen überein. Daraus ergibt sich:

$$Z = 2n^2$$

Z = Höchstanzahl der Elektronen, die einem Energieniveau zugeordnet werden.

Energie-niveau	Haupt-quanten-zahl n	Neben-quanten-zahl l	Magne-tische Quanten-zahl m	Spin-quanten-zahl s	Höchst-anzahl der Elektronen Z
1	1	0	0	$\pm\frac{1}{2}$	2
2	2	0	0	$\pm\frac{1}{2}$	8
		1	−1	$\pm\frac{1}{2}$	
			0	$\pm\frac{1}{2}$	
			+1	$\pm\frac{1}{2}$	

Elektronenkonfiguration von Atomen

Anordnung der Elektronen in der Atomhülle: Besetzung der Orbitale mit Elektronen. Von den Elektronen wird stets der energieärmste Zustand eingenommen.

■ Elektronenkonfiguration von Atomen im Grundzustand

Element	Orbitale	Elektronenkonfiguration
H	↑ 1s	$1s^1$
H$_e$	↑↓ 1s	$1s^2$
Li	↑↓ ↑ □□ 1s 2s 2p	$1s^2\ 2s^1$
Be	↑↓ ↑↓ □□ 1s 2s 2p	$1s^2\ 2s^2$
B	↑↓ ↑↓ ↑□□ 1s 2s 2p	$1s^2\ 2s^2\ 2p^1$
C	↑↓ ↑↓ ↑↑□ 1s 2s 2p	$1s^2\ 2s^2\ 2p^2$
N	↑↓ ↑↓ ↑↑↑ 1s 2s 2p	$1s^2\ 2s^2\ 2p^3$
O	↑↓ ↑↓ ↑↓↑↑ 1s 2s 2p	$1s^2\ 2s^2\ 2p^4$
F	↑↓ ↑↓ ↑↓↑↓↑ 1s 2s 2p	$1s^2\ 2s^2\ 2p^5$
Ne	↑↓ ↑↓ ↑↓↑↓↑↓ 1s 2s 2p	$1s^2\ 2s^2\ 2p^6$

Edelgaskonfiguration (Oktettregel)

Hilfsmittel zum Verständnis der chemischen Bindung; gilt streng nur für die Atome der 2. Periode im Periodensystem der Elemente; die maximale Besetzung der Orbitale (8 Elektronen auf der äußeren Elektronenschale) stellt einen energiearmen und stabilen Zustand dar, der beim Zustandekommen einer chemischen Bindung oft erreicht wird.

↗ chemische Bindung S. 42

Hybridisierung

Umwandlung von Orbitalen verschiedener Energieniveaus und verschiedener Form in gleiche Orbitale mit einem mittleren Energieniveau, die **Hybridorbitale** (Modellvorstellung zur Erklärung des Bindungszustandes).

■ Kohlenstoffatom im Grundzustand

↑↓	↑↓	↑	↑	

$1s^2$ $2s^2$ $2p_x^1\ 2p_y^1\ 2p_z^0$

Kohlenstoffatom im angeregten Zustand

↑↓	↑	↓	↓	↓

$1s^2$ $2s^1$ $2p_x^1\ 2p_y^1\ 2p_z^1$

Hybridisierung der 2s- und 2p-Orbitale des Kohlenstoffatoms unter Einfluß der Atome eines anderen reagierenden Stoffes zu $2sp^3$-Hybridorbitalen

↑↓				

$1s^2$ $2sp^3$-Hybridorbitale

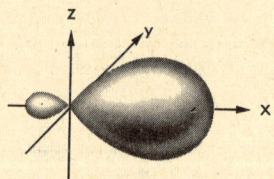

sp^3-Hybridorbital

↗ Durchdringung von Orbitalen S. 42

Valenzelektronen

Elektronen, die an der Ausbildung chemischer Bindungen beteiligt sind; bestimmen weitgehend die chemischen Eigenschaften der Elemente.

Ionen

Positiv oder negativ elektrisch geladene Teilchen; sind in wäßrigen Lösungen und in Schmelzen frei beweglich.

Ionen entstehen aus Atomen oder Atomgruppen durch Aufnahme beziehungs-weise Abgabe von Elektronen. Nach ihrer Ladung werden Anionen und Kat-ionen unterschieden, nach ihrem Aufbau einfache Ionen und zusammengesetzte Ionen.

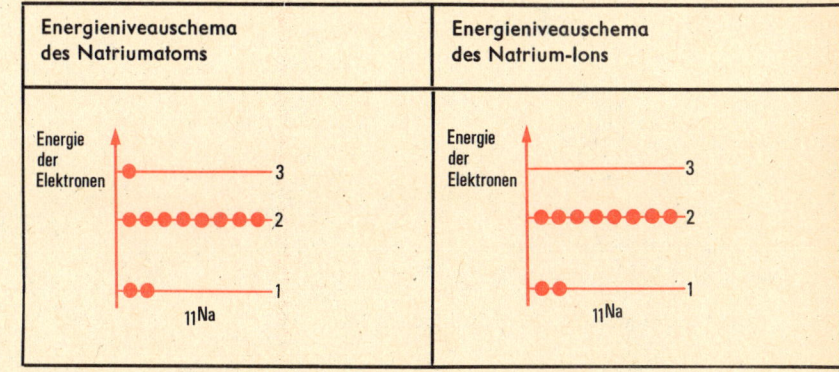

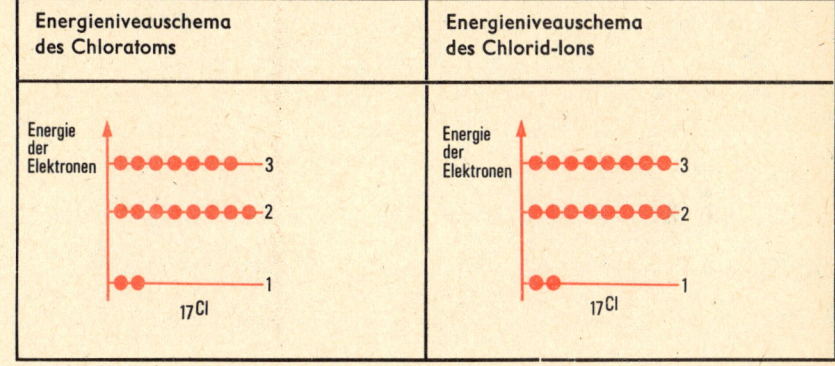

Anionen

Negativ elektrisch geladene Ionen.

Cl^- CH_3COO^- SO_4^{2-} OH^-

Chlorid-Ion   Acetat-Ion   Sulfat-Ion   Hydroxid-Ion

einfaches Ion   **zusammengesetzte Ionen**

Kationen

Positiv elektrisch geladene Ionen.

Na^+ Mg^{2+} NH_4^+

Natrium-Ion   Magnesium-Ion   Ammonium-Ion

einfache Ionen   **zusammengesetztes Ion**

Komplex-Ionen

Ionen, die durch Anlagerung von Molekülen oder Ionen an andere Atome oder Ionen entstanden sind; Bestandteile von Komplexverbindungen.

Zentral-Ion: Ion, an das eine bestimmte Anzahl von Molekülen oder Ionen angelagert ist. Dadurch wird ein Komplex-Ion gebildet.

Ligand: Molekül oder Ion, das an ein Zentral-Ion eines Komplex-Ions angelagert ist.

■ komplexes Kation

$[Cu(NH_3)_4]^{2+}$

Tetramminkupfer(II)-Ion

Zentral-Ion: Kupfer (II)-Ion
Liganden: 4 Ammoniakmoleküle

komplexes Anion

$[Zn(OH)_4]^{2-}$

Tetrahydroxozinkat-Ion

Zentral-Ion: Zink-Ion
Liganden: 4 Hydroxid-Ionen

↗ Komplexverbindung S. 9; Namen S. 146

Zwitter-Ionen

Ionen, die entgegengesetzte Ladungen besitzen.

■ COO⁻
    |
CH₂—NH₃⁺

Ion des Glycins
(der 2-Amino-ethansäure)

↗ 2-Aminosäuren S. 208; elektrolytische Dissoziation S. 89

Moleküle

Kleinste stabile Teilchen, die aus einer begrenzten Anzahl von Atomen aufgebaut sind.

↗ Molekülsubstanzen S. 15; Atombindung S. 42; Molekülkristall S. 53

■ kettenförmige Moleküle

Modell eines Moleküls des plastischen Schwefels

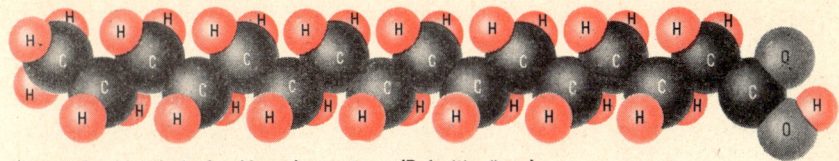

Modell des Moleküls der Hexadecansäure (Palmitinsäure)

↗ acyclische Kohlenstoffverbindungen S. 172

■ ringförmige Moleküle

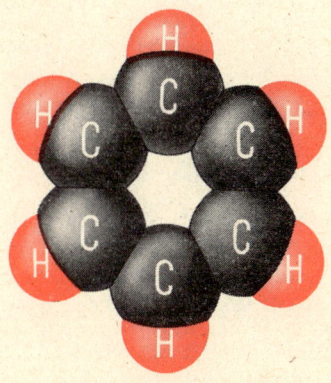

Modell des Schwefelmoleküls S₈

Modell des Benzenmoleküls

↗ cyclische Kohlenstoffverbindungen S. 172

Makromoleküle

Moleküle, die aus vielen (bis zu mehreren tausend) gleichen oder unterschiedlichen Molekülen entstanden sind; ihre relative Molekülmasse ist größer als 10 000.

↗ makromolekulare Stoffe S. 14

Dipolmolekül

Molekül, das einen positiven und einen negativen Ladungsschwerpunkt besitzt.

■ Wassermolekül als Dipol

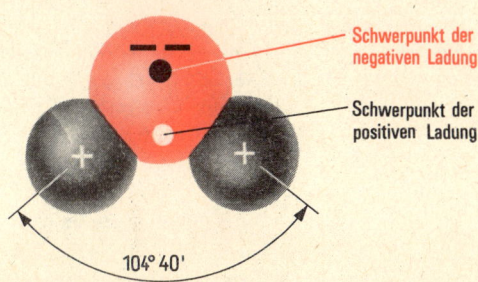

Schwerpunkt der negativen Ladung

Schwerpunkt der positiven Ladung

104° 40'

2.3. Chemische Bindung

Chemische Bindung

Zusammenhalt der Teilchen innerhalb eines Stoffes durch anziehende (und abstoßende) Kräfte.

↗ Edelgaskonfiguration S. 38

Es sind vier Grenztypen der chemischen Bindung zu unterscheiden: **Atombindung, Ionenbeziehung, Metallbindung** und **Bindung durch zwischenmolekulare Kräfte.** Meist sind die tatsächlich auftretenden chemischen Bindungen Übergänge oder Kombinationen dieser Grenztypen.

Atombindung (kovalente Bindung)

Chemische Bindung, die durch gemeinsame Elektronenpaare (Durchdringung von Orbitalen) gekennzeichnet ist; kann sowohl zwischen gleichartigen als auch verschiedenartigen Atomen auftreten, hauptsächlich zwischen Atomen von Nichtmetallen. Atombindung liegt in Molekülen und in Atomkristallen vor.

↗ Atomkristall S. 53; Molekülkristall S. 53

Man unterscheidet σ-Bindung und π-Bindung.

σ-**Bindung:** Aufenthaltswahrscheinlichkeit der Elektronen rotationssymmetrisch um die Verbindungslinie zwischen zwei Atomkernen am größten.

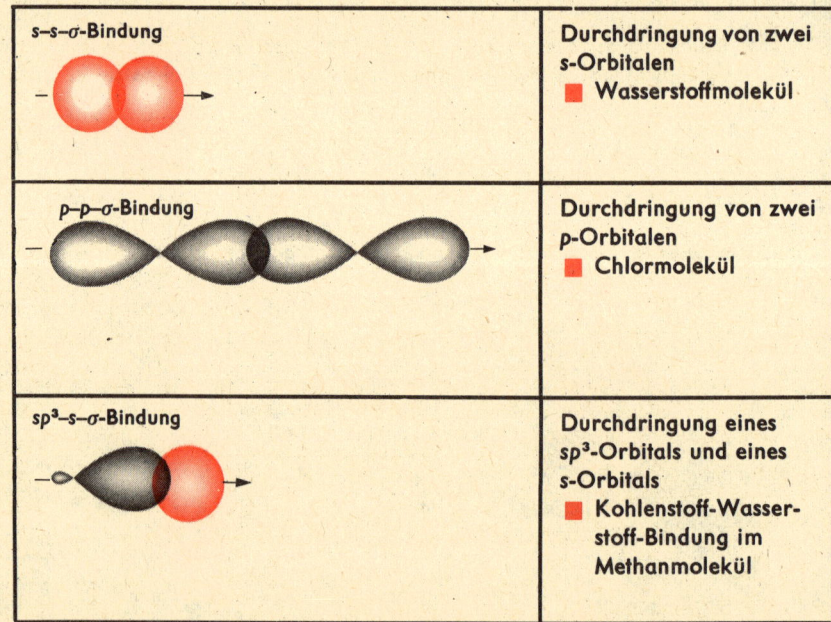

s–s–σ-Bindung	Durchdringung von zwei s-Orbitalen ■ Wasserstoffmolekül
p–p–σ-Bindung	Durchdringung von zwei p-Orbitalen ■ Chlormolekül
sp^3–s–σ-Bindung	Durchdringung eines sp^3-Orbitals und eines s-Orbitals ■ Kohlenstoff-Wasserstoff-Bindung im Methanmolekül

sp³–sp³–σ-Bindung	Durchdringung von zwei sp³-Orbitalen
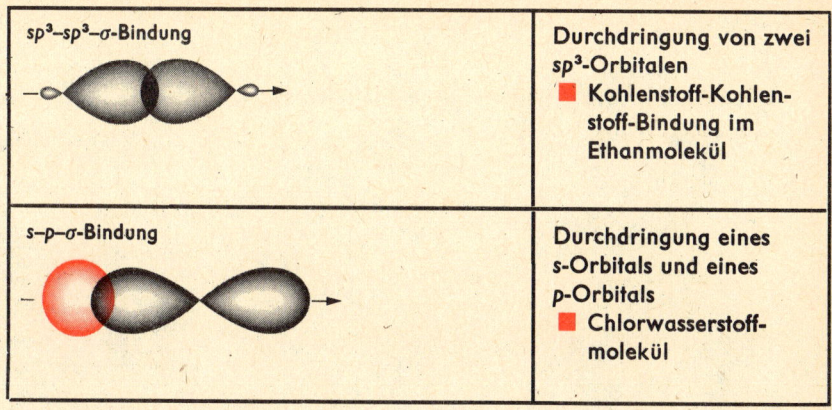	■ Kohlenstoff-Kohlen-stoff-Bindung im Ethanmolekül
s–p–σ-Bindung	Durchdringung eines s-Orbitals und eines p-Orbitals
	■ Chlorwasserstoff-molekül

π-**Bindung:** Aufenthaltswahrscheinlichkeit der Elektronen symmetrisch zu einer Ebene durch die Verbindungslinie zwischen zwei Atomkernen am größten.

p_z–p_z–π-Bindung 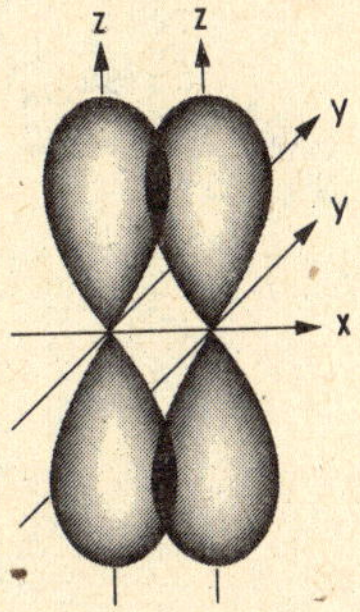	Durchdringung von zwei p_z-Orbitalen
	■ Eine der Bindungen zwischen zwei Kohlenstoffatomen im Ethenmolekül
p_y–p_y–π-Bindung 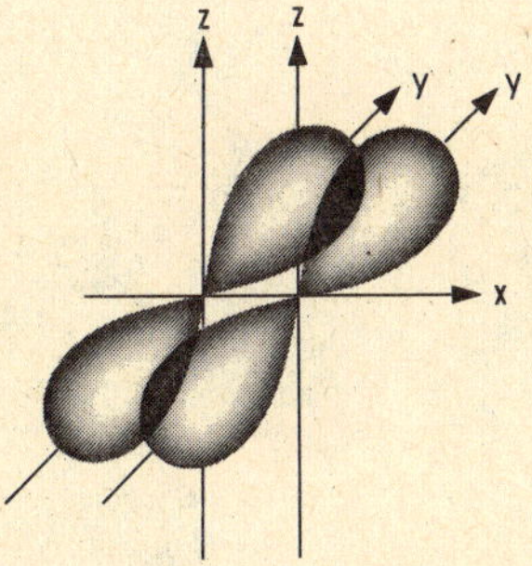	Durchdringung von zwei p_y-Orbitalen
	■ Eine der Bindungen zwischen zwei Kohlenstoffatomen im Ethinmolekül

↗ Bindungsmodelle S. 44

Bindungsmodelle zur Atombindung in Molekülen

■ **Ethanmolekül:** Sechs sp^3–s–σ-Bindungen zwischen Kohlenstoff- und Wasserstoffatomen sowie eine sp^3–sp^3–σ-Bindung zwischen zwei Kohlenstoffatomen (Einfachbindung)

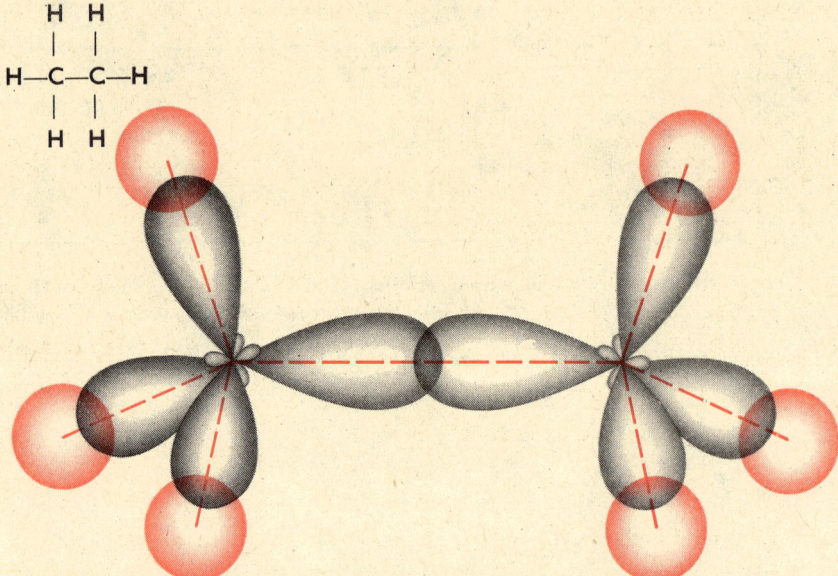

■ **Ethenmolekül:** Vier sp^2–s–σ-Bindungen zwischen Kohlenstoff- und Wasserstoffatomen sowie eine sp^2–sp^2–σ-Bindung und eine p_z–p_z–π-Bindung zwischen zwei Kohlenstoffatomen (Doppelbindung)

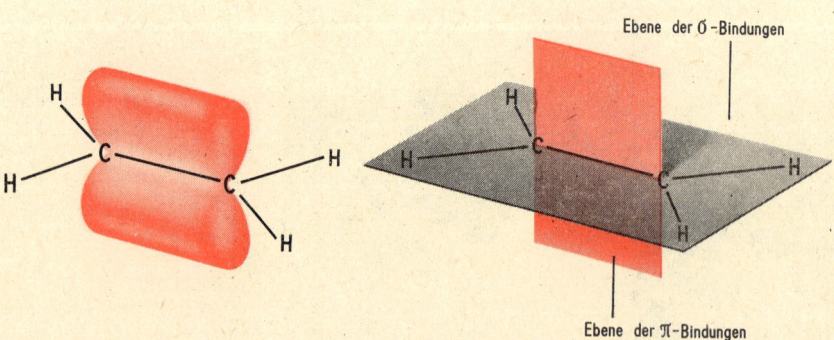

Senkrecht zur Ebene der σ-Bindungen ist die Ebene der π-Bindung ausgerichtet.

■ **Ethinmolekül:** Zwei *sp–s–σ*-Bindungen zwischen Kohlenstoff- und Wasserstoffatomen sowie eine *sp–sp–σ*-Bindung, eine $p_y–p_y–\pi$-Bindung und eine $p_z–p_z–\pi$-Bindung zwischen zwei Kohlenstoffatomen (Dreifachbindung).

H—C≡C—H

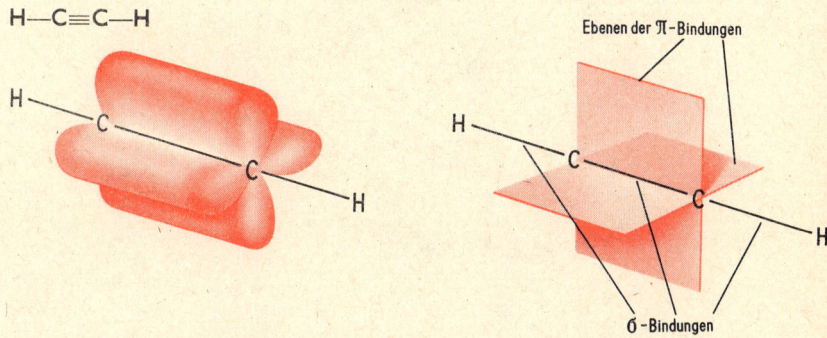

Die Ebenen der π-Bindungen sind senkrecht zueinander ausgerichtet.

■ **Benzenmolekül:** Sechs *sp²–s–σ*-Bindungen zwischen Kohlenstoff- und Wasserstoffatomen sowie sechs *sp²–sp²–σ*-Bindungen und Durchdringung von sechs p_z-Elektronen zum π-Elektronensextett zwischen den Kohlenstoffatomen

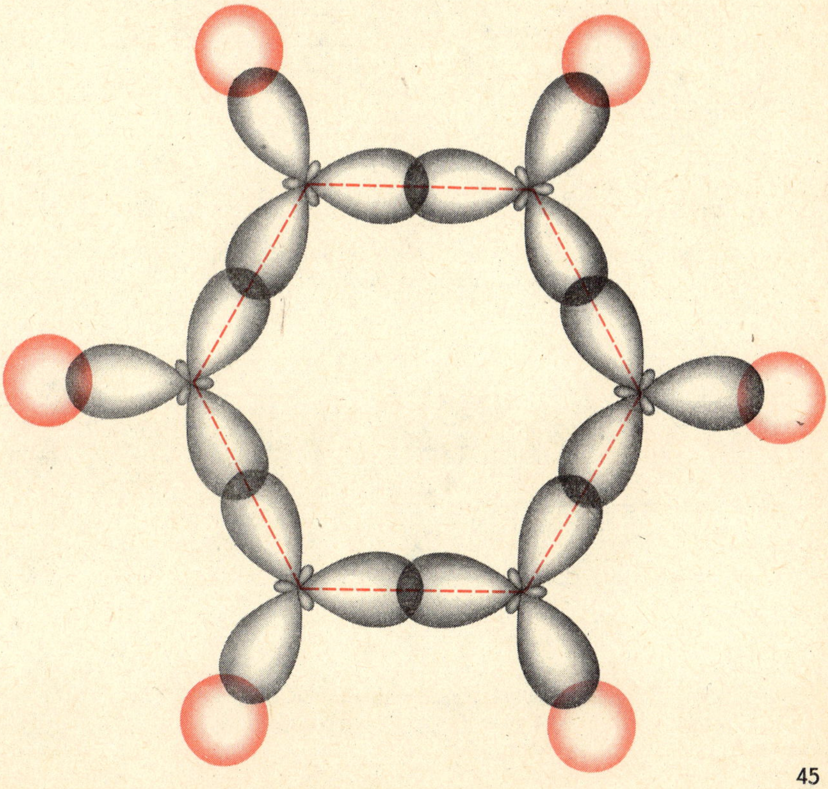

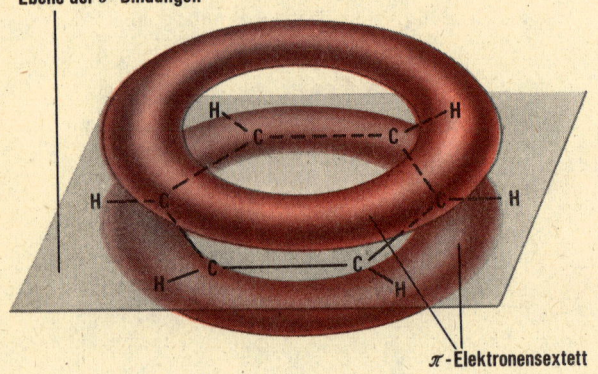

Ebene der σ- Bindungen

Das π-Elektronensextett im Benzenmolekül ist oberhalb und unterhalb der ·Ebene der σ-Bindungen angeordnet.

π-Elektronensextett

Polare Atombindung

Atombindung, bei der das gemeinsame Elektronenpaar von den miteinander verbundenen Atomen verschieden stark angezogen wird. Moleküle der Verbindungen mit polarer Atombindung sind häufig Dipole.

↗ Dipolmolekül S. 41

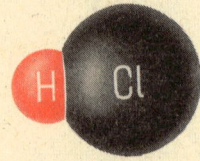

Modell des Chlorwasserstoffmoleküls

(+) (—) Formel des Chlorwasserstoffs in Valenzstrichschreibweise mit Angabe der Ladungsschwerpunkte im Molekül

Modell des Wassermoleküls

$$\underset{H \qquad H}{\overset{(-)}{O}}_{(+)}$$

Formel des Wassers in Valenzstrichschreibweise mit Angabe der Ladungsschwerpunkte im Molekül.

Ionenbeziehung

Chemische Bindung, die durch Anziehungskräfte entgegengesetzt elektrisch geladener Ionen und Abstoßungskräfte gleichartig elektrisch geladener Ionen bewirkt wird. Die Kräfte wirken nach allen Richtungen des Raumes. Ionenbeziehung liegt hauptsächlich in Ionenkristallen vor.

↗ Ionenkristall S. 53

Übergang von der Atombindung zur Ionenbeziehung

Chemische Bindung	Beispiel	Merkmale	
Atombindung	|Cl| – |Cl|	Elektronenpaar gehört in gleicher Weise beiden Atomen	Verschiebung des Elektronenpaars
polare Atombindung	H (+) – |Cl| (−)	Elektronenpaar wird von einem Atom stärker beansprucht als vom anderen	Zunahme der Polarität der chemischen Bindung
Ionenbeziehung	Na⁺ |Cl|⁻	Elektronenpaar gehört vollständig zu einem Atom.	

↗ Elektronegativitätswert S. 47

Elektronegativitätswert

Vergleichswert für die Anziehungskräfte von Atomen unterschiedlicher Elemente auf gemeinsame Elektronenpaare; erlaubt (bis auf wenige Ausnahmen) die Einschätzung, ob in einer chemischen Verbindung zwischen zwei Hauptgruppenelementen Atombindung oder Ionenbeziehung überwiegt.

↗ Elektronegativitätswerte, Periodensystem der Elemente am Schluß des Buches

Aus der Differenz der Elektronegativitätswerte der beiden Hauptgruppenelemente ergibt sich:
Differenz < 1,7 bedeutet überwiegend Atombindung,
Differenz > 1,7 bedeutet überwiegend Ionenbeziehung.

Name der chemischen Verbindung	Formel; Differenz der Elektronegativitätswerte		Vorherrschende Art der chemischen Bindung
Chlor-wasserstoff	H 2,1	Cl 3,0	Atombindung
	0,9		
Wasser	H₂ 2,1	O 3,5	Atombindung
	1,4		
Natriumchlorid	Na 0,9	Cl 3,0	Ionenbeziehung
	2,1		
Calciumoxid	Ca 1,0	O 3,5	Ionenbeziehung
	2,5		

Metallbindung

Chemische Bindung, die durch elektrische Anziehung zwischen Metall-Ionen und frei beweglichen Elektronen bewirkt wird. Die frei beweglichen Elektronen bedingen die elektrische Leitfähigkeit der Metalle. Metallbindung liegt in Metallkristallen vor.

■ Modell der Metallbindung (ebene Darstellung)

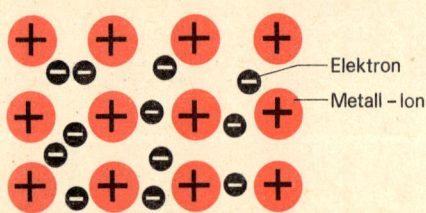

Elektron
Metall – Ion

↗ Metallkristall S. 54

Bindung durch zwischenmolekulare Kräfte

Chemische Bindung, die durch schwache Wechselwirkungen zwischen Molekülen und Atomen bewirkt wird.

■ **Van-der-Waalssche Bindung:** Zusammenhalt von Molekülen im Molekülkristall, der durch schwache Wechselwirkungskräfte (van-der-Waalssche Kräfte) bewirkt wird.

Bei sehr tiefen Temperaturen oder hohem Druck führen diese Kräfte zur Verdichtung von Gasen, die aus Atomen oder Molekülen bestehen, zu Flüssigkeiten oder Feststoffen.

↗ Molekülkristall S. 53

Wasserstoffbrückenbindung: Bindung durch schwache Wechselwirkungskräfte zwischen Molekülen (oder auch innerhalb eines Moleküls), wobei Wasserstoffatome an Atome von Elementen hoher Elektronegativität (z. B. Fluor, Sauerstoff, Stickstoff) gebunden sind; führt zur Verstärkung der zwischenmolekularen Anziehung.

■ Fluorwasserstoff

↗ Elektronegativitätswert S. 47; Hydratation S. 88; Proteine S. 211

Chemische Bindung in Komplexen

Der Zusammenhalt der Teilchen in Komplexen kann durch verschiedene Bindungsarten bewirkt werden: Atombindungen oder Wechselwirkungen zwischen verschiedenen Ionen oder zwischen Ionen und Dipolmolekülen.
Die Beschreibung der chemischen Bindung in Komplexen ist daher nach unterschiedlichen Modellen möglich.

Atombindung: Bindung der Liganden an die Zentralatome oder Zentral-Ionen erfolgt durch Atombindungen; durch die Komplexbildung wird eine energetisch günstige Elektronenkonfiguration erreicht.

Elektrische Wechselwirkung zwischen Zentral-Ionen und Liganden:
Zentral-Ionen und entgegengesetzt geladene Ionen oder Dipolmoleküle ziehen einander an.
Komplexe sind besonders stabil, wenn die Liganden symmetrisch um die Zentral-Ionen angeordnet sind; besonders günstige Anordnungen liegen im Tetraeder und Oktaeder vor (Koordinationszahlen 4 und 6).

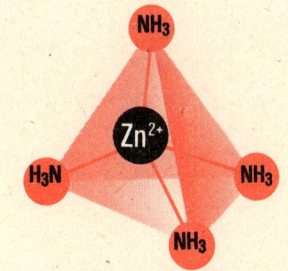

Im Tetramminzink(II)-Komplex haben die Zink-Ionen die Koordinationszahl 4.

↗ Koordinationszahl S. 56; Komplexverbindung S. 9; Hydratation S. 88

2.4. Struktur der Stoffe

Struktur

Aufbau eines Stoffes, Merkmal ist die räumliche Anordnung der Teilchen, aus denen der Stoff besteht; wird durch die Art der chemischen Bindung zwischen den Atomen, Ionen und Elektronen sowie durch die Wechselwirkungen zwischen Atomen, Molekülen, Ionen und Elektronen untereinander bedingt.
Die Struktur von Stoffen ist in den verschiedenen Aggregatzuständen unterschiedlich. Aggregatzustände von Stoffen werden durch Buchstabensymbole gekennzeichnet:

fest: s	flüssig: l	gasförmig: g
(engl. solid)	(engl. liquid)	(engl. gaseous)

■ H_2O (s) $\longrightarrow$ H_2O (l) $\longrightarrow$ H_2O (g)
 Eis Wasser Wasserdampf

Einteilung fester Stoffe

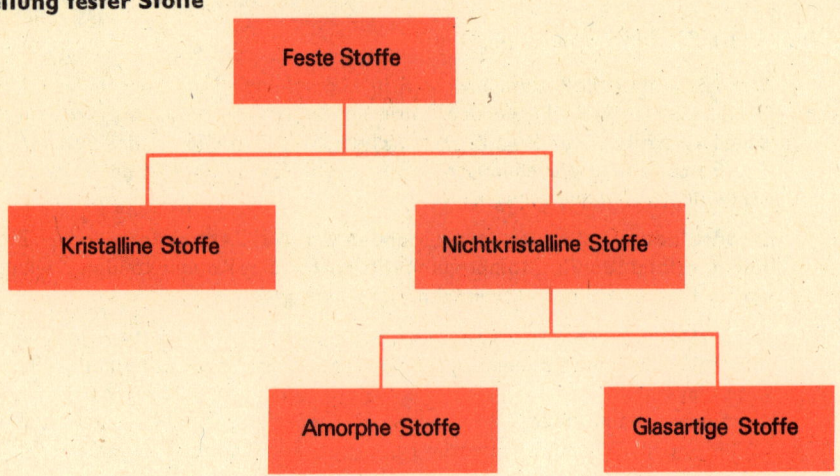

Kristall

Festkörper mit geometrisch regelmäßig angeordneten Bausteinen, wie Atomen, Ionen oder Molekülen.
Die räumliche Anordnung der Teilchen im Kristall wird durch das **Kristallgitter** veranschaulicht. Physikalische Eigenschaften fester Stoffe, wie elektrische Leitfähigkeit, Löslichkeit, Härte, Schmelztemperatur, Verformbarkeit, sind in erster Linie von der Art des Kristallgitters abhängig.

↗ Atomkristall, Molekülkristall, Ionenkristall, Metallkristall S. 53, 54

Folge des regelmäßigen Aufbaus der Kristalle im Mikrobereich ist ihre äußere Gestalt im Makrobereich: ungestört gewachsene Kristalle sind von ebenen Flächen begrenzte Körper.

Kristallform	Achsensystem	
Kubisches System		drei gleich lange, senkrecht aufeinanderstehende Achsen
Tetragonales System		drei senkrecht aufeinander stehende Achsen; zwei von ihnen sind gleich lang
Hexagonales System		eine längere Achse; senkrecht dazu drei gleich lange Achsen, die Winkel von 120° einschließen
Rhombisches System		drei ungleich lange, senkrecht aufeinanderstehende Achsen
Monoklines System		zwei senkrecht aufeinanderstehende Achsen; die dritte steht schräg zu ihnen
Triklines System		drei schräg zueinander stehende Achsen

4*

Einkristall

Körper, der aus einem einzigen, (fast) fehlerfreien Kristall besteht.

■ Einkristalle aus Silicium oder Germanium für die Halbleitertechnik.

Amorpher Stoff

Fester Stoff, in dem die Bausteine geometrisch nicht regelmäßig angeordnet sind; Abstände zwischen den Teilchen schwanken um einen Mittelwert.
Folge des nicht regelmäßigen Aufbaus amorpher Stoffe im Mikrobereich ist ihre äußere Gestalt im Makrobereich: amorphe Stoffe sind von gekrümmten Flächen begrenzt.

■ Rotes Selen

Glasartiger Stoff

(Scheinbar) fester Stoff, in dem die Bausteine geometrisch völlig ungeordnet sind; eigentlich Flüssigkeit mit sehr großer innerer Reibung, die bei steigender Temperatur abnimmt, so daß der Stoff allmählich dünnflüssig wird.

■ Glas

Modifikationen

Verschiedene Erscheinungsformen von Stoffen gleicher chemischer Zusammensetzung, die durch unterschiedliche Struktur bedingt sind.

■ Diamant stellt einen Kristall aus tetraederförmig angeordneten Kohlenstoffatomen dar, die durch Atombindungen verbunden sind.

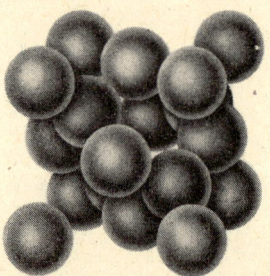

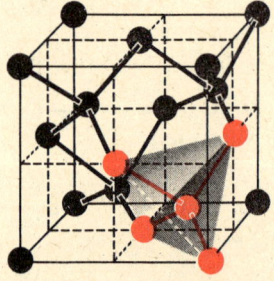

Räumliche Anordnung der Kohlenstoffatome im Atomkristall des Diamants

Vereinfachtes Modell des Atomgitters beim Diamant

↗ Atombindung S. 42; Diamant S. 154

■ Graphit bildet einen Kristall aus ebenen Schichten von Kohlenstoffatomen, die wabenförmig in Sechsecken angeordnet und durch Atombindungen miteinander verbunden sind; die Schichten sind durch schwache van-der-Waalssche Kräfte aneinander gebunden.

 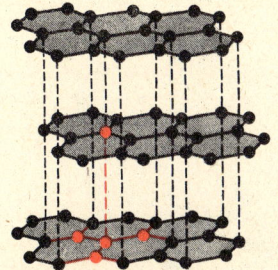

Räumliche Anordnung der Kohlenstoffatome im Atomkristall des Graphits

Vereinfachtes Modell des Atomgitters
beim Graphit

↗ Atomkristall S. 53; Atombindung S. 42; Graphit S. 154

Atomkristall

Kristall, in dem Atombindungen zwischen den Atomen bestehen.

■ Diamant, Silicium

↗ Diamant S. 154

Molekülkristall

Kristall, in dem Moleküle durch schwache zwischenmolekulare Kräfte zusammengehalten werden; in den Molekülen sind die Atome durch Atombindungen
miteinander verbunden.

■ Iod im festen Aggregatzustand

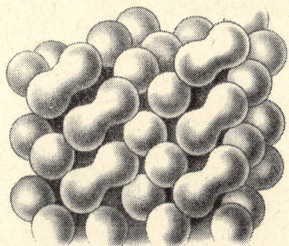 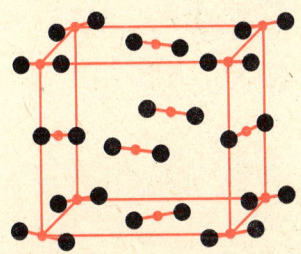

Räumliche Anordnung der Iodmoleküle im
Molekülkristall

Vereinfachtes Modell des Molekülgitters
beim Iod

↗ Diiod S. 165

Ionenkristall

Kristall, in dem Kationen und Anionen durch elektrische Kräfte zusammengehalten werden.

■ **Ionenkristall des Natriumchlorids**

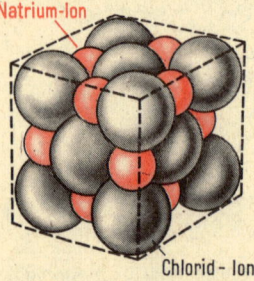
Natrium-Ion

Chlorid - Ion

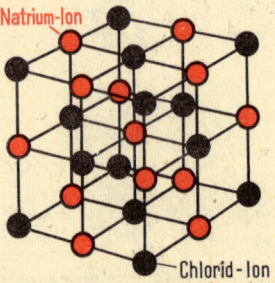
Natrium-Ion

Chlorid - Ion

Räumliche Anordnung der Ionen im Ionenkristall des Natriumchlorids

Vereinfachtes Modell des Ionengitters beim
Natriumchlorid

↗ Ionenbeziehung S. 47

Metallkristall

Kristall, in dem Metall-Kationen und frei bewegliche Elektronen durch elektrische Kräfte zusammengehalten werden.

■ **Metallkristall des Kupfers**

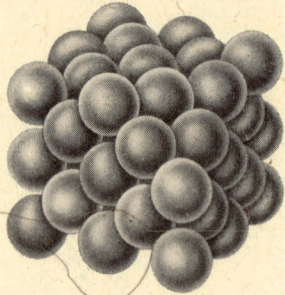

Räumliche Anordnung der Kupfer-Ionen im
Metallkristall des Kupfers

Vereinfachtes Modell des Metallgitters beim
Kupfer

↗ Metallbindung S. 48

Strukturaufklärung

Chemische Methoden zur Strukturaufklärung beruhen darauf, daß mit
Hilfe von Reagenzien solche Reaktionsabläufe bewirkt werden, die Rückschlüsse
auf das Vorhandensein bestimmter Atomgruppen (funktioneller Gruppen) beziehungsweise Ionen im untersuchten Stoff gestatten.
Physikalische Methoden zur Strukturaufklärung werden in zunehmendem
Umfang angewendet. Mit Hilfe dieser Analysenmethoden wird nicht nur die
Strukturformel einer untersuchten Verbindung ermittelt, es sind auch Angaben
über den Feinbau des Moleküls, zum Beispiel über Molekülgröße, Atomabstände
und Bindungswinkel, erhältlich. Die physikalischen Methoden zur Strukturunter-

suchung haben im allgemeinen nicht nur eine größere Aussagekraft, sondern erfordern auch gegenüber den klassischen chemischen Arbeitsweisen meist einen erheblich geringeren Zeitaufwand. Bei kompliziert gebauten Molekülen ist eine rein chemische Strukturaufklärung überhaupt nicht möglich.

↗ Nachweisreaktionen S. 238

2.5. Wertigkeit

Stöchiometrische Wertigkeit

Zahl, die angibt, wieviel Wasserstoffatome ein Atom eines Elements binden oder in einem Molekül (bzw. einer Formeleinheit) einer Verbindung ersetzen kann.

↗ Übersicht S. 60

Die stöchiometrische Wertigkeit kann durch eine hochgestellte römische Ziffer angegeben werden.

■ Na^I einwertiges Natrium

   Fe^{III} dreiwertiges Eisen

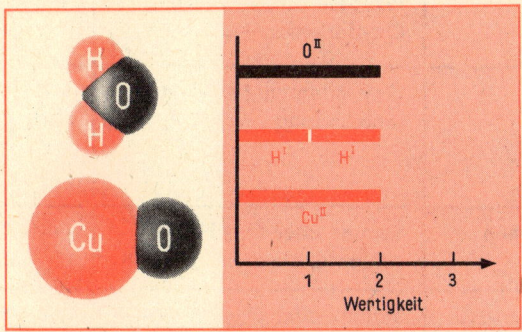

In der Verbindung Wasser ist Sauerstoff zweiwertig, denn ein Sauerstoffatom bindet zwei Wasserstoffatome.

In der Verbindung Kupfer(II)-oxid ist Kupfer zweiwertig, denn ein Kupferatom ersetzt zwei Wasserstoffatome.

Ionenladung (Ionenwertigkeit)

Angabe, wieviel positive oder negative elektrische Ladungen ein Ion besitzt.
Die Ionenladung wird durch eine hochgestellte arabische Ziffer mit nachgestelltem Plus- oder Minuszeichen angegeben.

■ Das Wasserstoff-Ion H^+ hat die Ionenladung 1+
   Das Sulfat-Ion SO_4^{2-} hat die Ionenladung 2—

Oxydationszahl (Oxydationsstufe)

Angabe, welche Ionenladung ein Element in einer Verbindung hätte, wenn die Verbindung aus einfachen Ionen aufgebaut wäre. Die Oxydationszahlen können als arabische Ziffern mit positivem oder negativem Vorzeichen über dem Symbol angegeben werden.

$$\overset{+4}{S}\ \overset{-2}{O_2}$$

Festlegungen beim Bestimmen von Oxydationszahlen

Es gilt für	die Festlegung	■
Einelementverbindungen	Oxydationszahl = ± 0	$\overset{\pm 0}{Cu}$ $\overset{\pm 0}{Cl_2}$
Elemente in Verbindungen – Metalle	Oxydationszahl $\triangleq$ stöchiometrische Wertigkeit	$\overset{+2}{Cu}\ \overset{-2}{O}$
– Wasserstoff – Sauerstoff	Oxydationszahl = +1 Oxydationszahl = —2	$\overset{+1}{H_2}\ \overset{-2}{O}$
einfache Ionen	Oxydationszahl $\triangleq$ elektrische Ladung	$\overset{+1}{Na^+}$ $\overset{-1}{Br^-}$
zusammengesetzte Ionen	Summe aller Oxydationszahlen $\triangleq$ elektrische Ladung	$\overset{-3}{N}\ \overset{+1}{H_4^+}$
Moleküle	Summe aller Oxydationszahlen = 0	$\overset{+4}{C}\ \overset{-2}{O_2}$
elektrisch neutrale Atomgruppen in Molekülen organischer Verbindungen	Summe aller Oxydationszahlen = 0	$\overset{-3}{—C}\ \overset{+1}{H_3}$

↗ Aufstellen von chemischen Gleichungen S. 23

Koordinationszahl

Angabe der Anzahl der Liganden, die ein Zentral-Ion anzulagern vermag; hängt vom Größenverhältnis von Zentral-Ion und Liganden, den gegenseitigen Anziehungskräften sowie den Abstoßungskräften zwischen den Liganden ab. Häufig auftretende Koordinationszahlen sind 2; 4; 6; 8.

↗ chemische Bindung in Komplexen S. 49

■
Koordinationszahl 4	Koordinationszahl 6	Koordinationszahl 8
$[Cu(NH_3)_4]^{2+}$	$[Fe(CN)_6]^{4-}$	$[Mo(CN)_8]^{4-}$
Tetramminkupfer(II)-Ion	Hexacyanoferrat(II)-Ion	Octacyanomolybdat(IV)-Ion

2.6. Periodensystem der Elemente

Periodensystem der Elemente (PSE)

Übersicht, in der die chemischen Elemente auf der Grundlage ihres Atombaus geordnet sind; beruht auch auf dem Gesetz der Periodizität (*Mendelejew* 1869).

■ Angaben für jedes Element im Periodensystem der Elemente dieses Buches.

↗ Periodensystem der Elemente am Schluß des Buches

Für das Periodensystem der Elemente gibt es verschiedene Darstellungsformen.

■ Kurzperiodensystem (rot: Hauptgruppen, schwarz: Nebengruppen)

H							He		
Li	Be	B	C	N	O	F	Ne		
Na	Mg	Al	Si	P	S	Cl	Ar		
K	Ca	Sc	Ti	V	Cr	Mn	Fe	Co	Ni
	Cu	Zn	Ga	Ge	As	Se	Br	Kr	
Rb	Sr	Y	Zr	Nb	Mo	Tc	Ru	Rh	Pd
	Ag	Cd	In	Sn	Sb	Te	I	Xe	
Cs	Ba	La-Lu	Hf	Ta	W	Re	Os	Ir	Pt
	Au	Hg	Tl	Pb	Bi	Po	At	Rn	
Fr	Ra	Ac-Lr	(Ku)	(Ns)					

Langperiodensystem (rot: Hauptgruppen, schwarz: Nebengruppen)

H																	He
Li	Be											B	C	N	O	F	Ne
Na	Mg											Al	Si	P	S	Cl	Ar
K	Ca	Sc	Ti	V	Cr	Mn	Fe	Co	Ni	Cu	Zn	Ga	Ge	As	Se	Br	Kr
Rb	Sr	Y	Zr	Nb	Mo	Tc	Ru	Rh	Pd	Ag	Cd	In	Sn	Sb	Te	I	Xe
Cs	Ba	La–Lu	Hf	Ta	W	Re	Os	Ir	Pt	Au	Hg	Tl	Pb	Bi	Po	At	Rn
Fr	Ra	Ac–Lr	(Ku)	(Ns)													

Ordnungszahl

Zahl, die die Reihenfolge der Elemente im Periodensystem kennzeichnet. Dabei gilt:

Ordnungs-zahl	≙	**Kernladungs-zahl**	=	**Protonen-anzahl**	=	**Elektronen-anzahl**

↗ Elektronenkonfiguration S. 37

Die Stellung jedes Elements im Periodensystem ist im Atombau begründet.

Zusammenhang zwischen		■ Schwefel	
Atombau	Stellung des Elements im Periodensystem	Atombau	Stellung des Elements im Periodensystem
Anzahl der Pro-tonen = **Anzahl der Elektronen ≙**	**Ordnungszahl**	16 Protonen 16 Elektronen	Ordnungszahl 16
Anzahl der be-setzten Elektro-nenschalen = **Nummer der äußeren Elektro-nenschale ≙**	**Nummer der Periode**	3 besetzte Elek-tronenschalen 3. Elektronen-schale	3. Periode
Anzahl der Außenelektronen ≙	**Nummer der Hauptgruppe**	6 Außen-elektronen	VI. Haupt-gruppe

Perioden

Waagerechte Reihen im Periodensystem.
Elemente, deren Atome dieselbe Anzahl besetzter Elektronenschalen haben, stehen in derselben Periode.

Anzahl der besetzten Elektronenschalen	=	Nummer der äußeren Elektronenschale	≙	Nummer der Periode

Gruppen

Senkrechte Reihen im Periodensystem. Jede Gruppe ist in eine **Hauptgruppe** und in eine **Nebengruppe** unterteilt. Alle Elemente der Perioden 1 bis 3 sind Hauptgruppenelemente. In den Perioden 4 bis 7 gibt es außer Hauptgruppenelementen auch Nebengruppenelemente.
Hauptgruppenelemente, deren Atome die gleiche Anzahl Außenelektronen besitzen, stehen in derselben Hauptgruppe.

Anzahl der Außenelektronen ≙ Hauptgruppennummer

Periodische Änderung des Baus der Atomhülle der Elemente

In der Periode ändert sich die Anzahl der Außenelektronen in den Atomen der Hauptgruppenelemente mit steigender Kernladungszahl stetig. Beim Übergang von einer Periode zur nächstfolgenden ändert sich die Anzahl der Außenelektronen in den Atomen sprunghaft.

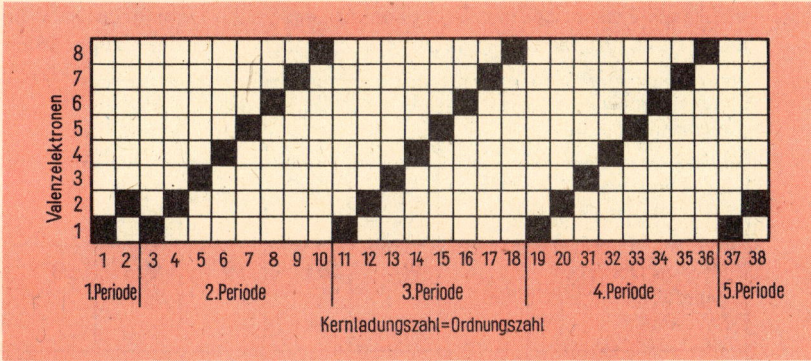

Die Anzahl der Außenelektronen (Valenzelektronen) in den Atomen ändert sich bei den Hauptgruppenelementen mit steigender Kernladungszahl periodisch.

Energieniveaus der Atome und Ordnungszahl der Elemente

In den Hauptgruppen des Periodensystems entspricht die Gruppennummer der Anzahl der *s*- und *p*-Valenzelektronen in den Atomen, in den Nebengruppen I bis VII der Anzahl der *s*- und *d*-Valenzelektronen der Atome.

Energie-niveau	Elemente und Ordnungszahlen		
5	Rb Sr 37 38	In Sn Sb Te I Xe 49 50 51 52 53 54	Y Zr Nb Mo Tc Ru Rh Pd Ag Cd 39 40 41 42 43 44 45 46 47 48
4	K Ca 19 20	Ga Ge As Se Br Kr 31 32 33 34 35 36	Sc Ti V Cr Mn Fe Co Ni Cu Zn 21 22 23 24 25 26 27 28 29 30
3	Na Mg 11 12	Al Si P S Cl Ar 13 14 15 16 17 18	
2	Li Be 3 4	B C N O F Ne 5 6 7 8 9 10	
1	H He 1 2		
	s^1.....s^2	p^1.....p^6	d^1.....d^{10}

↗ stöchiometrische Wertigkeit S. 55; Energieniveau S. 32

Hauptgruppennummer und stöchiometrische Wertigkeit

Die höchste Wertigkeit der Elemente der I. bis VII. Hauptgruppe gegenüber dem Element Sauerstoff entspricht der Gruppennummer.
Die Wertigkeit der Elemente der I. bis IV. Hauptgruppe gegenüber dem Element Wasserstoff entspricht der Gruppennummer; in den Hauptgruppen V bis VII ergibt sie sich aus der Differenz zwischen der Zahl 8 und der Gruppennummer.

Hauptgruppen-nummer	I	II	III	IV	V	VI	VII
◼ Sauerstoff-verbindung	Na_2O	CaO	Al_2O_3	CO_2	N_2O_5	SO_3	Cl_2O_7
Höchste Wertigkeit gegenüber Sauerstoff	I	II	III	IV	V	VI	VII
◼ Wasserstoff-verbindung	NaH	CaH_2	AlH_3	CH_4	NH_3	SH_2 (H_2S)	ClH (HCl)
Wertigkeit gegen-über Wasserstoff	I	II	III	IV	III	II	I

Oxydationszahlen bei Haupt- und Nebengruppenelementen

Die Elemente treten vorwiegend in solchen Oxydationszahlen auf, bei denen besonders energiearme Elektronenkonfigurationen vorliegen.

↗ Edelgaskonfiguration S. 37

■ Oxydationszahlen der Hauptgruppenelemente der 3. Periode

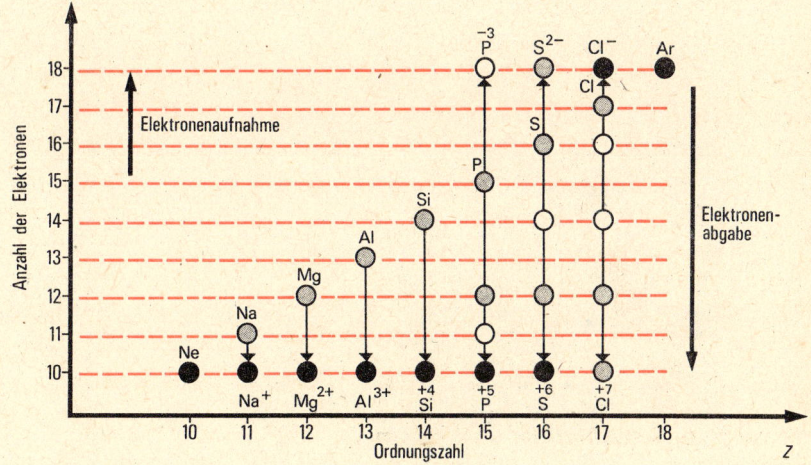

Oxydationszahlen der Nebengruppenelemente der 4. Periode

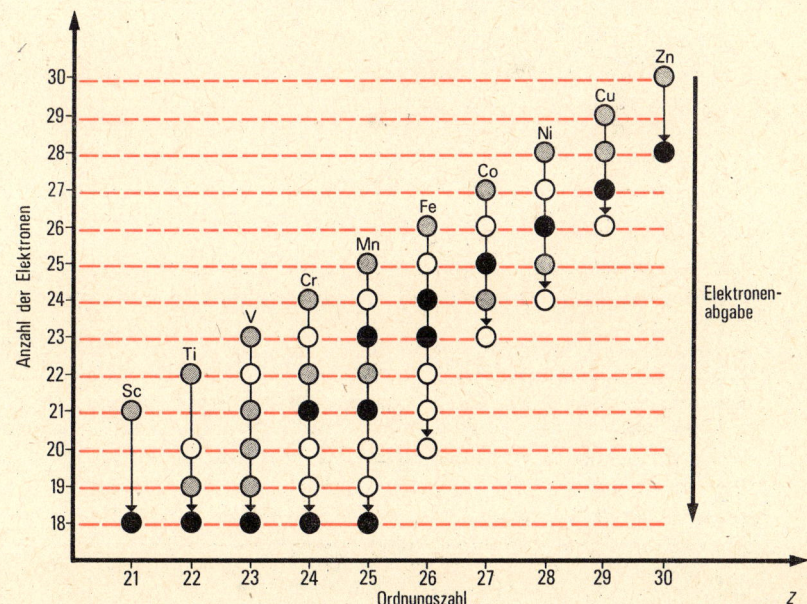

Eigenschaften der Hauptgruppenelemente

In den Hauptgruppen nehmen mit steigender Ordnungszahl die metallischen Eigenschaften der Elemente zu, die nichtmetallischen Eigenschaften der Elemente ab. In den Perioden nehmen mit steigender Ordnungszahl die metallischen Eigenschaften der Elemente ab, die nichtmetallischen Eigenschaften der Elemente zu.

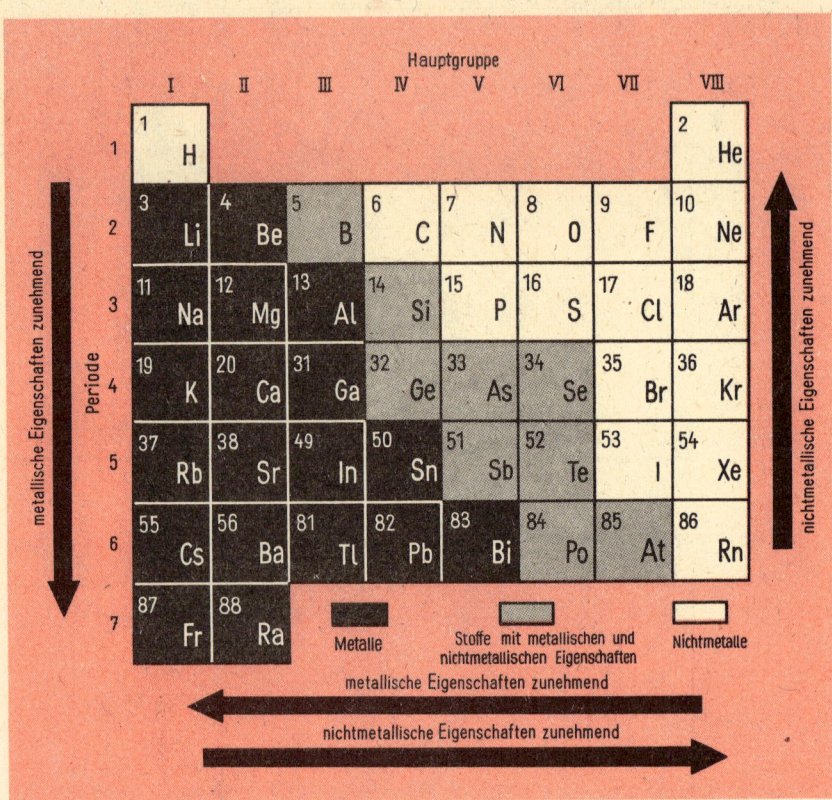

Eigenschaften der Oxide der Hauptgruppenelemente

Bei den Hauptgruppenelementen werden mit steigender Ordnungszahl die basischen Eigenschaften der Oxide innerhalb jeder Periode (mit Ausnahme der 1.) schwächer. Dagegen verstärken sich die sauren Eigenschaften der Oxide.
In jeder Hauptgruppe (mit Ausnahme der VIII.) nehmen mit steigender Ordnungszahl der Elemente die basischen Eigenschaften der Oxide zu, die sauren dagegen ab.
In der II. bis VI. Hauptgruppe treten auch Elemente mit Oxiden auf, die sowohl basische als auch saure Eigenschaften haben können.

↗ Periodensystem der Elemente; Amphoterie S. 89

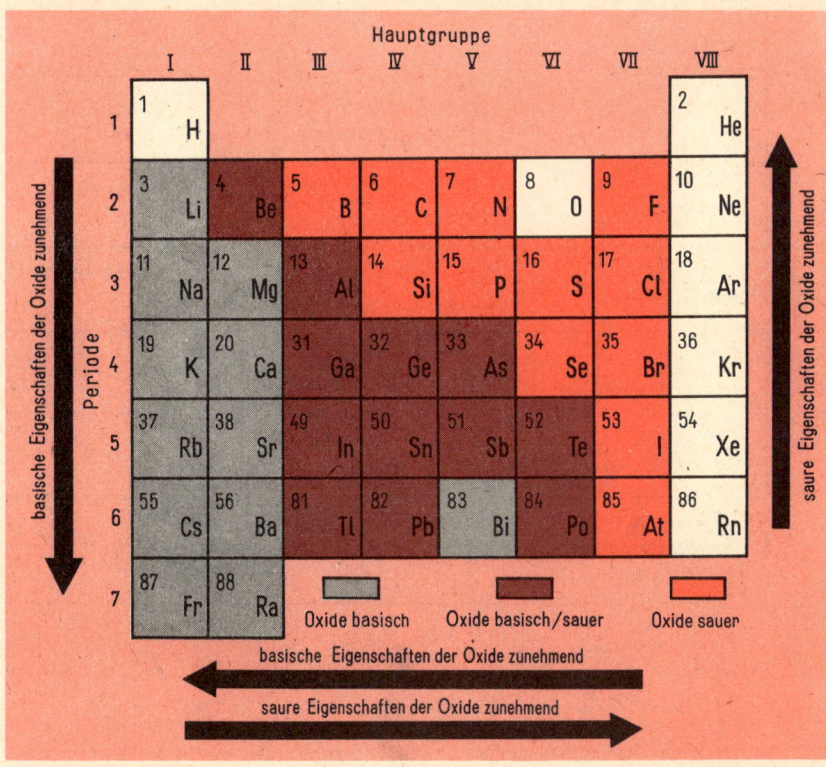

Periodizität von Eigenschaften der Elemente in den Hauptgruppen

Eigenschaften im Mikrobereich	Änderungen	
	in den **Hauptgruppen**	in den **Perioden**
Kernladungszahl	↓ zunehmend	⟶ zunehmend
Elektronegativitätswert	↑ im allgemeinen zunehmend	⟶ zunehmend
höchste stöchiometrische Wertigkeit gegenüber dem Element Sauerstoff	gleichbleibend	I VII ⟶ zunehmend
Stöchiometrische Wertigkeit gegenüber dem Element Wasserstoff	gleichbleibend	I IV VII ⟶ ⟵ zunehmend

➡ 2|6

Eigenschaften im Makrobereich	Änderungen	
	in den **Hauptgruppen**	in den **Perioden**
Metallische Eigenschaften	↓ zunehmend	← zunehmend
Nichtmetallische Eigenschaften	↑ zunehmend	→ zunehmend
Dichte	↓↓ im allgemeinen zunehmend	I III VII → ← zunehmend
Schmelz- und Siedetemperatur der Metalle	↑↑ im allgemeinen zunehmend	
Schmelz- und Siedetemperatur der Nichtmetalle	↓↓ im allgemeinen zunehmend	

Chemische Reaktionen

3.1. Stöchiometrische Grundgesetze

Gesetz von der Erhaltung der Masse

> Bei jeder chemischen Reaktion ist die Gesamtmasse der Ausgangsstoffe gleich der Gesamtmasse der Reaktionsprodukte (*Lomonossow* 1744, *Lavoisier* 1785).

■
$$CH_4 + Cl_2 \longrightarrow CH_3Cl + HCl$$
$$\underbrace{16\,g + 71\,g}_{87\,g} = \underbrace{50,5\,g + 36,5\,g}_{87\,g}$$

Gesetz der konstanten Proportionen

> Die Elemente verbinden sich miteinander in einem bestimmten, konstanten Massenverhältnis (*Proust* 1799).

Gesetz der multiplen Proportionen

> Bilden zwei oder mehrere Elemente verschiedene Verbindungen, so stehen die Massen des einen Elements, bezogen auf eine konstante Masse des anderen Elements, im Verhältnis kleiner, ganzer Zahlen (*Dalton* 1808).

■

Verbindung	N_2O	NO	N_2O_3	NO_2	N_2O_5
Masse Stickstoff verbunden mit Masse Sauerstoff	14 g	14 g	14 g	14 g	14 g
	8 g	16 g	24 g	32 g	40 g
Verhältnis der Massen Sauerstoff zueinander	1 :	2 :	3 :	4 :	5

Volumengesetz von Gay-Lussac

> Die Volumen miteinander reagierender oder bei einer Reaktion entstehender Gase stehen im Verhältnis kleiner ganzer Zahlen (*Gay-Lussac* 1808).

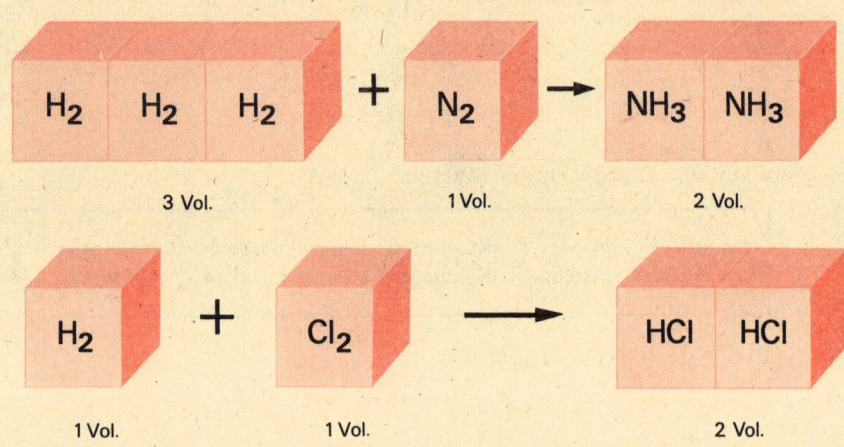

Gesetz von Avogadro

> Gleiche Volumen aller Gase enthalten bei gleicher Temperatur und gleichem Druck die gleiche Anzahl von Teilchen (*Avogadro* 1811).

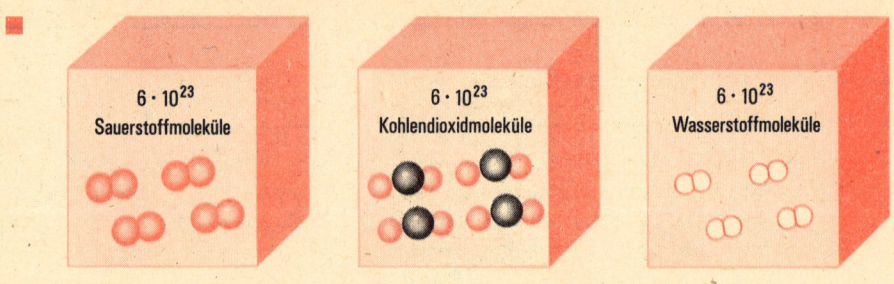

3.2. Grundlagen chemischer Reaktionen

Chemische Reaktion

Vorgang der Stoffumwandlung, der mit Energieumwandlungen verbunden ist; dabei entstehen neue Stoffe mit anderen Eigenschaften.
Die Stoffe, die vor der Reaktion vorliegen, heißen **Ausgangsstoffe**. Die Stoffe, die als Ergebnis der Reaktion vorliegen, heißen **Reaktionsprodukte**. Alle an der Reaktion teilnehmenden Stoffe werden als **Reaktionsteilnehmer** bezeichnet.

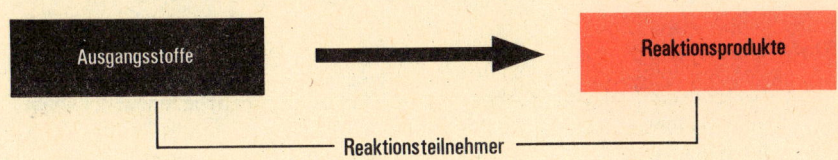

Merkmale chemischer Reaktionen

– Stoffumwandlungen;
– Energieumwandlungen (Energie von Stoffen ändert sich);
– Veränderung von Atomen und Ionen oder Umordnung dieser Teilchen;
– Umbau chemischer Bindungen (Entstehen, Lösen oder Verändern chemischer Bindungen); dabei findet oft eine Umgruppierung von Elektronen statt.

↗ Energieumwandlung S. 77

Chemische Reaktion	$2\,Mg$ +	$CO_2 \longrightarrow$	$2\,MgO$ +	C
Stoffe	Magne-sium	Kohlen-dioxid	Magne-siumoxid	Kohlen-stoff
Zustand und Aussehen der Stoffe (Bedingungen des Normzustands)	fest metallisch glänzend	gasförmig farblos	fest weiß	fest schwarz
Chemische Bindung	Metall-bindung	Atom-bindung (polar)	Ionenbe-ziehung	Atom-bindung (nicht polar)
Teilchen, aus denen die Stoffe aufgebaut sind	Metall-Ionen und frei be-wegliche Elektronen	Moleküle	Ionen	Atome
Struktur	Metall-kristalle	Moleküle	Ionen-kristalle	Atom-kristalle

Chemische Reaktion

makroskopisch

Stoffumwandlung,
begleitet von
Änderungen der Enthalpie und des
Volumens des stofflichen Systems
(unter isotherm-isobaren Bedingungen)

submikroskopisch

Teilchenumwandlungen,
begleitet von
Änderungen der Energie und des
Volumens infolge Umbau chemischer
Bindungen zwischen den Teilchen

Stoffliches System

Stoffansammlung, die durch Wände oder gedachte Grenzen von anderen Stoffansammlungen getrennt ist.

Bei chemischen Reaktionen ist das System eine Stoffansammlung aus Ausgangsstoffen und Reaktionsprodukten, zwischen denen Wechselwirkungen vorhanden sind.

Nach der Art der Abgrenzung sind verschiedene Arten von Systemen zu unterscheiden:

Art	Merkmal	■
Abgeschlossenes System	Mit angrenzenden Systemen findet weder ein Stoffaustausch noch ein Energieaustausch statt.	
Geschlossenes System	Mit angrenzenden Systemen findet ein Energieaustausch, aber kein Stoffaustausch statt.	
Offenes System	Mit angrenzenden Systemen findet sowohl ein Stoffaustausch als auch ein Energieaustausch statt.	

Phase

Stofflicher Zustandsbereich, der räumlich konstante Beschaffenheit aufweist und von anderen Bereichen durch Grenzflächen getrennt ist.
Je nach dem Aggregatzustand gibt es feste, flüssige und gasförmige Phasen.

Nach der Zusammensetzung sind zu unterscheiden:

Reine Phasen bestehen nur aus einem einzigen Stoff.

Mischphasen sind aus mehreren Stoffen zusammengesetzt.

Homogenes System

System, das nur aus einer Phase besteht, bei dem also die enthaltenen Stoffe nicht durch Grenzflächen getrennt sind, sondern ein einheitliches Ganzes bilden.

Aggregatzustand der Phase	Bezeichnung	■
fest	**feste Lösung**	Gold-Silber-Legierung
flüssig	**flüssige Lösung**	Salzwasser
gasförmig	**Gasgemisch**	Luft

Heterogenes System

System, das aus mehreren Phasen besteht, bei dem also die enthaltenen Stoffe durch Grenzflächen getrennt sind.

Aggregatzustände der Phasen	Bezeichnung	■
fest/fest		Gartenerde
fest/flüssig	**Suspension**	Pflanzenteilchen in Blumenwasser
fest/gasförmig	**Rauch**	Ofenrauch
flüssig/flüssig	**Emulsion**	Milch
flüssig/gasförmig	**Nebel**	Wolken
gasförmig/flüssig	**Schaum**	Badeschaum

Zustand eines stofflichen Systems

Augenblickliche Beschaffenheit eines stofflichen Systems; wird mit Zustandsgrößen und Angaben zum Aggregatzustand beschrieben. Die Zustandsgrößen sind **Temperatur, Druck** und **Zusammensetzungsgrößen.**

↗ extensive und intensive Größen S. 101; Zusammensetzungsgrößen S. 117

Isochore Reaktion

Chemische Reaktion, bei der das Volumen konstant gehalten wird, also keine Volumenarbeit auftritt.

Isobare Reaktion

Chemische Reaktion, bei der der Druck konstant gehalten wird und meist Volumenarbeit auftritt.

Isotherme Reaktion

Chemische Reaktion, bei der die Temperatur konstant gehalten wird.

Reaktionsverlauf

Geschehen zwischen den Teilchen während der Stoffumwandlung, bei dem die Konzentration der Ausgangsstoffe abnimmt.
Voraussetzungen für den Verlauf chemischer Reaktionen sind:
– Das Vorhandensein von Teilchen der Ausgangsstoffe,
– die ungeordnete Bewegung der Teilchen,

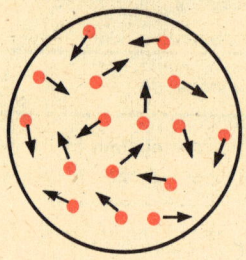

schematische Darstellung der ungeordneten Bewegung von Teilchen

– das wirksame Zusammenstoßen der Teilchen,

   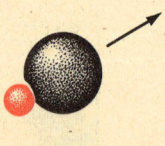 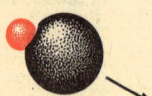

wirksamer Zusammenstoß

– das Vorhandensein eines Mindestbetrages an Energie der reagierenden Teilchen.

↗ innere Energie S. 77

Reaktionsgeschwindigkeit v

Quotient aus der Konzentrationsänderung der Stoffe und der dazu benötigten Zeit; kennzeichnet den Verlauf der Reaktion; wird durch den Differentialquotienten der Konzentration nach der Zeit ausgedrückt.

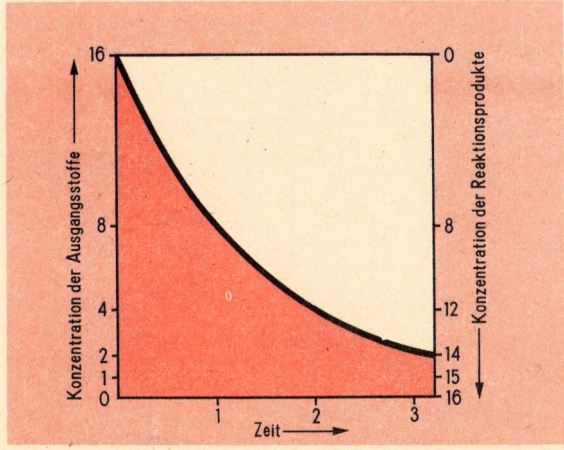

$$v = \frac{dC}{dt}$$

Die Reaktionsgeschwindigkeit ist von der Art der reagierenden Stoffe, deren Konzentration und den Reaktionsbedingungen Druck und Temperatur abhängig. Mit steigender Konzentration wird die Anzahl der möglichen und damit auch der wirksamen Zusammenstöße Z größer, damit steigt die Reaktionsgeschwindigkeit v.

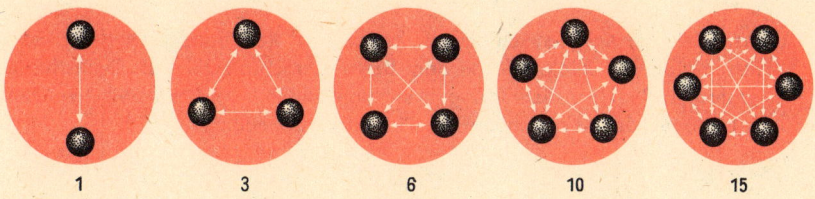

Für die Reaktion $A + B \longrightarrow C + D$ gilt:

$Z \sim C_A$
$Z \sim C_B$
$Z \sim C_A \cdot C_B$
$v = k \cdot C_A \cdot C_B$

Der Proportionalitätsfaktor k ist die **Reaktionsgeschwindigkeitskonstante**; die Gleichung heißt **Geschwindigkeitsgleichung**.

Bei Temperaturerhöhung um 10 K verlaufen chemische Reaktionen in der Regel mit der doppelten bis dreifachen Reaktionsgeschwindigkeit.

↗ chemisches Gleichgewicht S. 72

Umkehrbare chemische Reaktion

Reaktion, deren Verlaufsrichtung sich durch Änderung der Zustandsgrößen Temperatur, Druck oder Volumen jederzeit umkehren läßt, ohne daß andere Veränderungen in dem System oder seiner Umgebung auftreten.

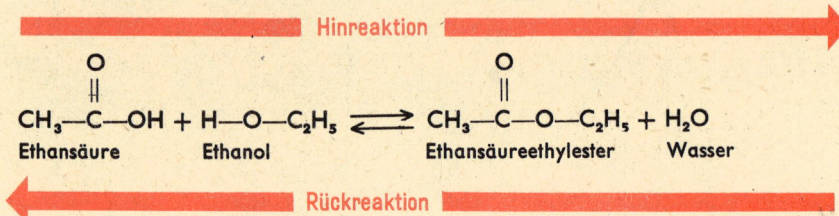

Hinreaktion

$$CH_3-C(=O)-OH + H-O-C_2H_5 \rightleftharpoons CH_3-C(=O)-O-C_2H_5 + H_2O$$

Ethansäure · · · · Ethanol · · · · Ethansäureethylester · · · · Wasser

Rückreaktion

Chemisches Gleichgewicht

Besonderer Zustand eines stofflichen Systems.
Bei jeder umkehrbaren chemischen Reaktion in abgeschlossenen oder geschlossenen Systemen bildet sich unter gleichartigen Reaktionsbedingungen ein chemisches Gleichgewicht aus. Die experimentell zu beobachtende Reaktionsgeschwindigkeit bei der Reaktion

$$A + B \longrightarrow C + D$$

ist die **Gesamtgeschwindigkeit** v_G.

$$v_G = v_H - v_R$$

Das Gleichgewicht ist eingestellt, wenn die Reaktionsgeschwindigkeiten für Hinreaktion und Rückreaktion dem Betrage nach gleich sind. Dann besteht bei konstanten Reaktionsbedingungen ein konstantes Verhältnis zwischen den Konzentrationen der Ausgangsstoffe und Reaktionsprodukte.

$$v_H = v_R \qquad v_H \neq 0 \qquad v_R \neq 0 \qquad v_G = 0$$

Einstellzeit: Zeit, die vom Beginn einer umkehrbaren Reaktion bis zum Erreichen des chemischen Gleichgewichts notwendig ist.

Merkmale des chemischen Gleichgewichts:

– Hinreaktion und Rückreaktion verlaufen mit gleicher Geschwindigkeit.

$$v_{Hin} = v_{Rück}$$

– Reaktionsgeschwindigkeit für die umkehrbare chemische Reaktion ist Null.

$$\Delta v = 0 \qquad v_G = 0$$

– Konzentrationen der Ausgangsstoffe und der Reaktionsprodukte bleiben unverändert.

$$\Delta c = 0$$

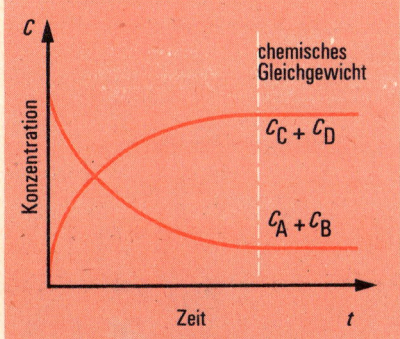

Konzentration-Zeit-Diagramm einer
chemischen Reaktion

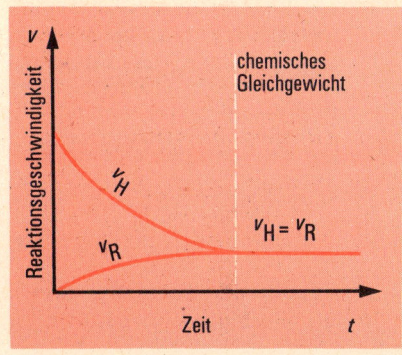

Reaktionsgeschwindigkeit-Zeit-Diagramm
einer chemischen Reaktion

Massenwirkungsgesetz (MWG)

> Im chemischen Gleichgewicht ist der Quotient aus dem Produkt der Konzentrationen der Reaktionsprodukte und dem Produkt der Konzentrationen der Ausgangsstoffe eine temperaturabhängige Konstante (*Guldberg* und *Waage* 1867).

Die Gleichung des Massenwirkungsgesetzes kann aus den entsprechenden Geschwindigkeitsgleichungen abgeleitet werden:
Für die chemische Reaktion

$$A + B \rightleftarrows C + D$$

gelten folgende Geschwindigkeitsgleichungen:

$$v_H = k_H \cdot c_A \cdot c_B$$
$$v_R = k_R \cdot c_C \cdot c_D$$
$$v_R = v_H$$
$$k_R \cdot c_C \cdot c_D = k_H \cdot c_A \cdot c_B$$

$$\frac{c_C \cdot c_D}{c_A \cdot c_B} = K_C$$

Die Stöchiometriezahlen in der chemischen Gleichung gehen in die Gleichung des Massenwirkungsgesetzes als Exponenten der Konzentration ein.
Für die chemische Reaktion

$$v_A A + v_B B \rightleftarrows v_C C + v_D D \qquad \text{gilt:}$$

$$\frac{c_C^{v_C} \cdot c_D^{v_D}}{c_A^{v_A} \cdot c_B^{v_B}} = K_C$$

73

Die **Gleichgewichtskonstante** K_C ist von der Temperatur abhängig. Die Einheiten für die Gleichgewichtskonstanten K_C können unterschiedlich sein. Bei einer Änderung der Stöchiometriezahl

$$\Delta \nu = (\nu_C + \nu_D) - (\nu_A + \nu_B)$$

hat die Gleichgewichtskonstante K_C die Einheit $(mol \cdot l^{-1})^{\Delta \nu}$.

■ $N_2 + 3\,H_2 \rightleftharpoons 2\,NH_3$ $\dfrac{c_{NH_3}^2}{c_{N_2} \cdot c_{H_2}^3} = K_C$

Angabe der Konzentrationen der Reaktionsteilnehmer in $mol \cdot l^{-1}$. Einheit für die Gleichgewichtskonstante K_C: $mol^{-2} \cdot l^2$.

Anwendung des Massenwirkungsgesetzes auf Gasgleichgewichte

Chemische Gleichgewichte zwischen gasförmigen Stoffen werden meist mit Hilfe der **Partialdrücke** p_i der reagierenden Stoffe im Gasgemisch berechnet. Die Gleichgewichtskonstante wird dann mit K_P bezeichnet.

■   Wasserstoff, Iod und Iodwasserstoff liegen bei höheren Temperaturen gasförmig vor. Für das Gasgleichgewicht

$$H_2 + I_2 \rightleftharpoons 2\,HI \quad gilt: \qquad \dfrac{p_{HI}^2}{p_{H_2} \cdot p_{I_2}} = K_P$$

Die Gleichgewichtskonstante K_p hat die Einheit $Pa^{\Delta \nu}$.
Ist $\Delta \nu = 0$, dann ist die Einheit 1. In solchen Fällen können bei Gasgleichgewichten statt der Partialdrücke auch die Partialvolumen oder die Stoffmengen der einzelnen Stoffe in die Gleichung des Massenwirkungsgesetzes eingesetzt werden.

Ausbeute eines Reaktionsprodukts

Quotient aus der entstandenen Stoffmenge und der für den vollständigen Umsatz eines Ausgangsstoffes berechneten Stoffmenge dieses Reaktionsprodukts bei einer chemischen Reaktion; Kenngröße für die Effektivität der Stoffherstellung in der Produktion und im Labor.
Erhöhung der Ausbeute nach dem Massenwirkungsgesetz

Änderung	Bedingung
Erhöhung der Temperatur $K(T_2) > K(T_1)$	$\Delta_R H > 0$
Erhöhung der Gesamtkonzentration bzw. des Drucks	K konst. $\Delta \nu < 0$
Überschuß eines Ausgangsstoffes	K konst.
Entzug eines Reaktionsprodukts	K konst.

Prinzip von Le Chatelier

> Jede Störung eines chemischen Gleichgewichts durch Veränderung der äußeren Bedingungen führt zu einer Verschiebung des Gleichgewichts, die der Störung entgegenwirkt (nach *Le Chatelier* 1884).

Veränderungen der äußeren Bedingungen		Wirkungen auf das chemische Gleichgewicht
Temperatur	**Erhöhung**	fördert die **endotherme Reaktion**
	Erniedrigung	fördert die **exotherme Reaktion**
Druck	**Erhöhung**	fördert die Reaktion, die unter **Abnahme des Volumens** verläuft
	Erniedrigung	fördert die Reaktion, die unter **Zunahme des Volumens** verläuft

Katalyse

Einwirken von Katalysatoren auf chemische Reaktionen. **Positive Katalyse** ist das Beschleunigen der Reaktion, **negative Katalyse** das Verzögern der Reaktion.

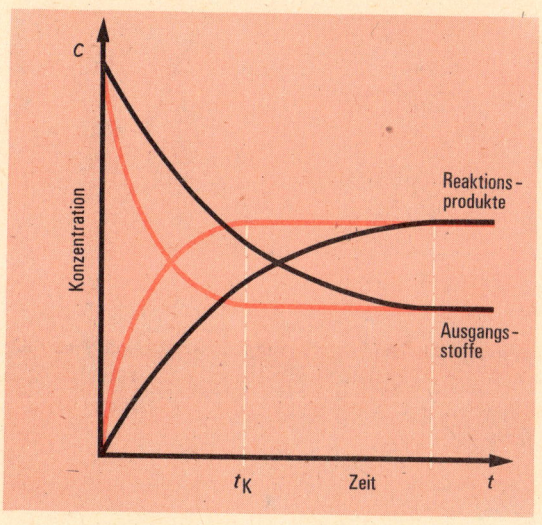

Zusammenhang zwischen Konzentration und Zeit für Hin- und Rückreaktion mit Katalysator und ohne Katalysator

Katalysator

Stoff, der die Geschwindigkeit chemischer Reaktionen erhöht oder verringert und dadurch die Einstellzeit des chemischen Gleichgewichts verkürzt oder verlängert, ohne daß sich dabei die Reaktionswärme und das Gleichgewicht verändern. Der Katalysator ist an der Reaktion beteiligt, liegt aber danach unverändert vor. Viele Katalysatoren haben eine spezifische Wirkung.

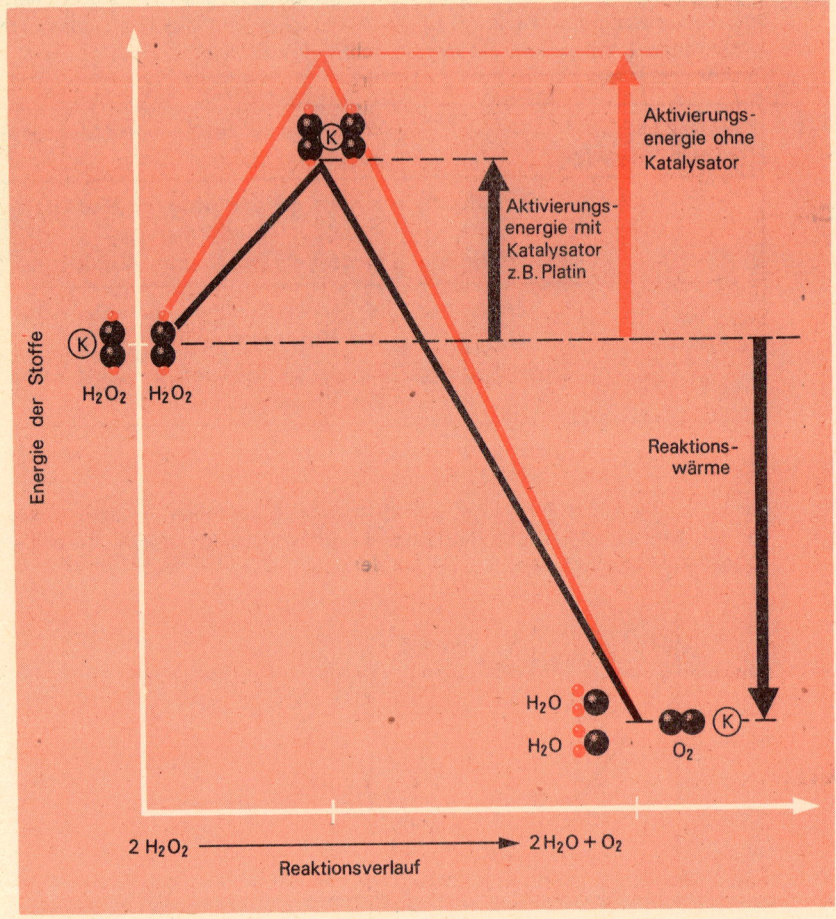

Teilchen und Energie bei einer chemischen Reaktion mit Katalysator und ohne Katalysator

3.3. Energieumwandlungen bei chemischen Reaktionen

Energieumwandlung

Umwandlung von Energie bei einer chemischen Reaktion; Energiearten sind: thermische Energie, elektrische Energie, Energie der elektromagnetischen Strahlung, mechanische Energie, chemische Energie.

↗ Wiss. Ph S. 162

Chemische Energie

Teil der inneren Energie eines Systems, der in chemischen Bindungen gespeichert ist.
Beim Verlauf chemischer Reaktionen wird durch Umbau von Bindungen ein Teil dieser chemischen Energie in andere Energiearten umgewandelt. Mit gegebenen Mitteln kann dabei nutzbare Energie gewonnen werden.

↗ galvanisches Element S. 97

Innere Energie U

Energie eines stofflichen Systems auf Grund der Zusammensetzung, Stoffmenge, Temperatur und des Drucks; Summe der Energien aller Teilchen des Systems.

Enthalpie H

Innere Energie eines stofflichen Systems zuzüglich der Volumenenergie $p \cdot V$.
$$H = U + p \cdot V$$

Änderung der inneren Energie oder der Enthalpie

Differenz der inneren Energie oder der Enthalpie eines stofflichen Systems beim Übergang von einem Zustand 1 in einen Zustand 2.
Innere Energie und Enthalpie eines stofflichen Systems lassen sich im allgemeinen nicht ermitteln. Dagegen kann die Änderung dieser Größen bestimmt werden.

Änderung der inneren Energie ΔU:

$$\Delta U = U_2 - U_1$$

Wird durch Aufnahme oder Abgabe von Wärme Q sowie Arbeit W hervorgerufen.

$$\Delta U = Q + W \quad \textbf{1. Hauptsatz der Thermodynamik}$$

Die Abgabe oder Aufnahme von Arbeit erfolgt in vielen Fällen in Form von Volumenarbeit: $W = -p \cdot \Delta V$, also ist meist $\Delta U = Q - p \cdot \Delta V$

77

Änderung der Enthalpie ΔH:

$$\Delta H = H_2 - H_1$$

$$\Delta H = \Delta U + p \cdot \Delta V$$

↗ Satz von Hess S. 79

Molare Reaktionswärme Q_m

Bei einer chemischen Reaktion mit molarem Umsatz der Reaktionsteilnehmer aufgenommene oder abgegebene Wärme; Quotient aus einer beliebigen Reaktionswärme und der Stoffmenge der Formelumsätze.

$$Q_m = \frac{Q}{n}$$

Molare Reaktionsenergie: Molare Reaktionswärme bei konstantem Volumen; Quotient aus der Reaktionswärme bei konstantem Volumen und der Stoffmenge der Formelumsätze.

$$\Delta_R U = Q_m - p \cdot \Delta_R V_m ; \qquad \Delta_R V_m = 0$$

$$\Delta_R U = Q_{m,V}$$

↗ Formelumsatz S. 116

Molare Reaktionsenthalpie: Molare Reaktionswärme bei konstantem Druck; Quotient aus der Reaktionswärme bei konstantem Druck und der Stoffmenge der Formelumsätze.

$$\Delta_R H = \Delta_R U + p \cdot \Delta_R V_m ; \qquad \Delta_R U = Q_m - p \cdot \Delta_R V_m$$

$$\Delta_R H = Q_{m,p}$$

Da die molare Volumenarbeit

$$W_m = 0 ; \quad W_m > 0 ; \quad W_m < 0$$

sein kann, ergeben sich folgende Beziehungen zwischen molarer Reaktionsenthalpie und molarer Reaktionsenergie:

$$\Delta_R H = \Delta_R U ; \qquad \Delta_R H < \Delta_R U ; \qquad \Delta_R H > \Delta_R U$$

↗ Formelumsatz S. 116; Berechnung molarer Reaktionsenthalpien S. 132

Endotherme und exotherme Reaktionen

Endotherme Reaktionen: Chemische Reaktionen, die unter Wärmeaufnahme verlaufen. Die Energie der Ausgangsstoffe ist kleiner als die Energie der Reaktionsprodukte.

Exotherme Reaktionen: Chemische Reaktionen, die unter Wärmeabgabe verlaufen. Die Energie der Ausgangsstoffe ist größer als die Energie der Reaktionsprodukte.

Chemische Reaktion	Angabe der molaren Reaktionsenthalpie	■
endotherm	$\Delta_R H = + a \text{ kJ} \cdot \text{mol}^{-1}$	$CO_2 + C \longrightarrow 2\,CO$; $\Delta_R H = + 172,5 \text{ kJ} \cdot \text{mol}^{-1}$
exotherm	$\Delta_R H = - b \text{ kJ} \cdot \text{mol}^{-1}$	$C + O_2 \longrightarrow CO_2$; $\Delta_R H = - 393,6 \text{ kJ} \cdot \text{mol}^{-1}$

+ Vergrößerung der Energie der Reaktionsteilnehmer durch Wärmeaufnahme von außen

— Verringerung der Energie der Reaktionsteilnehmer durch Wärmeabgabe nach außen

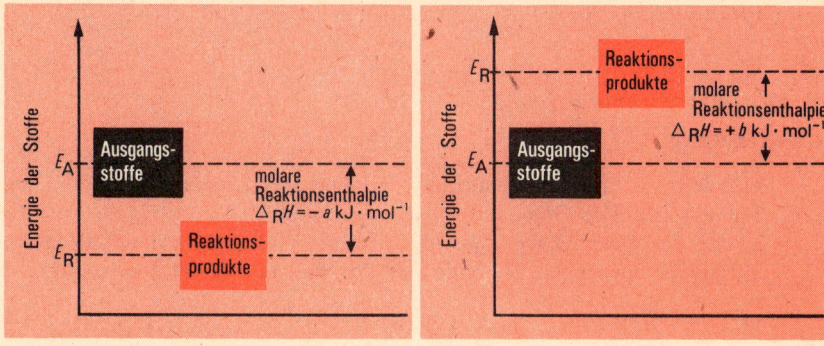

↗ Katalysator S. 75

Molare Bildungsenthalpie $\Delta_B H$

Molare Reaktionsenthalpie, die bei der Bildung der Stoffmenge 1 mol des Stoffes aus den Elementen in ihrer stabilen Form auftritt.

Die molaren Reaktionsenthalpien für die Zerlegung einer chemischen Verbindung in die Elemente und die Bildung der Verbindung aus den Elementen sind dem Betrage nach gleich. Das gilt für alle chemischen Reaktionen.

■ $HgO \longrightarrow Hg + \dfrac{1}{2} O_2$ $\qquad \Delta_B H = + 90,4 \text{ kJ} \cdot \text{mol}^{-1}$

$Hg + \dfrac{1}{2} O_2 \longrightarrow HgO$ $\qquad \Delta_B H = - 90,4 \text{ kJ} \cdot \text{mol}^{-1}$

↗ Berechnung von molaren Bildungsenthalpien S. 131

Satz von Hess

Die molare Reaktionsenthalpie hängt nur vom Anfangs- und Endzustand des stofflichen Systems ab, nicht aber vom Weg oder der Art der Überführung der Ausgangsstoffe in die Reaktionsprodukte (*Hess* 1840).

Für die chemische Reaktion AB + CD $\longrightarrow$ AC + BD gilt:

$$\Delta_R H = (\Delta_B H_{AC} + \Delta_B H_{BD}) - (\Delta_B H_{AB} + \Delta_B H_{CD})$$

↗ molare Reaktionsenthalpie S. 78

Aktivierungsenergie

Energie, die zur Aktivierung der Teilchen vorhanden sein muß, um eine chemische Reaktion auszulösen. Die aktivierten Teilchen haben eine größere Energie als die Teilchen der Ausgangsstoffe.

↗ Reaktionsverlauf S. 70

3.4. Arten chemischer Reaktionen

Redoxreaktion

Reaktion mit Elektronenübergang, bei der eine Oxydationsreaktion und eine Reduktionsreaktion miteinander gekoppelt sind.
Durch Elektronenübergänge können Reduktionsmittel und Oxydationsmittel ineinander übergehen. Sie bilden ein korrespondierendes Redoxpaar.

$$\text{Redm} \underset{\text{Reduktion}}{\overset{\text{Oxydation}}{\rightleftharpoons}} \text{Oxm} + z \cdot e^-$$

Bedingung für den Ablauf einer Redoxreaktion ist das Vorhandensein zweier korrespondierender Redoxpaare.

$$\overset{+2}{Fe^{2+}} \underset{\text{Reduktion}}{\overset{\text{Oxydation}}{\rightleftharpoons}} \overset{+3}{Fe^{3+}} + e^-$$

$$\overset{-1}{2\,Cl^-} \underset{\text{Reduktion}}{\overset{\text{Oxydation}}{\rightleftharpoons}} \overset{\pm 0}{Cl_2} + 2\,e^-$$

Redoxreaktionen sind Reaktionen, bei denen sich die Oxydationszahlen von Elementen durch Elektronenübergang verändern.

$$\overset{-1}{2\,Br^-} + \overset{\pm 0}{Cl_2} \longrightarrow \overset{-1}{2\,Cl^-} + \overset{\pm 0}{Br_2}$$

$$\overset{\pm 0}{Cl_2} + 2\,e^- \longrightarrow \overset{-1}{2\,Cl^-}$$

$$\overset{-1}{2\,Br^-} \longrightarrow \overset{\pm 0}{Br_2} + 2\,e^-$$

Teilreaktionen der Redoxreaktion sind:

Oxydation: Reaktion, bei der die Oxydationszahl von Elementen durch Elektronenübergang größer wird.

Reduktion: Reaktion, bei der die Oxydationszahl von Elementen durch Elektronenübergang kleiner wird.

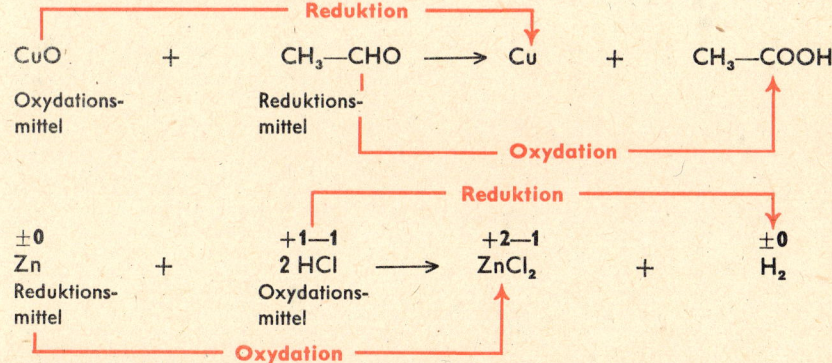

Oxydationsmittel: Reaktionsteilnehmer, deren Oxydationszahl durch Elektronenabgabe kleiner wird. Das Oxydationsmittel wird bei der Redoxreaktion reduziert.

Reduktionsmittel: Reaktionsteilnehmer, deren Oxydationszahl durch Elektronenaufnahme größer wird. Das Reduktionsmittel wird bei der Redoxreaktion oxydiert.

↗ Oxydationszahl S. 56; Aufstellen von chemischen Gleichungen S. 25

Säure-Base-Reaktion (Protolyse)

Reaktion mit Protonenübergang, bei der Protonenabgabe und Protonenaufnahme miteinander gekoppelt sind. Durch Protonenabgabe entsteht aus einer Säure deren korrespondierende Base, durch Protonenaufnahme aus einer Base deren korrespondierende Säure. Sie bilden jeweils ein korrespondierendes Säure-Base-Paar.

Bedingung für den Ablauf einer Säure-Base-Reaktion ist das Vorhandensein zweier korrespondierender Säure-Base-Paare. Meist stellt sich ein Säure-Base-Gleichgewicht (Protolysegleichgewicht) ein.

$HCl \rightleftharpoons H^+ + Cl^-$ 1. **korrespondierendes Säure-Base-Paar**

$H^+ + H_2O \rightleftharpoons H_3O^+$ 2. **korrespondierendes Säure-Base-Paar**

___

$HCl + H_2O \rightleftharpoons H_3O^+ + Cl^-$ **Säure-Base-Gleichgewicht**

Zu den Säure-Base-Reaktionen gehören unterschiedliche Arten von Reaktionen mit Protonenübergang:

Neutralisation: Reaktion von Hydronium-Ionen mit Hydroxid-Ionen zu Wassermolekülen.

$$Na^+ + OH^- + H_3O^+ + Cl^- \rightleftarrows Na^+ + Cl^- + 2 H_2O$$

$$OH^- + H_3O^+ \rightleftarrows 2 H_2O$$

↗ Neutralisationstitration S. 237; Berechnungen S. 126

Verdrängungsreaktion: Freisetzen leichter flüchtiger Basen durch schwerflüchtige Basen oder leichter flüchtiger Säuren durch schwerflüchtige Säuren.

$$NH_4^+ + Cl^- + Na^+ + OH^- \rightleftarrows Na^+ + Cl^- + NH_3 + H_2O$$

$$NH_4^+ + OH^- \rightleftarrows NH_3 + H_2O$$

Autoprotolyse des Wassers:

$$H_2O + H_2O \rightleftarrows H_3O^+ + OH^-$$

↗ Autoprotolyse S. 90; Säure-Base-Theorie von *Brönsted* S. 88

Analogie von Redoxreaktion und Säure-Base-Reaktion

	Redoxreaktion	Säure-Base-Reaktion
Wesen	Elektronenübergang	Protonenübergang
Donatoren	Reduktionsmittel Redm	Säuren S
Akzeptoren	Oxydationsmittel Oxm	Basen B
Korrespondierende Paare	$Redm_1 \rightleftarrows Oxm_1 + z_1e^-$ $Oxm_2 + z_2e^- \rightleftarrows Redm_2$	$S_1 \rightleftarrows B_1 + H^+$ $B_2 + H^+ \rightleftarrows S_2$
Chemisches Gleichgewicht	$z_2\,Redm_1 + z_1\,Oxm_2 \rightleftarrows$ $z_2\,Oxm_1 + z_1\,Redm_2$	$S_1 + B_2 \rightleftarrows B_1 + S_2$

Abbau und Aufbau von Ionenkristallen

Vorgänge in wäßriger Lösung, bei denen Ionenkristalle aufgelöst oder gebildet werden.

Lösungsvorgang: Abbau von Ionenkristallen unter Einwirkung des polaren Lösungsmittels Wasser, wobei frei bewegliche Ionen entstehen, die von einer Hülle aus Wassermolekülen umgeben sind.

↗ Hydratation S. 88

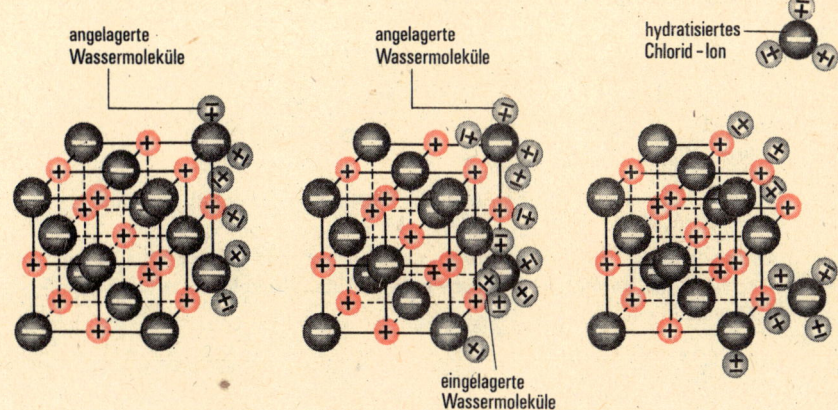

angelagerte
Wassermoleküle

angelagerte
Wassermoleküle

hydratisiertes
Chlorid - Ion

eingelagerte
Wassermoleküle

Fällungsreaktion: Ordnen der frei beweglichen Ionen eines schwerlöslichen Salzes zu Kristallen, die als Niederschlag ausfallen (Überschreiten des Löslichkeitsprodukts des Salzes).

$$Ag^+ + NO_3^- + K^+ + Cl^- \longrightarrow AgCl + K^+ + NO_3^-$$

$$Ag^+ + Cl^- \longrightarrow AgCl$$

↗ Löslichkeitsprodukt S. 87; Fällungsreaktionen S. 238

Komplexreaktion

Chemische Reaktion, bei der Komplexe aufgebaut, abgebaut oder durch Austausch von Liganden umgebaut werden.

Komplexaufbau
$$AgCl + 2 Na_2S_2O_3 \longrightarrow Na_3[Ag(S_2O_3)_2] + NaCl$$

Komplexabbau
$$[Ag(NH_3)_2]OH + 3 HCl \longrightarrow AgCl + 2 NH_4Cl + H_2O$$

Komplexumbau
$$[Cu(H_2O)_6]SO_4 + 4 NH_3 \longrightarrow [Cu(NH_3)_4(H_2O)_2]SO_4 + 4 H_2O$$

Substitution

Austausch von gebundenen Atomen oder Atomgruppen einer Verbindung durch andere Atome oder Atomgruppen; dabei entstehen mehrere Reaktionsprodukte.

Chlorierung $CH_4 + Cl_2 \longrightarrow CH_3Cl + HCl$

Als Substitutionen können aufgefaßt werden:

Kondensation: Substitution, bei der als Nebenprodukt meist Wasser entsteht.

■ Esterbildung aus Methansäure und Ethanol

$$H-\underset{\|}{\overset{O}{C}}-OH + H-O-C_2H_5 \rightleftharpoons H-\underset{\|}{\overset{O}{C}}-O-C_2H_5 + H_2O$$

Methan-   Ethanol   Methansäureethylester
säure

Die Umkehrung kann ebenfalls als Substitution aufgefaßt werden.

Polykondensation: Substitution, die zu Makromolekülen führt; Gleichgewichtsreaktion, bei der nach und nach makromolekulare Stoffe entstehen: Stufenreaktion.

■ n [Phenol-Struktur: OH] $+ n\, HCHO \rightleftharpoons$ [Phenoplast-Struktur mit CH_2]$_n$ $+ n\, H_2O$

Phenol   Methanal   Phenoplast

Herstellung von Phenoplasten S. 265

Addition

Chemische Reaktion, bei der jeweils zwei oder mehrere Moleküle zu einem neuen Molekül auf Grund der Mehrfachbindungen bei mindestens einem Molekül zusammentreten.

■ **Hydrierung** $CH_3-C\overset{O}{\underset{H}{\big<}} + H_2 \xrightarrow{\text{Kat.}} CH_3-CH_2-OH$

                     Ethanal   Ethanol

■ **Halogenierung** $CH_2=CH_2 + Br_2 \longrightarrow CH_2Br-CH_2Br$

                  Ethen   1,2-Dibromethan

■ **Hydratisierung** $CH\equiv CH + H_2O \xrightarrow{\text{Kat.}} CH_3-C\overset{O}{\underset{H}{\big<}}$

                  Ethin   Ethanal

Als Addition kann aufgefaßt werden:

Polymerisation: Addition, bei der jeweils viele Moleküle mit Mehrfachbindung unter Bildung eines Makromoleküls zusammentreten; radikalische Polymerisation, die über Teilreaktionen verläuft, die sich überlagern können:

Startreaktion

$R\cdot + CH_2=CH_2 \longrightarrow R-CH_2-CH_2\cdot$

Reaktionskette

$$R—CH_2—CH_2 \cdot + n\ CH_2{=}CH_2 \longrightarrow$$

$$R—CH_2—CH_2{\Big[}CH_2—CH_2{\Big]}_{n-1}CH_2—CH_2 \cdot$$

Abbruchreaktion

$$R—CH_2—CH_2{\Big[}CH_2—CH_2{\Big]}_{n-1}CH_2—CH_2 \cdot + \cdot R$$

$$\longrightarrow R—CH_2—CH_2{\Big[}CH_2—CH_2{\Big]}_{n-1}CH_2—CH_2—R$$

■ $n\ CH_2 = CH_2 \longrightarrow {\Big[}CH_2—CH_2{\Big]}_n$

Ethen   Polyethylen

↗ Herstellung von Polyethylen S. 265

Polyaddition: Addition, bei der viele Moleküle von mindestens zwei niedrig-molekularen Verbindungen mit zwei oder mehreren funktionellen Gruppen zu Makromolekülen zusammentreten; Stufenreaktion.

■ $n\ O{=}C{=}N—R—N{=}C{=}O + n\ H—O—R'—O—H \longrightarrow$

Diisozyanat   Dihydroxylverbindung

$$O{=}C{=}N—R—NH—\overset{\overset{O}{\|}}{C}{\Big[}O—R'—O—\overset{\overset{O}{\|}}{C}—NH—R—NH—\overset{\overset{O}{\|}}{C}{\Big]}_{n-1}O—R'—O—H$$

Polyurethan

Eliminierung

Chemische Reaktion, bei der jeweils aus einem Molekül zwei oder mehrere Atome oder Atomgruppen ohne Ersatz durch andere austreten.

■ Dehydrierung

$$CH_3—CH_3 \overset{Kat.}{\underset{}{\rightleftarrows}} CH_2{=}CH_2 + H_2$$

Ethan   Ethen   Wasserstoff

3.5. Chemische Reaktionen in wäßriger Lösung

Lösung

Phase, in der feste, flüssige oder gasförmige Stoffe in einem flüssigen oder festen Stoff fein verteilt sind.

↗ Phase S. 68

Flüssige Lösungen können nach der Teilchengröße des gelösten Stoffes unter-schieden werden:

Bezeichnung	Teilchen	Teilchengröße in cm
echte Lösung	Moleküle, Ionen	10^{-7}
kolloide Lösung	Makromoleküle oder Zusammenballungen von Molekülen	10^{-7} bis 10^{-5}

Nach der Konzentration des gelösten Stoffes im Lösungsmittel läßt sich einteilen:

Bezeichnung	Charakteristik
verdünnte Lösung	Konzentration des gelösten Stoffes liegt weit unter der Sättigungskonzentration
konzentrierte Lösung	Konzentration des gelösten Stoffes liegt nahe der Sättigungskonzentration
gesättigte Lösung	Konzentration des gelösten Stoffes ist gleich der Sättigungskonzentration; überschüssiger Stoff verbleibt ungelöst als Bodenkörper

Löslichkeit

Konzentration eines gelösten Stoffes in seiner gesättigten Lösung. Die Löslichkeit von festen Stoffen steigt in den meisten Fällen bei Temperaturerhöhung; die Löslichkeit von Gasen nimmt bei Temperaturerhöhung ab.

Durch **gleichionige Zusätze** wird die Löslichkeit schwerlöslicher Salze erniedrigt.

■ Die Löslichkeit von Kaliumperchlorat in Kaliumchloridlösung ist kleiner als in reinem Wasser.

Durch **Komplexbildung** wird die Löslichkeit vieler schwerlöslicher Salze erhöht.

■ Die Löslichkeit von Silberchlorid in einer wäßrigen Lösung steigt bei Zusatz von Ammoniak infolge Bildung von Diamminsilber-Ionen:

$$Ag^+ + 2\,NH_3 \longrightarrow [Ag(NH_3)_2]^+$$

Lösungsmittel

Stoff, in dem andere Stoffe gelöst werden können. Wichtigstes flüssiges Lösungsmittel ist das Wasser.

Gelöster Stoff

Stoff, der in einem Lösungsmittel gelöst ist.

Leichtlöslich sind Stoffe, deren Konzentration in der gesättigten Lösung groß ist. Schwerlöslich sind dagegen Stoffe, deren Konzentration in der gesättigten Lösung klein ist.

Löslichkeitsgleichgewicht

Gleichgewicht zwischen der gesättigten Lösung eines Stoffes und der reinen Phase dieses Stoffes.

Salz (fest) $\overset{\text{Lösen}}{\underset{\text{Fällen}}{\rightleftharpoons}}$ Salz (gelöst)

Niederschlag   **gesättigte Lösung**

Löslichkeitsprodukt

Gleichgewichtskonstante, die sich bei Anwendung des Massenwirkungsgesetzes auf das Löslichkeitsgleichgewicht eines schwerlöslichen Salzes ergibt; Produkt der Konzentrationen der aus dem schwerlöslichen Salz stammenden Ionen; besitzt bei konstanter Temperatur einen charakteristischen Wert; wird mit steigender Temperatur größer.

$C_{A^+} \cdot C_{B^-} = K_{L,\,AB}$

Löslichkeitsprodukte bei 20 °C

Salz	Formel	Löslichkeitsprodukt
Kaliumperchlorat	$KClO_4$	$1,1 \cdot 10^{-2}$ mol² · l⁻²
Natriumhydrogen-carbonat	$NaHCO_3$	$1,3 \cdot 10^{-3}$ mol² · l⁻²
Calciumsulfat	$CaSO_4$	$6,1 \cdot 10^{-5}$ mol² · l⁻²
Blei(II)-chlorid	$PbCl_2$	$2,1 \cdot 10^{-5}$ mol³ · l⁻³
Bariumsulfat	$BaSO_4$	$1,1 \cdot 10^{-10}$ mol² · l⁻²
Silberchlorid	$AgCl$	$1,6 \cdot 10^{-10}$ mol² · l⁻²
Silberbromid	$AgBr$	$6,3 \cdot 10^{-13}$ mol² · l⁻²
Silberiodid	AgI	$1,5 \cdot 10^{-16}$ mol² · l⁻²
Eisen(II)-sulfid	FeS	$3,7 \cdot 10^{-19}$ mol² · l⁻²
Blei(II)-sulfid	PbS	$3,4 \cdot 10^{-29}$ mol² · l⁻²
Kupfer(I)-sulfid	Cu_2S	$2,0 \cdot 10^{-47}$ mol³ · l⁻³
Bismut(III)-sulfid	Bi_2S_3	$1,6 \cdot 10^{-72}$ mol⁵ · l⁻⁵

Lösungsgeschwindigkeit

Geschwindigkeit des Lösungsvorgangs; hängt von der Art des zu lösenden Stoffes, von dessen Oberfläche, von der Temperatur und von der jeweiligen Konzentration der bereits entstandenen Lösung ab.

Säure-Base-Theorie von Arrhenius

Modellvorstellung über die Vorgänge bei der Dissoziation in wäßrigen Lösungen; danach sind Säuren Verbindungen, die in wäßriger Lösung positiv geladene Wasserstoff-Ionen abspalten; Basen sind Verbindungen, die in wäßriger Lösung negativ geladene Hydroxid-Ionen abspalten (*Arrhenius* 1887).

Säure $\rightleftarrows$ Wasserstoff-Ionen + **Säurerest-Ionen**

Base $\rightleftarrows$ Metall-Ionen + **Hydroxid-Ionen**

Die Reaktion von Säure und Base besteht nach Arrhenius aus der Bildung von undissoziiertem Wasser:

$H^+ + OH^- \longrightarrow H_2O$

↗ Säure S. 13; Base S. 13; Säure-Base-Reaktion S. 81

Säure-Base-Theorie von Brönsted

Modellvorstellung über die Vorgänge in wäßrigen und nichtwäßrigen Lösungen; danach sind Säuren Teilchen, die Protonen abgeben können: **Protonendonatoren**; Basen sind Teilchen, die Protonen aufnehmen können: **Protonenakzeptoren** (*Brönsted* 1923).

Säure $\rightleftarrows$ Proton + Base

Base + Proton $\rightleftarrows$ Säure

Säuren: HCl; H_2SO_4; NH_4^+; H_3O^+

Basen: NH_3; OH^-; CO_3^{2-}; CH_3COO^-

Ampholyte (reagieren entweder wie Säuren oder wie Basen):
H_2O; HCO_3^-; HSO_4^-

Zu jeder Säure existiert eine Base, die ein Proton weniger besitzt (und umgekehrt). Eine Säure und eine Base, die in dieser Weise miteinander in funktionellem Zusammenhang stehen, sind ein **korrespondierendes Säure-Base-Paar**.

Die Säure- beziehungsweise Basefunktion der Teilchen ist unabhängig von ihrem Ladungszustand.

Die Säure-Base-Reaktion besteht nach *Brönsted* aus einem Protonenübergang zwischen zwei korrespondierenden Säure-Base-Paaren.

$HCl + H_2O \rightleftarrows H_3O^+ + Cl^-$

↗ Säure-Base-Reaktion S. 81

Hydratation

Teilvorgang beim Lösen eines Stoffes in Wasser.
Durch Reaktion von Wasser mit dem Stoff wird der Ionenkristall zerstört; die

polaren Wassermoleküle treten zwischen die Kationen und Anionen und lösen die Ionenbeziehung zwischen den Ionen. Zwischen Ionen und Dipolmolekülen wirken zwischenmolekulare Kräfte.

Positives Ion (links) und negatives Ion (rechts), von Hydrathüllen umgeben.

↗ Lösungsvorgang S. 82

Elektrolytische Dissoziation

Chemische Reaktion, bei der aus Molekülen frei bewegliche Ionen entstehen.

■ $H_2CO_3 \rightleftarrows HCO_3^- + H^+$

$CH_3COOH \rightleftarrows CH_3COO^- + H^+$

↗ chemische Gleichung für die elektrolytische Dissoziation S. 25

Amphoterie

Eigenschaft von Verbindungen, mit einer Säure wie eine Base, dagegen mit einer Base wie eine Säure zu reagieren.

■ Amphoterie von Aluminiumhydroxid (nach *Arrhenius*)

basische Eigenschaft:
$Al(OH)_3 + 3\,H^+ + 3\,Cl^- \longrightarrow Al^{3+} + 3\,Cl^- + 3\,H_2O$
 Aluminiumchlorid

saure Eigenschaft:
$Al(OH)_3 + Na^+ + OH^- \longrightarrow Na^+ + [Al(OH)_4]^-$
 Natriumaluminat

■ Amphoterie von Wasser (nach *Brönsted*)

$HCl + H_2O \rightleftarrows H_3O^+ + Cl^-$
 Base

$$NH_3 + H_2O \rightleftharpoons NH_4^+ + OH^-$$
Säure

↗ Elemente mit amphoteren Oxiden S. 62; Ampholyte S. 88

Autoprotolyse des Wassers

Ein geringer Anteil der Wassermoleküle reagiert miteinander unter Protonenübergang zu Hydronium-Ionen und Hydroxid-Ionen.

$$H_2O + H_2O \rightleftharpoons H_3O^+ + OH^- \qquad \Delta_R H = 57,4 \, kJ \cdot mol^{-1}$$

Nach dem Massenwirkungsgesetz ist:

$$\frac{c_{H_3O^+} \cdot c_{OH^-}}{c_{H_2O}} = K_C$$

$$c_{H_3O^+} \cdot c_{OH^-} = K_C \cdot c_{H_2O}$$

Die Konzentration des Wassers ist gegenüber den Konzentrationen der Hydronium-Ionen und Hydroxid-Ionen sehr groß. Da sie sich bei Reaktionen im Verhältnis zu den Hydronium- und Hydroxid-Ionenkonzentrationen kaum ändert, kann sie als konstant betrachtet und in die Gleichgewichtskonstante K einbezogen werden.

$$c_{H_3O^+} \cdot c_{OH^-} = K_w$$

↗ Säure-Base-Reaktion S. 81

Ionenprodukt des Wassers

Gleichgewichtskonstante für das Autoprotolysegleichgewicht des Wassers; Produkt aus den Konzentrationen der Hydronium- und Hydroxid-Ionen; ist bei allen Reaktionen in wäßrigen Lösungen bei gleichbleibender Temperatur konstant; steigt bei Temperaturerhöhung.

$$c_{H_3O^+} \cdot c_{OH^-} = K_w$$

Temperaturabhängigkeit des Ionenprodukts des Wassers

Temperatur in °C	Ionenprodukt des Wassers K_w in $mol^2 \cdot l^{-2}$
0	$0,13 \cdot 10^{-14}$
20	$0,86 \cdot 10^{-14}$
22	$1 \cdot 10^{-14}$
40	$3,8 \cdot 10^{-14}$
60	$12,6 \cdot 10^{-14}$
80	$34 \cdot 10^{-14}$
100	$74 \cdot 10^{-14}$

pH-Wert wäßriger Lösungen

Negativer dekadischer Logarithmus des Zahlenwerts der Konzentration der Hydronium-Ionen in mol $\cdot$ l^{-1} (pH von latein. potentia hydrogenii).

$$pH = - \lg \frac{c_{H_3O^+}}{mol \cdot l^{-1}}$$

pH $<$ 7 sauer
pH $=$ 7 neutral
pH $>$ 7 basisch

↗ Umschlagbereiche von Indikatoren S. 240; Berechnung des pH-Wertes S. 127

Säurekonstante K_S und Basekonstante K_B

Gleichgewichtskonstanten für das Gleichgewicht einer Säurereaktion mit Wasser und einer Basereaktion mit Wasser.
Für die Reaktionen

$HB + H_2O \rightleftharpoons H_3O^+ + B$ (Säurereaktion mit Wasser)

$B + H_2O \rightleftharpoons OH^- + HB$ (Basereaktion mit Wasser) gilt:

$$\frac{c_{H_3O^+} \cdot c_B}{c_{HB}} = K_S \qquad \frac{c_{OH^-} \cdot c_{HB}}{c_B} = K_B$$

K_S und K_B sind für jede Säure beziehungsweise Base eine charakteristische Größe; sie steigen bei Temperaturerhöhung, sind aber unabhängig von der Konzentration.

↗ Säurekonstanten S. 113; Basekonstanten S. 113

Starke und schwache Säuren oder Basen

Die Stärke von Säuren und Basen kann durch den Zahlenwert der Säurekonstanten beziehungsweise Basekonstanten ausgedrückt werden.

Stärke der Säure oder Base	Säurekonstante K_S bzw. Basekonstante K_B in mol $\cdot$ l^{-1}	■ für Säuren
sehr stark	> 1	Schwefelsäure $K_S = 1,0 \cdot 10^3$ mol $\cdot$ l^{-1}
stark	$1 \cdots 1 \cdot 10^{-4,5}$	Fluorwasserstoffsäure $K_S = 6,2 \cdot 10^{-4}$ mol $\cdot$ l^{-1}
mittelstark	$1 \cdot 10^{-4,5} \cdots 1 \cdot 10^{-9}$	Ethansäure $K_S = 1,8 \cdot 10^{-5}$ mol $\cdot$ l^{-1}

Stärke der Säure oder Base	Säurekonstante K_S bzw. Basekonstante K_B in mol $\cdot$ l^{-1}	■ für Säuren
schwach	$1 \cdot 10^{-9} \cdots 1 \cdot 10^{-14}$	Phenol $K_S = 1{,}3 \cdot 10^{-10}$ mol $\cdot$ l^{-1}
sehr schwach	$< 1 \cdot 10^{-14}$	Wasser $K_S = 1{,}0 \cdot 10^{-14}$ mol $\cdot$ l^{-1}

Pufferlösung

Lösung, deren pH-Wert sich trotz Zusatz beliebiger Säuren oder Basen sowie bei Verdünnen mit Wasser nur unwesentlich ändert.

Pufferlösungen sind meist Lösungen einer Säure und ihrer korrespondierenden Base in etwa gleichen Konzentrationen. Sie lassen sich aus Lösungen einer schwachen Säure beziehungsweise Base und eines Salzes dieser Säure beziehungsweise Base in etwa gleichen Konzentrationen darstellen.

Pufferlösung	Lösung von Ammoniak und Ammoniumchlorid in Wasser
Säure Gleichgewicht	NH_4^+ $NH_4^+ + H_2O \rightleftarrows NH_3 + H_3O^+$
korrespon- dierende Base Gleichgewicht	NH_3 $NH_3 + H_2O \rightleftarrows NH_4^+ + OH^-$
Pufferwirkung bei Zusatz einer Säure	Wasserstoff-Ionen reagieren mit der Pufferbase: $H^+ + NH_3 \longrightarrow NH_4^+$
Pufferwirkung bei Zusatz einer Base	Hydroxid-Ionen reagieren mit der Puffersäure: $OH^- + NH_4^+ \longrightarrow NH_3 + H_2O$

3.6. Grundlagen elektrochemischer Reaktionen

Elektrochemische Reaktionen

Redoxreaktionen an einer Phasengrenzfläche, bei denen ein Ladungstransport über die Phasengrenze erfolgt.

■ **Elektrochemische Fällung von Metallen:** Durch Metalle mit kleinem Standardelektrodenpotential (unedle Metalle) können Metalle mit größerem Standardelektrodenpotential (edlere Metalle) aus ihren Metallsalzlösungen ausgefällt werden.

$Zn \longrightarrow Zn^{2+} + 2\,e^-$		**Oxydation**
$Cu^{2+} + 2\,e^- \longrightarrow Cu$		**Reduktion**

$Zn + Cu^{2+} \longrightarrow Zn^{2+} + Cu$ **Redoxreaktion**

■ **Wasserstoffentwicklung aus verdünnter Säure durch unedle Metalle:**
Da Wasserstoff gegenüber unedlen Metallen ein größeres Standardelektrodenpotential hat, reagieren verdünnte Säurelösungen mit unedlen Metallen unter Wasserstoffentwicklung.

$Zn \longrightarrow Zn^{2+} + 2\,e^-$		**Oxydation**
$2\,H^+ + 2\,e^- \longrightarrow H_2$		**Reduktion**

$Zn + 2\,H^+ \longrightarrow Zn^{2+} + H_2$ **Redoxreaktion**

Elektrolyte

Stoffe, deren Lösungen in Wasser (bzw. deren Schmelzen) frei bewegliche Ionen enthalten und dadurch den elektrischen Strom leiten.

Echte Elektrolyte: Elektrolyte, die bereits im Kristall Ionen enthalten. Dazu gehören vor allem salzartige Stoffe.

$$Na^+ \left[\,|\overline{\underline{Cl}}|\,\right]^- \rightleftarrows Na^+ + \left[\,|\overline{\underline{Cl}}|\,\right]^-$$

↗ Stoffklassen S. 12

Potentielle Elektrolyte: Elektrolyte, die erst durch Reaktion mit den Molekülen des Wassers Ionen bilden. Dazu gehören vor allem die Säuren und ein großer Teil der organischen Basen.

$$H\!-\!\overset{\displaystyle H}{\underset{\displaystyle |}{O}}| + H\!-\!\overline{\underline{Cl}}| \rightleftarrows \left[\,H\!-\!\overset{\displaystyle H}{\underset{\displaystyle |}{O}}\!-\!H\,\right]^+ + \left[\,|\overline{\underline{Cl}}|\,\right]^-$$

Nichtelektrolyte

Stoffe, deren Lösungen in Wasser (bzw. deren Schmelzen) keine frei beweglichen Ionen enthalten und deshalb den elektrischen Strom nicht leiten.

◼ Alkohole, Aldehyde, Kohlenhydrate, Ester

Elektrolytische Leitfähigkeit

Elektrische Leitfähigkeit von Stoffen infolge der Wanderung von Ionen unter Wirkung eines elektrischen Feldes.

Lösungsdruck (Lösungstension)

Eigenschaft der Metalle, positiv elektrisch geladene Metall-Ionen in ein Lösungsmittel abzugeben, das das Metall umgibt; ist für jedes Metall unterschiedlich ausgeprägt. Wenn ein Metall mit einer Lösung in Berührung steht, gehen so lange Metallatome als positiv elektrisch geladene Ionen in Lösung, bis die dadurch entstehende Potentialdifferenz zwischen Metall und Lösung einen weiteren Übertritt von Metall-Ionen verhindert.

Elektrochemische Elektrode

Kombination eines Metalls (metallische Phase) mit der Lösung seiner Ionen (Lösungsphase); zwischen beiden Phasen sowie zwischen den Metall-Ionen in der Lösung und den Wassermolekülen treten Wechselwirkungen auf.

◼
$$Cu \underset{\text{Reduktion}}{\overset{\text{Oxydation}}{\rightleftarrows}} Cu^{2+} + 2\,e^-$$

$$Cu^{2+} + 6\,H_2O \underset{\text{Dehydratation}}{\overset{\text{Hydratation}}{\rightleftarrows}} [Cu(H_2O)_6]^{2+}$$

Symbol für eine Kupfer/Kupfer(II)-Ionen-Elektrode: Cu/Cu^{2+}

Elektrodenpotential

Elektrische Spannung zwischen der metallischen Phase und der Lösungsphase einer elektrochemischen Metallelektrode; hängt vom Metall, von der Konzentration der hydratisierten Metall-Ionen in der Lösung und von der Temperatur ab.

↗ Standard-Wasserstoff-Elektrode S. 96

Elektrochemische Doppelschicht

Doppelschicht an der Phasengrenze zwischen Metall und Elektrolytlösung; Folge der Ausbildung einer elektrischen Spannung zwischen beiden; durch elektrostatische Anziehung werden hydratisierte Kationen an der Oberfläche negativ elektrisch geladener Metalle oder hydratisierte Anionen an der Oberfläche positiv elektrisch geladener Metalle festgehalten.

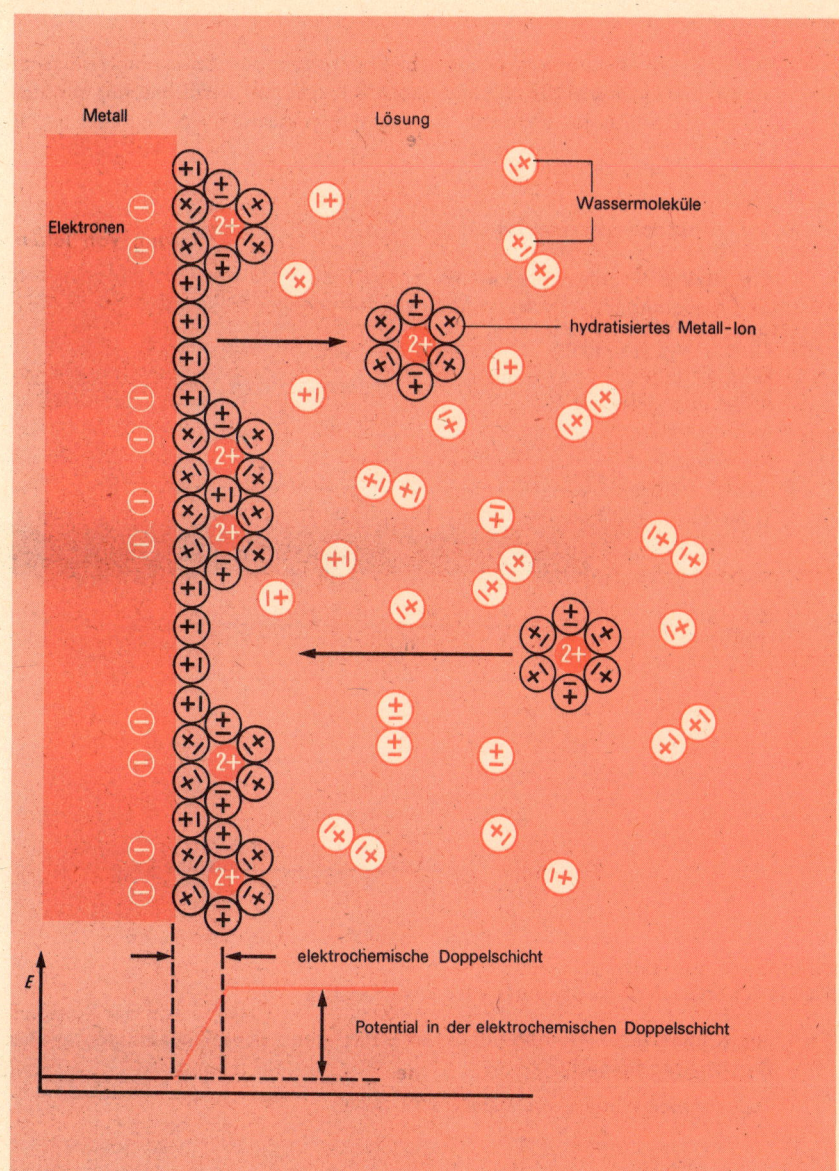

Metall

Lösung

Elektronen

Wassermoleküle

hydratisiertes Metall-Ion

E

elektrochemische Doppelschicht

Potential in der elektrochemischen Doppelschicht

Standard-Metall/Metall-Ionen-Elektrode

Reines Metall, das bei 298 K und 101,325 kPa in die Lösung eines Salzes taucht, in der die Konzentration der Metall-Kationen 1 mol · l⁻¹ beträgt.

↗ elektrochemische Spannungsreihe der Metalle S. 96

Standard-Wasserstoff-Elektrode

Bezugselektrode zur Ermittlung von Elektrodenpotentialen: ein Platinblech, das von Wasserstoff bei 101,325 kPa und 298 K umspült wird, und das in eine Säure-lösung taucht, in der die Konzentration der Wasserstoff-Ionen 1 mol · l^{-1} beträgt.

$$E^{\ominus}_{H_2(Pt)/2H^+} = \pm\ 0,000\ V$$

Standard-Elektrodenpotential

Elektrische Spannung zwischen einer Standard-Metall/Metall-Ionen-Elektrode und der Standard-Wasserstoff/Wasserstoff-Ionen-Elektrode.

$$Cu/Cu^{2+}//2\ H^+/H_2(Pt)$$

$$E^{\ominus}_{Cu/Cu^{2+}} = +0,34\ V$$

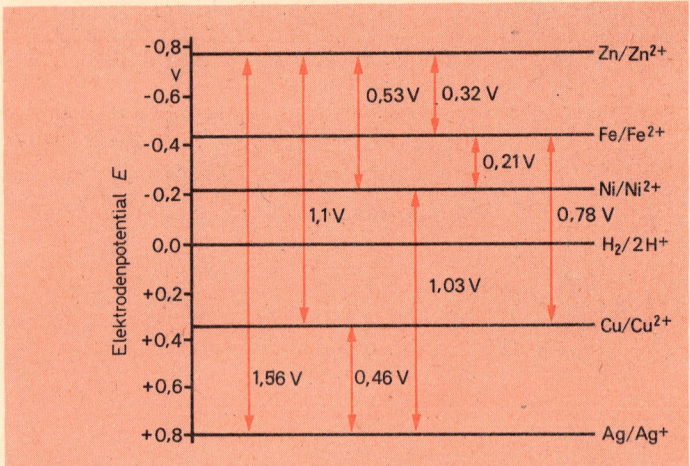

Standardelektrodenpotentiale einiger Metall/Metall-Ionen-Elektroden

Elektrochemische Spannungsreihe der Metalle

Anordnung der Metall/Metall-Ionen-Elektroden in der Reihenfolge der Standard-Elektrodenpotentiale.

Reduzierende Wirkung der Metalle wird kleiner

→

unedle Metalle											edle Metalle
Li	K	Ca	Na	Mg	Al	Zn	Cr	Fe	Ni	Pb	Cu	Ag
Li$^+$	K$^+$	Ca^{2+}	Na$^+$	Mg^{2+}	Al^{3+}	Zn^{2+}	Cr^{3+}	Fe^{2+}	Ni^{2+}	Pb^{2+}	Cu^{2+}	Ag$^+$

Oxidierende Wirkung der Metall-Ionen wird größer

→

Standard-Elektrodenpotential der Metall/Metall-Ionen-Elektroden wird größer

Elektrochemische Spannungsreihe von Metall/Metall-Ionen-Elektroden

Metall-Metall-Ionen-Elektrode	Standard-Elektrodenpotential $E^\ominus$ in V	Metall-Metall-Ionen-Elektrode	Standard-Elektrodenpotential $E^\ominus$ in V
Li/Li^+	—3,01	Cd/Cd^{2+}	—0,40
K/K^+	—2,92	Ni/Ni^{2+}	—0,23
Ca/Ca^{2+}	—2,84	Sn/Sn^{2+}	—0,14
Na/Na^+	—2,71	Pb/Pb^{2+}	—0,13
Mg/Mg^{2+}	—2,38	$H_2/2\,H^+$	±0,000
Al/Al^{3+}	—1,66	Cu/Cu^{2+}	+0,34
Zn/Zn^{2+}	—0,76	Ag/Ag^+	+0,80
Cr/Cr^{3+}	—0,71	Hg/Hg^{2+}	+0,85
Fe/Fe^{2+}	—0,44	Au/Au^{3+}	+1,42

Galvanisches Element

Kombination von elektrochemischen Elektroden; dient zur Umwandlung chemischer in elektrische Energie.

■ Kupfer/Zink-Element (Daniell-Element)

(—) $Zn/Zn^{2+}//Cu^{2+}/Cu$ (+)

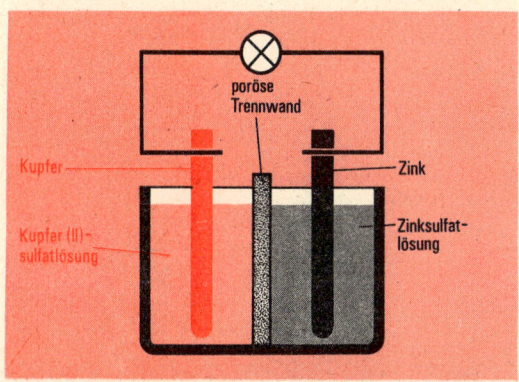

poröse
Trennwand

Kupfer

Zink

Kupfer (II)-sulfatlösung

Zinksulfatlösung

Die elektrische Spannung zwischen den metallischen Phasen heißt **Zellspannung**.

Die Reaktionen an den Elektroden lassen sich zu einer **Zellreaktion** zusammenfassen.

Zinkelektrode:	$Zn \longrightarrow Zn^{2+} + 2\,e^-$	**Oxydation**
Kupferelektrode:	$Cu^{2+} + 2\,e^- \longrightarrow Cu$	**Reduktion**

Gesamtreaktion
(Zellreaktion): $Cu^{2+} + Zn \longrightarrow Zn^{2+} + Cu$ **Redoxreaktion**

Primärelement: galvanisches Element, das sich nicht durch Aufladen in den Ausgangszustand zurückversetzen läßt.

■ Leclanché-Element (Monozelle)

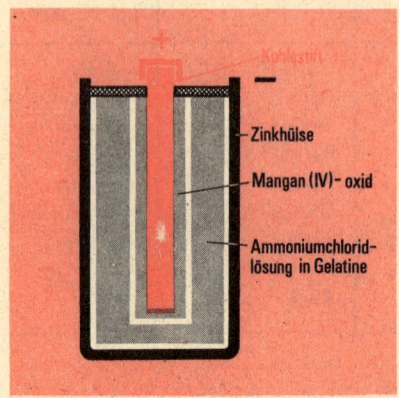

Zinkhülse
Elektrodenreaktion:
$$Zn \longrightarrow Zn^{2+} + 2\,e^-$$

Folgereaktion:
$$Zn^{2+} + 4\,NH_3 \longrightarrow [Zn(NH_3)_4]^{2+}$$

Kohlestab
Elektrodenreaktion:
$$NH_4^+ \longrightarrow NH_3 + H^+$$

Folgereaktion:
$$2\,H^+ + 2\,MnO_2 \longrightarrow Mn_2O_3 + H_2O$$

Sekundärelement: galvanisches Element, das sich durch Aufladen in den Ausgangszustand zurückversetzen läßt.

■ Bleisammler (Bleiakkumulator)

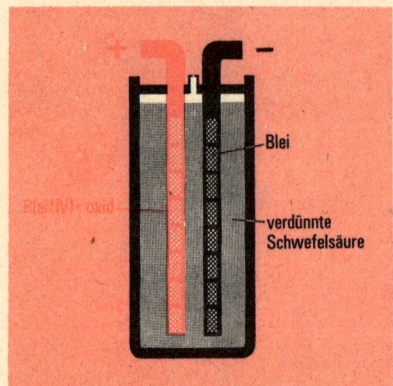

Plus-Platte
$$Pb^{4+} + 2\,e^- \underset{\text{Laden}}{\overset{\text{Entladen}}{\rightleftharpoons}} Pb^{2+}$$

$$Pb^{2+} + SO_4^{2-} \rightleftharpoons PbSO_4$$

Minus-Platte
$$Pb \underset{\text{Laden}}{\overset{\text{Entladen}}{\rightleftharpoons}} Pb^{2+} + 2\,e^-$$

$$Pb^{2+} + SO_4^{2-} \rightleftharpoons PbSO_4$$

Elektrochemische Korrosion

Von der Oberfläche ausgehende unerwünschte Zerstörung von Metallen und Legierungen durch elektrochemische Reaktionen mit Stoffen der Nachbarphasen; Hauptursache ist die Bildung von Lokalelementen.

Lokalelement

Galvanisches Element mit kurzgeschlossenen Elektroden; wirkt nur innerhalb eines geringen Umkreises, entsteht zum Beispiel durch Spuren anderer Metalle auf metallischen Werkstücken. Das Metall mit dem kleineren Standardpotential geht in Lösung; am anderen Metall werden Ionen entladen.

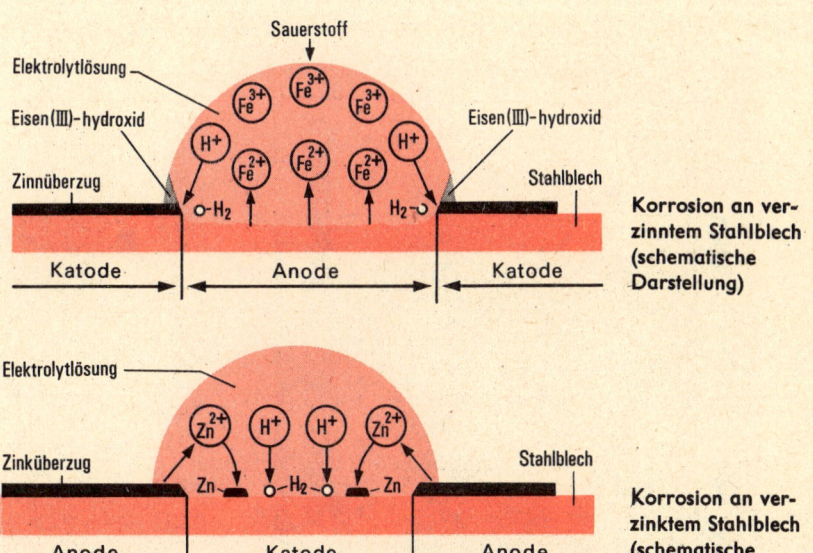

Korrosion an verzinntem Stahlblech (schematische Darstellung)

Korrosion an verzinktem Stahlblech (schematische Darstellung)

Rosten von Eisenwerkstoffen

Prozeß der Korrosion an Eisenwerkstoffen durch Einwirkung des Sauerstoffs der Luft und Bildung von Lokalelementen.

1. **Reaktion an der Oberfläche:** $2\,Fe + O_2 \longrightarrow 2\,FeO$

2. **Elektrodenreaktion**
   Anode: $Fe \longrightarrow Fe^{2+} + 2e^-$
   Katode: $2\,H^+ + 2e^- \longrightarrow H_2$

   Gesamtreaktion: $Fe + 2\,H^+ \longrightarrow Fe^{2+} + H_2$

3. **Folgereaktion:** $4\,Fe^{2+} + 10\,H_2O + O_2 \longrightarrow 4\,Fe(OH)_3 + 8\,H$

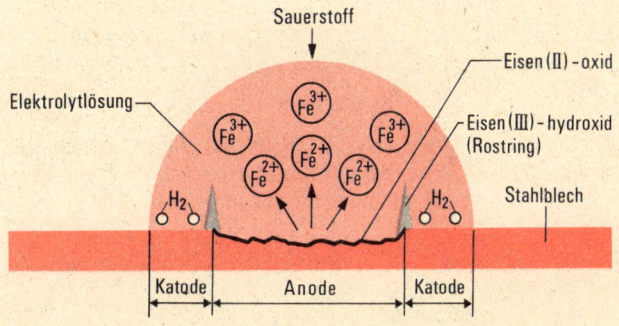

Elektrolyse

Redoxreaktion, die durch Zufuhr elektrischer Energie erfolgt; dabei finden Reduktion an der Katode und Oxydation an der Anode statt.

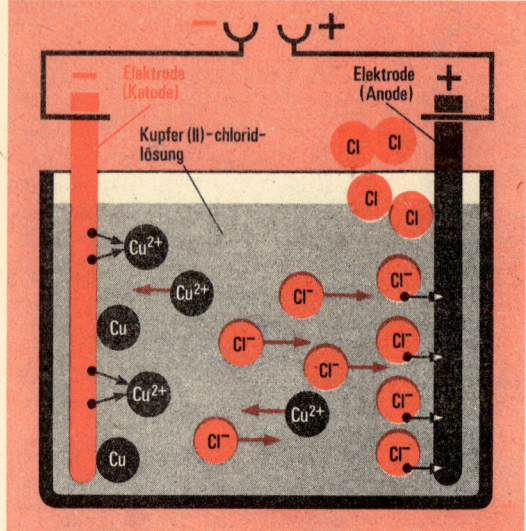

Elektrolyse von
Kupfer(II)-chloridlösung

Katode:

$$Cu^{2+} + 2\,e^- \longrightarrow Cu$$

Anode:

$$2\,Cl^- \longrightarrow 2\,Cl + 2\,e^-$$

$$2\,Cl \longrightarrow Cl_2$$

Faradaysche Gesetze

Gesetze, die den quantitativen Zusammenhang zwischen der Elektrizitätsmenge, die an einer Elektrode durch die Phasengrenzfläche wandert, und der umgesetzten Stoffmenge wiedergeben (*Faraday* 1834).

Erstes Faradaysches Gesetz:
Beim Stromdurchgang durch die Lösung oder Schmelze eines Elektrolyten sind die an den Elektroden umgesetzten Stoffmengen n dem Produkt aus Stromstärke I und Zeit t proportional.

$$n \sim I \cdot t$$

Zweites Faradaysches Gesetz:
Die von der gleichen Ladung $I \cdot t$ an den Elektroden umgesetzten Stoffmengen unterschiedlicher Stoffe verhalten sich umgekehrt proportional zu der jeweils erforderlichen Anzahl der Elementarladungen z.

$$n_1 : n_2 = z_2 : z_1$$ Daraus folgt:

Die Massen der von der gleichen Ladung $I \cdot t$ an den Elektroden umgesetzten Stoffe verhalten sich wie die Quotienten aus molarer Masse M und der je Formelumsatz erforderlichen Anzahl der Elementarladungen z.

$$m_1 : m_2 = \frac{M_1}{z_1} : \frac{M_2}{z_2}$$

↗ Berechnungen S. 134; Faradaysche Konstante S. 120

4.1. Rechnen mit Größen und Einheiten

Physikalische Größen

Kennzeichnung qualitativer Merkmale (Eigenschaften) physikalischer Gegenstände, Zustände oder Vorgänge, die sich quantitativ bestimmen lassen; sie werden durch das Produkt aus Zahlenwert und Einheit beschrieben.

■ Ein Körper aus Blei hat die Masse 228 g und das Volumen 20 cm³. Seine Eigenschaft „Dichte" kann als Quotient aus Masse und Volumen bestimmt werden.

$$\varrho = \frac{m}{V}$$

$\varrho = 11{,}4 \, g \cdot cm^{-3}$

Basisgrößen: physikalische Größen, die sich nicht auf andere Größen zurückführen lassen; sind international durch Vereinbarungen festgelegt.

■ Masse, Zeit, Temperatur, Stoffmenge

Abgeleitete Größen: physikalische Größen, die mit Hilfe von Definitionsgleichungen auf Basisgrößen oder andere abgeleitete Größen zurückgeführt werden können.

■ molare Masse (Quotient aus Masse und Stoffmenge)
Druck (Quotient aus Kraft und Fläche)

↗ Übersicht S. 104

Extensive Größen

Physikalische Größen, die die Quantität einer Stoffportion angeben oder ihr proportional sind. Sie verdoppeln ihren Wert, wenn man zwei gleiche Systeme zu einem neuen System vereinigt.

■ Masse, Volumen, Stoffmenge, Energie, Enthalpie

Intensive Größen

Physikalische Größen, die unabhängig von der Quantität einer Stoffportion sind. Sie behalten ihren Wert, wenn man gleiche Systeme zu einem neuen System vereinigt.

■ Temperatur, Druck, Konzentration
spezifische Größen (Dichte)
molare Größen (molare Masse, molares Volumen)

Formelzeichen für Größen

Symbole für die Darstellung von Größen: lateinische oder griechische Buchstaben, die kursiv (schräg) gedruckt sind; können durch einen Index ergänzt werden, wenn besondere Arten der Größe unterschieden werden sollen.
Molare Größen werden im allgemeinen durch Großbuchstaben, die meisten anderen dagegen durch Kleinbuchstaben dargestellt.

Einheiten

Physikalische Größen mit einem für die betreffende Größe durch Konvention festgelegten Wert.

Basiseinheiten werden durch eine Wortdefinition festgelegt.

■ Die Sekunde ist die Dauer von 9192631770 Perioden der Strahlung, die dem Übergang zwischen den beiden Hyperfeinstrukturniveaus des Grundzustandes des Atoms Caesium 133 entspricht.

Abgeleitete Einheiten werden durch eine Definitionsgleichung festgelegt.

■ Definition des Newton: $1\,N = 1\,m \cdot kg \cdot s^{-2}$

Internationales Einheitensystem (SI)

International gültiges, einheitliches Maßsystem, das 1954 von der 10. Generalkonferenz für Maß und Gewicht beschlossen und 1960 von der 11. Generalkonferenz die Bezeichnung **SI** (Système International d'Unités) erhielt.
1971 wurde es auf der 14. Generalkonferenz um die Basiseinheit Mol für die Stoffmenge erweitert.

Die sieben Basiseinheiten des SI

Größe	Formel-zeichen	Basiseinheit	Einheiten-zeichen
Länge	l	Meter	m
Masse	m	Kilogramm	kg
Zeit	t	Sekunde	s
elektrische Stromstärke	I	Ampere	A
Temperatur	T	Kelvin	K
Stoffmenge	n	Mol	mol
Lichtstärke	I_v	Candela	cd

Größengleichungen

Mathematische Darstellung des gesetzmäßigen Zusammenhangs zwischen physikalischen Größen oder der Definition abgeleiteter physikalischer Größen. Jede physikalische Größe ist in die Größengleichung als Produkt aus Zahlenwert und Einheit einzusetzen.

↗ Berechnungen S. 120, 129

Rechnen mit Größengleichungen (Schrittfolge)

Teilschritte	■ Welche Elektrizitätsmenge ist erforderlich, um 1 t Kupfer abzuscheiden?
1. Analysieren der Aufgabenstellung Ermitteln der gegebenen und der gesuchten Größen	Chemische Gleichung: $Cu^{2+} + 2\,e^- \rightarrow Cu$ Gegeben: Gesucht: $m_{Cu} = 1\,t = 1\,000\,kg$ $I \cdot t$ $M_{Cu} = 63{,}5\,g \cdot mol^{-1}$ $z = 2$ $F = 9{,}65 \cdot 10^4\,As \cdot mol^{-1}$ $F = 26{,}8\,Ah \cdot mol^{-1}$
2. Auffinden und gegebenenfalls Kombinieren der Größengleichungen	Faradaysche Gesetze molare Masse $I \cdot t = F \cdot n \cdot z$ $M = \dfrac{m}{n}$ $n = \dfrac{m}{M}$ $I \cdot t = \dfrac{F \cdot m \cdot z}{M}$
3. Einsetzen der gegebenen Größen in die Größengleichung	$I \cdot t = \dfrac{26{,}8\,Ah \cdot mol^{-1} \cdot 1\,000\,kg \cdot 2}{63{,}5\,g \cdot mol^{-1}}$
4. Kürzen der Zahlenwerte und Einheiten, danach Durchführen der Rechnung	$I \cdot t = 844\,kAh$
5. Formulieren des Ergebnisses	Zur Abscheidung von 1 t Kupfer ist die Elektrizitätsmenge $I \cdot t = 844\,kAh$ erforderlich.

4.2. Wichtige Größen und Einheiten

Übersicht über wichtige Größen und Einheiten (SI)

Größe	Formelzeichen	Einheit	Einheitenzeichen	Beziehung zu Basiseinheiten
Länge	l	**Meter**	m	**Basiseinheit**
Fläche	A	Quadratmeter	m²	$1\ m^2 = 1\ m \cdot 1\ m$
Volumen	V	Kubikmeter	m³	$1\ m^3 = 1\ m \cdot 1\ m \cdot 1\ m$
		Liter	l	$1\ l = 0{,}001\ m^3$
Zeit	t	**Sekunde**	s	**Basiseinheit**
Geschwindigkeit	v	Meter je Sekunde	m · s⁻¹	$1\ \dfrac{m}{s} = 1\ m \cdot s^{-1}$
Beschleunigung	a	Meter je Sekunde zum Quadrat	m · s⁻²	$1\ \dfrac{m}{s^2} = 1\ m \cdot s^{-2}$
Masse	m	**Kilogramm**	kg	**Basiseinheit**
Dichte	ϱ	Kilogramm je Kubikmeter	kg · m⁻³	$1\ \dfrac{kg}{m^3} = 1\ kg \cdot m^{-3}$
Kraft	F	Newton	N	$1\ N = 1\ kg \cdot m \cdot s^{-2}$
Druck	P	Pascal	Pa	$1\ Pa = 1\ N \cdot m^{-2}$ $= 1\ kg \cdot m^{-1} \cdot s^{-2}$
Arbeit, Energie	W E	Joule	J	$1\ J = 1\ N \cdot m$ $= 1\ W \cdot s$ $= 1\ kg \cdot m^2 \cdot s^{-2}$
Leistung	P	Watt	W	$1\ W = 1\ J \cdot s^{-1}$ $= 1\ kg \cdot m^2 \cdot s^{-3}$
elektrische Stromstärke	I	**Ampere**	A	**Basiseinheit**
elektrische Spannung	U	Volt	V	$1\ V = 1\ \dfrac{W}{A}$
elektrischer Widerstand	R	Ohm	Ω	$1\ \Omega = 1\ \dfrac{V}{A}$
elektrische Ladung (Elektrizitätsmenge)	Q	Coulomb	C	$1\ C = 1\ A \cdot s$

Größe	For-mel-zei-chen	Einheit	Ein-heiten-zeichen	Beziehung zu Basiseinheiten
Temperatur[1]	T	**Kelvin**	K	**Basiseinheit**
	t	Grad Celsius	°C	
Wärme	Q	Joule	J	$1\,J = 1\,N \cdot m$
Reaktions-wärme	Q	Joule	J	
innere Energie	U	Joule	J	
Enthalpie	H	Joule	J	
Stoffmenge	n	**Mol**	mol	**Basiseinheit**
Stoffmengen-konzentration	C_B	Mol je Liter	$mol \cdot l^{-1}$	
molare Masse	M	Kilogramm je Mol	$kg \cdot mol^{-1}$	
molares Volumen	V_m	Kubikmeter je Mol	$m^3 \cdot mol^{-1}$	
molare innere Energie	U_m	Joule je Mol	$J \cdot mol^{-1}$	
molare Enthalpie	H_m	Joule je Mol	$J \cdot mol^{-1}$	

[1] Temperaturdifferenzen werden in Kelvin (Einheitenzeichen: K) angegeben.

↗ Wiss Ph S. 16

Vorsätze für die Bildung von Vielfachen und Teilen von Einheiten

Bedeutung		Vorsatz	Kurzzeichen
10^{18}	(Trillion)	Exa	E
10^{15}	(Billiarde)	Peta	P
10^{12}	(Billion)	Tera	T
10^9	(Milliarde)	Giga	G
10^6	(Million)	Mega	M
10^3	(Tausend)	Kilo	k
10^2	(Hundert)	Hekto	h
10^1	(Zehn)	Deka	da
10^{-1}	(Zehntel)	Dezi	d
10^{-2}	(Hundertstel)	Zenti	c
10^{-3}	(Tausendstel)	Milli	m
10^{-6}	(Millionstel)	Mikro	μ
10^{-9}	(Milliardstel)	Nano	n
10^{-12}	(Billionstel)	Pico	p
10^{-15}	(Billiardstel)	Femto	f
10^{-18}	(Trillionstel)	Atto	a

Molare Masse und Dichte einiger Stoffe

Name	Symbol/ Formel	Molare Masse M in $g \cdot mol^{-1}$	Dichte ϱ in $g \cdot cm^{-3}$ (bei 20 °C)[1]
Aluminium	Al	27,0	2,70
Aluminiumoxid	Al_2O_3	101,9	3,90
Aluminiumsulfat	$Al_2(SO_4)_3$	342,1	2,71
Aminobenzen (Anilin)	$C_6H_5NH_2$	93,1	1,02
Ammoniak	NH_3	17,0	$0,77 \; g \cdot l^{-1}$
Ammoniumchlorid	NH_4Cl	53,5	1,54
Ammoniumnitrat	NH_4NO_3	80,0	1,73
Ammoniumsulfat	$(NH_4)_2SO_4$	132,1	1,77
Barium	Ba	137,3	3,65
Bariumchlorid	$BaCl_2$	208,3	3,09
Benzaldehyd	C_6H_5CHO	106,1	1,05
Benzen	C_6H_6	78,0	0,88
Blei	Pb	207,2	11,39
Blei(II)-nitrat	$Pb(NO_3)_2$	331,2	4,53
Blei(II)-oxid	PbO	223,2	9,53
Blei(II,IV)-oxid	Pb_3O_4	685,6	9,10
Bromwasserstoff	HBr	31,0	$2,17 \; g \cdot l^{-1}$
Calcium	Ca	40,1	1,52
Calciumchlorid	$CaCl_2$	111,0	2,15
Calciumhydroxid	$Ca(OH)_2$	74,1	2,23
Calciumcarbid	CaC_2	64,1	2,22
Calciumcarbonat	$CaCO_3$	100,1	2,93
Calciumoxid	CaO	56,1	3,40
Calciumphosphat	$Ca_3(PO_4)_2$	310,2	3,14
Calciumsulfat	$CaSO_4$	136,1	2,96
Chlorethan	C_2H_5Cl	64,5	0,92 (6 °C)
Chlorethen (Vinylchlorid)	C_2H_3Cl	62,5	0,97 (—13 °C)
Chlorwasserstoff	HCl	36,5	$1,639 \; g \cdot l^{-1}$
Chromium	Cr	52,0	7,19
Dibrom	Br_2	160,0	3,14
Dichlor	Cl_2	70,9	$3,214 \; g \cdot l^{-1}$
Diiod	I_2	253,8	4,93
Disauerstoff	O_2	32,0	$1,429 \; g \cdot l^{-1}$
Distickstoff	N_2	28,0	$1,251 \; g \cdot l^{-1}$
Diwasserstoff	H_2	2,0	$0,089 \; g \cdot l^{-1}$
Eisen	Fe	55,8	7,86

Name	Symbol/ Formel	Molare Masse M in $g \cdot mol^{-1}$	Dichte ϱ in $g \cdot cm^{-3}$ (bei 20 °C)[1]
Eisen(III)-chlorid	$FeCl_3$	162,2	2,80
Eisen(II)-oxid	FeO	71,8	5,70
Eisen(III)-oxid	Fe_2O_3	159,7	5,24
Eisen(II)-sulfid	FeS	87,9	4,84
Ethan	C_2H_6	30,0	$1,356 \ g \cdot l^{-1}$
Ethanal (Acetaldehyd)	CH_3CHO	44,0	0,788 (13 °C)
Ethanol	C_2H_5OH	46,0	0,79
Ethansäure (Essigsäure)	CH_3COOH	60,0	1,05
Ethen	C_2H_4	28	$1,260 \ g \cdot l^{-1}$
Ethin	C_2H_2	26	$1,175 \ g \cdot l^{-1}$
Glucose (Traubenzucker)	$C_6H_{12}O_6$	180,0	1,54
Iodwasserstoff	HI	127,9	$5,79 \ g \cdot l^{-1}$
Kalium	K	39,1	0,86
Kaliumbromid	KBr	119,0	2,75
Kaliumchlorat	$KClO_3$	122,5	2,32
Kaliumchlorid	KCl	74,5	1,98
Kaliumdichromat	$K_2Cr_2O_7$	294,1	2,69
Kaliumhydroxid	KOH	56,1	2,04
Kaliumcarbonat	K_2CO_3	138,2	2,43
Kaliumnitrat	KNO_3	101,1	2,11
Kaliumpermanganat	$KMnO_4$	158,0	2,70
Kohlendioxid	CO_2	44,0	$1,977 \ g \cdot l^{-1}$
Kohlendisulfid	CS_2	76,1	1,26
Kohlenmonoxid	CO	28,0	$1,250 \ g \cdot l^{-1}$
Kohlenstoff (Diamant)	C	12,0	3,51
Kupfer	Cu	63,5	8,93
Kupfer(II)-chlorid	$CuCl_2$	134,5	3,05
Kupfer(II)-oxid	CuO	79,5	6,45
Kupfer(II)-sulfat	$CuSO_4$	159,6	3,61
Magnesium	Mg	24,3	1,71
Magnesiumchlorid	$MgCl_2$	95,2	2,32
Magnesiumoxid	MgO	40,3	3,65
Magnesiumsulfat	$MgSO_4$	120,4	2,66
Methan	CH_4	16,0	$0,72 \ g \cdot l^{-1}$
Methanal (Formaldehyd)	$HCHO$	30,0	0,82 (—20 °C)
Methanol	CH_3OH	32,0	0,79
Methansäure (Ameisensäure)	$HCOOH$	46,0	1,23

Name	Symbol/ Formel	Molare Masse M in $g \cdot mol^{-1}$	Dichte ϱ in $g \cdot cm^{-3}$ (bei 20 °C)[1]
Natrium	Na	23,0	0,97
Natriumchlorid	NaCl	58,4	2,16
Natriumhydroxid	NaOH	40,0	2,13
Natriumcarbonat	Na_2CO_3	106,0	2,53
Natriumnitrat	$NaNO_3$	85,0	2,25
Natriumsulfat	Na_2SO_4	142,0	2,69
Nitrobenzen	$C_6H_5NO_2$	123,1	1,20
Octadecansäure (Stearinsäure)	$C_{17}H_{35}COOH$	284,5	0,84 (80 °C)
Octadecensäure (Ölsäure)	$C_{17}H_{33}COOH$	282,5	0,89 (25 °C)
Phenol	C_6H_5OH	94,1	1,05 (45 °C)
Phosphor (weiß)	P	31,0	1,82
Phosphor(V)-oxid	P_4O_{10}	284,0	2,11
Phosphorsäure	H_3PO_4	98,0	1,88
Phthalsäure	$C_6H_4(COOH)_2$	166,1	1,59
Propan	C_3H_8	44,0	$2,019\ g \cdot l^{-1}$
Propan-1-ol	C_3H_7OH	60,0	0,80
Propanon (Aceton)	CH_3COCH_3	58,0	0,79
Quecksilber	Hg	200,5	13,59
Quecksilber(II)-chlorid	$HgCl_2$	271,5	5,42
Quecksilber(II)-oxid	HgO	216,6	11,14
Salpetersäure	HNO_3	63,0	1,51
Schwefel (rhombisch)	S	32,0	2,07
Schwefeldioxid	SO_2	64,0	$2,926\ g \cdot l^{-1}$
Schwefelsäure	H_2SO_4	98,0	1,83
Schwefeltrioxid	SO_3	80,0	2,75
Schwefelwasserstoff	H_2S	34,0	$1,529\ g \cdot l^{-1}$
Silber	Ag	107,9	10,50
Silbernitrat	$AgNO_3$	169,8	4,35
Silicium	Si	28,0	2,33
Siliciumdioxid (Quarz)	SiO_2	60,0	2,65
Stickstoffdioxid	NO_2	46,0	$1,49\ g \cdot l^{-1}$
Stickstoffmonoxid	NO	30,0	$1,340\ g \cdot l^{-1}$
Terephthalsäure	$C_6H_4(COOH)_2$	166,1	1,51
Tetrachlormethan	CCl_4	153,8	1,60

Name	Symbol/ Formel	Molare Masse M in $g \cdot mol^{-1}$	Dichte ϱ in $g \cdot cm^{-3}$ (bei 20 °C)[1]
Wasser	H_2O	18,0	1,0
Wasserstoffperoxid	H_2O_2	34,0	1,46
Zink	Zn	65,4	7,13
Zinkchlorid	$ZnCl_2$	136,3	2,91
Zinkoxid	ZnO	81,4	5,47
Zinn	Sn	118,7	7,28

[1] Bei Gasen im Normzustand

Molare Bildungsenthalpie einiger Stoffe

Name	Formel	Aggregat-zustand bei Zimmer-temperatur (s) fest (l) flüssig (g) gasförmig	Molare Bildungs-enthalpie $\Delta_B H$ in $kJ \cdot mol^{-1}$ bei 298 K und 101,325 kPa
Aluminiumoxid	Al_2O_3	(s)	—1 675
Aluminiumsulfat	$Al_2(SO_4)_3$	(s)	—2 930
Ammoniak	NH_3	(g)	— 46
Ammoniumchlorid	NH_4Cl	(s)	— 315
Ammoniumnitrat	NH_4NO_3	(s)	— 365
Ammoniumsulfat	$(NH_4)_2SO_4$	(s)	—1 179
Bariumchlorid	$BaCl_2$	(s)	— 861
Bariumhydroxid	$Ba(OH)_2$	(s)	— 946
Blei(II)-nitrat	$Pb(NO_3)_2$	(s)	— 448
Blei(II)-oxid	PbO	(s)	— 218
Blei(II,IV)-oxid	Pb_3O_4	(s)	— 713
Bromwasserstoff	HBr	(g)	— 36
Calciumchlorid	$CaCl_2$	(s)	— 798
Calciumfluorid	CaF_2	(s)	—1 215
Calciumhydroxid	$Ca(OH)_2$	(s)	— 988

Name	Formel	Aggregat-zustand bei Zimmer-temperatur (s) fest (l) flüssig (g) gasförmig	Molare Bildungs-enthalpie $\Delta_B H$ in $kJ \cdot mol^{-1}$ bei 298 K und 101,325 kPa
Calciumcarbonat	$CaCO_3$	(s)	—1 206
Calciumoxid	CaO	(s)	— 635
Calciumphosphat	$Ca_3(PO_4)_2$	(s)	—4 116
Calciumsulfat	$CaSO_4$	(s)	—1 418
Chlorwasserstoff	HCl	(g)	— 92
Diiod	I_2	(s)	0
Diiod	I_2	(g)	+ 64
Eisen(III)-chlorid	$FeCl_3$	(s)	— 392
Eisen(II)-oxid	FeO	(s)	— 267
Eisen(III)-oxid	Fe_2O_3	(s)	— 822
Eisen(II)-sulfid	FeS	(s)	— 95
Fluorwasserstoff	HF	(g)	— 269
Iod	I	(g)	+ 107
Iodwasserstoff	HI	(g)	+ 26
Kaliumbromid	KBr	(s)	— 394
Kaliumchlorat	$KClO_3$	(s)	— 382
Kaliumchlorid	KCl	(s)	— 436
Kaliumdichromat	$K_2Cr_2O_7$	(s)	—2 045
Kaliumhydroxid	KOH	(s)	— 427
Kaliumcarbonat	K_2CO_3	(s)	—1 181
Kaliumnitrat	KNO_3	(s)	— 494
Kaliumpermanganat	$KMnO_4$	(s)	— 808
Kaliumcyanid	KCN	(s)	— 119
Kohlendioxid	CO_2	(g)	— 394
Kohlendisulfid	CS_2	(l)	+ 65
Kohlenmonoxid	CO	(g)	— 111
Kohlenstoff (Graphit)	C	(s)	0
Kohlenstoff (Diamant)	C	(s)	+ 2
Kupfer(II)-chlorid	$CuCl_2$	(s)	— 224

Name	Formel	Aggregatzustand bei Zimmertemperatur (s) fest (l) flüssig (g) gasförmig	Molare Bildungsenthalpie $\Delta_B H$ in kJ · mol^{-1} bei 298 K und 101,325 kPa
Kupfer(I)-oxid	Cu_2O	(s)	− 170
Kupfer(II)-oxid	CuO	(s)	− 157
Kupfer(II)-sulfat	$CuSO_4$	(s)	− 772
Magnesiumchlorid	$MgCl_2$	(s)	− 642
Magnesiumoxid	MgO	(s)	− 601
Magnesiumsulfat	$MgSO_4$	(s)	−1 311
Natriumchlorid	$NaCl$	(s)	− 411
Natriumhydroxid	$NaOH$	(s)	− 427
Natriumcarbonat	Na_2CO_3	(s)	−1 132
Natriumnitrat	$NaNO_3$	(s)	− 468
Natriumsulfat	Na_2SO_4	(s)	−1 391
Phosphor(V)-oxid	P_4O_{10}	(s)	−1 548
Phosphorsäure	H_3PO_4	(s)	−1 281
Quecksilber(II)-chlorid	$HgCl_2$	(s)	− 230
Quecksilber(II)-oxid	HgO	(s)	− 90
Salpetersäure	HNO_3	(l)	− 173
Schwefeldioxid	SO_2	(g)	− 270
Schwefelsäure	H_2SO_4	(l)	− 811
Schwefeltrioxid	SO_3	(s)	− 446
Schwefelwasserstoff	H_2S	(g)	− 21
Silbernitrat	$AgNO_3$	(s)	− 123
Siliciumdioxid (Quarz)	SiO_2	(s)	− 860
Stickstoffdioxid	NO_2	(g)	+ 33
Stickstoffmonoxid	NO	(g)	+ 90
Trisauerstoff (Ozon)	O_3	(g)	+ 142

Name	Formel	Aggregat-zustand bei Zimmer-temperatur (s) fest (l) flüssig (g) gasförmig	Molare Bildungs-enthalpie $\Delta_B H$ in $kJ \cdot mol^{-1}$ bei 298 K und 101,325 kPa
Wasser	H_2O	(l)	— 286
Wasserstoffperoxid	H_2O_2	(l)	— 188
Zinkchlorid	$ZnCl_2$	(s)	— 416
Zinkoxid	ZnO	(s)	— 349
Aminobenzen (Anilin)	$C_6H_5NH_2$	(l)	+ 35
Benzoesäure	C_6H_5COOH	(s)	— 381
Benzen	C_6H_6	(l)	+ 49
Ethan	C_2H_6	(g)	— 85
Ethanal (Acetaldehyd)	CH_3CHO	(l)	— 209
Ethanol	C_2H_5OH	(l)	— 278
Ethansäure (Essigsäure)	CH_3COOH	(l)	— 485
Ethen	C_2H_4	(g)	+ 52
Ethin	C_2H_2	(g)	+ 227
Harnstoff (Kohlensäurediamid)	$CO(NH_2)_2$	(s)	— 331
Methan	CH_4	(g)	— 75
Methanal (Formaldehyd)	$HCHO$	(g)	— 116
Methanol	CH_3OH	(l)	— 239
Methansäure (Ameisensäure)	$HCOOH$	(l)	— 409
Nitrobenzen	$C_2H_5NO_2$	(l)	+ 18
Phenol	C_6H_5OH	(l)	— 155
Phthalsäure	$C_6H_4(COOH)_2$	(s)	— 784
Propan	C_3H_8	(g)	— 104
Propan-1-ol	C_3H_7OH	(l)	— 303
Propanon (Aceton)	CH_3COCH_3	(l)	— 235
Tetrachlormethan	CCl_4	(l)	— 142
Toluen (Methylbenzen)	$C_6H_5CH_3$	(l)	+ 15

Säurekonstanten K_S bei 22 °C

Säure	Formel	Säurekonstante K_S in mol · l^{-1}
Perchlorsäure	$HClO_4$	$1,0 \cdot 10^{10}$
Chlorwasserstoffsäure	HCl	$1,0 \cdot 10^{7}$
Schwefelsäure	H_2SO_4	$1,0 \cdot 10^{3}$
Salpetersäure	HNO_3	$2,1 \cdot 10^{1}$
Hydronium-Ionen	H_3O^+	$1,0 \cdot 10^{0}$
Hydrogensulfat-Ionen	HSO_4^-	$1,2 \cdot 10^{-2}$
Phosphorsäure	H_3PO_4	$7,5 \cdot 10^{-3}$
Hexaquaeisen(III)-Ionen	$Fe(H_2O)_6^{3+}$	$6,0 \cdot 10^{-3}$
Fluorwasserstoffsäure	HF	$6,2 \cdot 10^{-4}$
Ethansäure	CH_3COOH	$1,8 \cdot 10^{-5}$
Hexaquaaluminium-Ionen	$[Al(H_2O)_6]^{3+}$	$1,4 \cdot 10^{-5}$
Kohlensäure	H_2CO_3	$4,3 \cdot 10^{-7}$
Dihydrogenphosphat-Ionen	$H_2PO_4^-$	$6,2 \cdot 10^{-8}$
Ammonium-Ionen	NH_4^+	$5,6 \cdot 10^{-10}$
Hexaquazink-Ionen	$[Zn(H_2O)_6]^{2+}$	$2,5 \cdot 10^{-10}$
Phenol	C_6H_5OH	$1,3 \cdot 10^{-10}$
Hydrogencarbonat-Ionen	HCO_3^-	$5,6 \cdot 10^{-11}$
Hydrogenphosphat-Ionen	HPO_4^{2-}	$2,2 \cdot 10^{-13}$
Wasser	H_2O	$1,0 \cdot 10^{-14}$

Basekonstanten K_B bei 22 °C

Base	Formel	Basekonstante K_B in mol · l^{-1}
Oxid-Ionen	O^{2-}	$1,0 \cdot 10^{10}$
Amid-Ionen	NH_2^-	$1,0 \cdot 10^{9}$
Hydroxid-Ionen	OH^-	$1,0 \cdot 10^{0}$
Phosphat-Ionen	PO_4^{3-}	$4,5 \cdot 10^{-2}$
Carbonat-Ionen	CO_3^{2-}	$1,8 \cdot 10^{-4}$
Ammoniak	NH_3	$1,8 \cdot 10^{-5}$
Hydrogenphosphat-Ionen	HPO_4^{2-}	$1,6 \cdot 10^{-7}$
Hydrogencarbonat-Ionen	HCO_3^-	$2,3 \cdot 10^{-8}$
Acetat-Ionen	CH_3COO^-	$5,6 \cdot 10^{-10}$
Anilin	$C_6H_5NH_2$	$3,8 \cdot 10^{-10}$
Dihydrogenphosphat-Ionen	$H_2PO_4^-$	$1,3 \cdot 10^{-12}$
Harnstoff	$CO(NH_2)_2$	$1,5 \cdot 10^{-14}$
Wasser	H_2O	$1,0 \cdot 10^{-14}$

Atommasse

Masse eines Atoms eines Elements.

■ Atommasse des Kohlenstoffatoms: $1,99 \cdot 10^{-23}$ g.

Relative Atommasse A_r

Quotient aus der Masse eines Atoms eines Elements und dem zwölften Teil der Atommasse des Kohlenstoffnuklids $^{12}_{6}C$.

■ Relative Atommasse des Magnesiums:

$$A_r = \frac{4 \cdot 10^{-23} \cdot 12 \text{ g}}{2 \cdot 10^{-23} \text{ g}}$$

$$A_r = 24$$

↗ Periodensystem der Elemente am Schluß des Buches

Atomare Masseneinheit u

Masseneinheit der Atomphysik; Masse des zwölften Teiles der Masse des Kohlenstoffnuklids $^{12}_{6}C$.

$1 u = 1,66057 \cdot 10^{-27}$ kg

Relative Molekülmasse M_r

Quotient aus der Masse eines Moleküls und dem zwölften Teil der Atommasse des Kohlenstoffnuklids $^{12}_{6}C$; Summe der relativen Atommassen aller Atome eines Moleküls.

Relative Formelmasse F_r

Quotient aus der Masse der Formeleinheit einer Verbindung und dem zwölften Teil der Atommasse des Kohlenstoffnuklids $^{12}_{6}C$; Summe der relativen Atommassen entsprechend der Formeleinheit.

↗ Formeleinheit S. 18

Stoffmenge n

Basisgröße; Größenart, die der Zählbarkeit von Teilchen und Teilchenprozessen[1] zugeordnet ist. Die Stoffmenge wird auch **Objektmenge** genannt.

Einheit: mol

↗ elementarer Formelumsatz S. 116

[1] Als Teilchen (Objekte) werden definiert: Atome, Moleküle, Ionen, Radikale und andere Gruppen und Bruchteile von Teilchen, Formeleinheiten, Äquivalente, Elektronen, Protonen, Photonen und andere Elementarteilchen, darüber hinaus auch Formelumsätze.

Mol

Einheit der Stoffmenge. Das Mol ist die Stoffmenge eines Systems, das aus so vielen gleichartigen Objekten besteht, wie Atome in 0,012 kg des Kohlenstoff-nuklids $^{12}_{6}C$ enthalten sind.
Bei Verwendung der Einheit Mol muß die Art der Objekte angegeben werden.

■ $n_O = 2 \text{ mol O}$
$n_{O_2} = 2 \text{ mol O}_2$
$n_{O_3} = 2 \text{ mol O}_3$

Avogadrosche Konstante N_A

(auch Loschmidtsche Konstante N_L). Naturkonstante; gibt die molare Teilchen-anzahl an.

$N_A = 6,023 \cdot 10^{23} \text{ mol}^{-1}$

Die Avogadrosche Konstante ist der Proportionalitätsfaktor zwischen der Teil-chenanzahl N eines Stoffes und der Stoffmenge n (zwischen dem Mikrobereich und dem Makrobereich):

$N = N_A \cdot n$

■ 1 mol Kohlenstoff C sind etwa $6 \cdot 10^{23}$ Kohlenstoffatome
1 mol Chlor Cl_2 sind etwa $6 \cdot 10^{23}$ Chlormoleküle
1 mol Natriumchlorid NaCl sind etwa $6 \cdot 10^{23}$ Natrium-Ionen und etwa $6 \cdot 10^{23}$ Chlorid-Ionen.

Chemisches Äquivalent

Bruchteil $\dfrac{1}{z}$ eines Teilchens (Atom, Molekül, Ion oder Atomgruppe), wobei z die stöchiometrische Wertigkeit gegenüber den Reaktionsteilnehmern ist.

Stoffmenge chemischer Äquivalente $n_{\bar{X}}$

Produkt aus der stöchiometrischen Wertigkeit z und der Stoffmenge.
$n_{\bar{X}} = z \cdot n$

■

Stoff	Formel	Stöchio-metrische Wertig-keit z	Stoff-menge n	Stoffmenge der chemi-schen Äquiva-lente $n_{\bar{X}}$
Schwefelsäure	H_2SO_4	2	1 mol	$2 \cdot 1$ mol
Natriumhydroxid	NaOH	1	1 mol	$1 \cdot 1$ mol
Eisen(III)-chlorid	$FeCl_3$	3	1 mol	$3 \cdot 1$ mol
Calciumhydroxid	$Ca(OH)_2$	2	1 mol	$2 \cdot 1$ mol

8*

Molare Masse M

Quotient aus der Masse einer Stoffportion und der dazugehörigen Stoffmenge.
Einheiten: $g \cdot mol^{-1}$; $kg \cdot mol^{-1}$

$$M = \frac{m}{n}$$

■ Molare Masse von Chlor Cl_2: $M = 71\ g \cdot mol^{-1}$
molare Masse von Natriumchlorid $NaCl$: $M = 58{,}5\ g \cdot mol^{-1}$

Der Zahlenwert der molaren Masse in $g \cdot mol^{-1}$ ist gleich der relativen Atommasse eines Elements beziehungsweise der relativen Molekülmasse einer Verbindung.

Molares Volumen V_m

Quotient aus dem Volumen einer Stoffportion und der dazugehörigen Stoffmenge.
Einheit: $l \cdot mol^{-1}$;
beträgt bei Gasen im Normzustand stets annähernd $22{,}4\ l \cdot mol^{-1}$.

$$V_m = \frac{V}{n}$$

Zusammenhang zwischen molarem Volumen V_m, molarer Masse M und Dichte

$$V_m = \frac{M}{\varrho}$$

■ Dichte ϱ, molare Masse M und molares Volumen V_m einiger Gase

Stoff	Dichte ϱ in $g \cdot l^{-1}$ (Normzustand)	Molare Masse M in $g \cdot mol^{-1}$	Molares Volumen V_m in $l \cdot mol^{-1}$ (Normzustand)
Diwasserstoff	0,089	2	≈ 22,4
Disauerstoff	1,429	32	≈ 22,4
Distickstoff	1,251	28	≈ 22,4
Kohlendioxid	1,977	44	≈ 22,4

↗ Berechnungen S. 125

Elementarer Formelumsatz

Umsatz, bei dem so viele Teilchen oder Formeleinheiten verbraucht und gebildet werden, wie aus der chemischen Gleichung hervorgeht.

■ $2\ H_2 + O_2 \longrightarrow 2\ H_2O$

2 Moleküle Diwasserstoff reagieren mit 1 Molekül Disauerstoff zu 2 Molekülen Wasser.

N_A elementare Formelumsätze werden als **1 mol Formelumsätze** bezeichnet.

■ $2 H_2 + O_2 \longrightarrow 2 H_2O$

1 mol Formelumsätze bedeutet: 2 mol Wasserstoffmoleküle und 1 mol Sauerstoffmoleküle reagieren zu 2 mol Wassermolekülen.
Die Angabe $\Delta_R H$ in kJ · mol^{-1} bei chemischen Gleichungen bezieht sich nicht auf 1 mol eines bestimmten Stoffes, sondern auf 1 mol Formelumsätze.

Zusammensetzungsgrößen

Intensive Größen zur Kennzeichnung der Zusammensetzung einer Mischphase; werden gebildet, indem man Masse, Volumen oder Stoffmenge einer Komponente durch Masse, Volumen oder Stoffmenge der Mischphase oder einer bestimmten Komponente der Mischphase dividiert. Dabei sind Anteile, Konzentrationen und die Molalität zu unterscheiden.

Anteile: Zusammensetzungsgrößen, bei denen Masse, Volumen oder Stoffmenge einer Komponente durch die Summe der Massen, Volumen oder Stoffmengen aller Komponenten der Mischphase dividiert sind.

■ Massenanteil, Volumenanteil, Stoffmengenanteil

Konzentrationen: Zusammensetzungsgrößen, bei denen Masse, Volumen oder Stoffmenge einer Komponente durch das Volumen der Mischphase dividiert sind.

■ Stoffmengenkonzentration, Äquivalentkonzentration

Molalität: Zusammensetzungsgröße, bei der die Stoffmenge einer Komponente durch die Masse des Lösungsmittels dividiert ist.

Massenanteil (Massengehalt) w_B

Massenanteil eines Stoffes an der Gesamtmasse einer Mischphase;
Quotient aus der Masse m_B des Stoffes B und der Masse m der Mischphase.

$$w_B = \frac{m_B}{m}$$

Einheiten: 1, %, ‰

Massenanteil in der Mischphase	Gesamtmasse	Massenbestandteile	
Natriumchloridlösung ($w_{NaCl} = 10\%$)	100 g	10 g Natriumchlorid	90 g Wasser
Silbernitratlösung ($w_{AgNO_3} = 5\%$)	100 g	5 g Silbernitrat	95 g Wasser
Natriumhydroxidlösung ($w_{NaOH} = 24\%$)	100 g	24 g Natriumhydroxid	76 g Wasser

↗ Berechnungen S. 121

 **4|2**

Volumenanteil (Volumengehalt) φ_B

Volumenanteil eines Stoffes an dem Gesamtvolumen einer Mischphase; Quotient aus dem Volumen V_B des Stoffes B und dem Volumen V der Mischphase.

$$\varphi_B = \frac{V_B}{V}$$

Einheiten: 1, %, ‰

Volumenanteil in der Mischphase	Gesamt-volumen	Volumenbestandteile	
Ethansäure ($\varphi_{CH_3COOH} = 10\%$)	100 ml	10 ml Ethansäure	90 ml Wasser
Propanol ($\varphi_{C_3H_7OH} = 20\%$)	100 ml	20 ml Propanol	80 ml Wasser

↗ Berechnungen S. 122

Stoffmengenanteil (Stoffmengengehalt, Molenbruch) x_B

Stoffmengenanteil eines Stoffes an der Gesamtstoffmenge einer Mischphase; Quotient aus der Stoffmenge n_B des Stoffes B und der Stoffmenge n der Mischphase.

$$x_B = \frac{n_B}{n}$$

Einheiten: 1, %, ‰

Stoffmengenanteil in der Mischphase	Gesamt-stoffmenge	Stoffmengenbestandteile	
Natriumchloridlösung ($x_{NaCl} = 3\%$)	100 mol	3 mol Natrium-chlorid	97 mol Wasser
Kaliumhydroxidlösung ($x_{KOH} = 2\%$)	100 mol	2 mol Kaliumhydroxid	98 mol Wasser

↗ Berechnungen S. 122; Stoffmenge S. 114

Stoffmengenkonzentration C_B

Quotient aus der Stoffmenge n_B des gelösten Stoffes B und dem Volumen V der Lösung.

$$C_B = \frac{n_B}{V}$$

Einheiten: $\text{mol} \cdot \text{m}^{-3}$; $\text{mol} \cdot \text{l}^{-1}$

Stoffmengenkonzentration der Lösung	Volumen	Stoffmenge des gelösten Stoffes
Natriumhydroxidlösung ($C_{NaOH} = 1 \text{ mol} \cdot l^{-1}$)	1 l	1 mol Natriumhydroxid
Schwefelsäure ($C_{H_2SO_4} = 0,2 \text{ mol} \cdot l^{-1}$)	1 l	0,2 mol Schwefelsäure
Kaliumnitratlösung ($C_{KNO_3} = 2 \text{ mol} \cdot l^{-1}$)	1 l	2 mol Kaliumnitrat

↗ Berechnungen S. 123; Stoffmenge S. 114

Äquivalentkonzentration $C_{Ä, B}$

Quotient aus der Stoffmenge der Äquivalente $n_Ä$ des gelösten Stoffes B und dem Volumen V der Lösung.

$$C_{Ä, B} = \frac{n_{Ä, B}}{V}$$

$$C_{Ä, B} = \frac{z \cdot n_B}{V}$$

Einheiten: $\text{mol} \cdot m^{-3}$; $\text{mol} \cdot l^{-1}$

Äquivalentkonzentration der Lösung	Volumen	Stoffmenge des gelösten Stoffes	Stoffmenge der Äquivalente des gelösten Stoffes
Chlorwasserstoffsäure ($C_{Ä, HCl} = 1 \text{ mol} \cdot l^{-1}$)	1 l	1 mol	$1 \cdot 1$ mol
Schwefelsäure ($C_{Ä, H_2SO_4} = 2 \text{ mol} \cdot l^{-1}$)	1 l	1 mol	$2 \cdot 1$ mol
Calciumhydroxidlösung ($C_{Ä, Ca(OH)_2} = 0,1 \text{ mol} \cdot l^{-1}$)	1 l	0,05 mol	$2 \cdot 0,05$ mol

↗ Berechnungen S. 124; Stoffmenge chemischer Äquivalente S. 115

Molalität b_B

Quotient aus der Stoffmenge n_B des gelösten Stoffes B und der Masse m des Lösungsmittels.

$$b_B = \frac{n_B}{m}$$

Einheit: $\text{mol} \cdot kg^{-1}$

Faradaysche Konstante F

Produkt aus der Elementarladung e und der Avogadroschen Konstanten N_A

$F = e \cdot N_A$

$F = 1{,}6 \cdot 10^{-19} \, C \cdot 6{,}023 \cdot 10^{23} \, mol^{-1}$

$F = 9{,}65 \cdot 10^4 \, C \cdot mol^{-1}$

Die Faradaysche Konstante ist der Proportionalitätsfaktor zwischen der elektrischen Ladung $Q = I \cdot t$ und der Stoffmenge der Äquivalente $n_{\ddot{A}}$ einer Ionenart.

$I \cdot t = F \cdot n_{\ddot{A}}$

↗ Berechnungen S. 134

4.3. Berechnungen zu Mischphasen

Berechnung von Mischungsverhältnissen

Das Mischungsverhältnis zweier Lösungen bekannter Massenanteile in % zur Herstellung einer Lösung mit gewünschtem Massenanteil kann mit Hilfe der **Mischungsgleichung** ermittelt werden.

$m_1 \cdot w_1 + m_2 \cdot w_2 = (m_1 + m_2) \cdot w_B$	m_1 Masse der Lösung 1, z. B. in g m_2 Masse der Lösung 2, z. B. in g w_1 Massenanteil der Lösung 1, z. B. in % w_2 Massenanteil der Lösung 2, z. B. in % w_B Massenanteil in der Lösung, z. B. in %

↗ Massenanteil S. 117

■ 20 g Chlorwasserstoffsäure ($w_{HCl} = 37\%$) werden mit 100 g Wasser gemischt. Welchen Massenanteil Chlorwasserstoff hat die Lösung?

$m_1 \cdot w_1 + m_2 \cdot w_2 = (m_1 + m_2) \cdot w_B$

$$w_B = \frac{m_1 \cdot w_1 + m_2 \cdot w_2}{m_1 + m_2}$$

$$w_B = \frac{20 \, g \cdot 37\% + 100 \, g \cdot 0\%}{20 \, g + 100 \, g}$$

$w_B = 6{,}2\%$

Durch Mischen von 20 g Chlorwasserstoffsäure ($w_{HCl} = 37\%$) mit 100 g Wasser entstehen 120 g Chlorwasserstoffsäure mit dem Massenanteil $w_{HCl} = 6{,}2\%$.

Eine Anwendung der Mischungsgleichung stellt das **Mischungskreuz** dar:

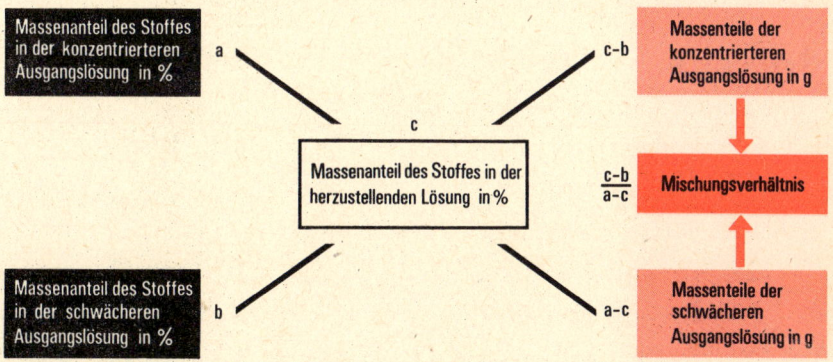

■ Natriumhydroxidlösung ($w_{NaOH} = 30\%$) soll durch Mischen einer Natriumhydroxidlösung ($w_{NaOH} = 40\%$) mit einer Natriumhydroxidlösung ($w_{NaOH} = 20\%$) hergestellt werden. Welche Massenteile beider Lösungen sind zu mischen?

40   30 — 20 = 10

30

20   40 — 30 = 10

10 : 10 = 1 : 1

1 Massenteil Lösung ($w_{NaOH} = 40\%$) ist mit 1 Massenteil Lösung ($w_{NaOH} = 20\%$) zu mischen.

Berechnungen mit Massenanteilen

Berechnungen mit Massenanteilen werden mit Hilfe der Definitionsgleichung oder Umformungen der Definitionsgleichung durchgeführt.

$w_B = \dfrac{m_B}{m}$	w_B Massenanteil des Stoffes B, z. B. in % m_B Masse des Stoffes B, z. B. in g m Masse der Mischphase, z. B. in g

↗ Massenanteil S. 117

■ Welche Masse Silbernitrat ist in 175 g einer Silbernitratlösung ($w_{AgNO_3} = 5\%$) enthalten?

$$m_B = w_B \cdot m$$

$$m_B = \frac{5 \cdot 175\ g}{100}$$

$$m_B = 8{,}75\ g$$

In 175 g einer Silbernitratlösung ($w_{AgNO_3} = 5\%$) ist die Masse $m = 8{,}75$ g Silbernitrat enthalten.

Berechnungen mit Volumenanteilen

Berechnungen mit Volumenanteilen werden mit Hilfe der Definitionsgleichung oder Umformungen der Definitionsgleichung durchgeführt.

$\varphi_B = \dfrac{V_B}{V}$	φ_B Volumenanteil des Stoffes B, z. B. in % V_B Volumen des Stoffes B, z. B. in ml V Volumen der Mischphase, z. B. in ml

↗ Volumenanteil S. 118

■ Welches Volumen Propanol ($\varphi_{C_3H_7OH} = 35\%$) entsteht aus 175 ml reinem Propanol durch Verdünnen?

$$V = \frac{V_B}{\varphi_B}$$

$$V = \frac{175 \text{ ml} \cdot 100}{35}$$

$$V = 500 \text{ ml}$$

Aus 175 ml reinem Propanol können durch Verdünnen 500 ml Propanol ($\varphi_{C_3H_7OH} = 35\%$) entstehen.

Berechnungen mit dem Stoffmengenanteil

Berechnungen mit dem Stoffmengenanteil werden mit Hilfe der Definitionsgleichung oder Umformungen der Definitionsgleichung durchgeführt.

$x_B = \dfrac{n_B}{n}$	x_B Stoffmengenanteil des Stoffes B, z. B. in % n_B Stoffmenge des Stoffes B, z. B. in mol n Stoffmenge der Mischphase, z. B. in mol

↗ Stoffmengenanteil S. 118

■ Welchen Stoffmengenanteil hat eine Kaliumchloridlösung, die 16 mol Kaliumchlorid in 80 mol Wasser enthält?

$$x_B = \frac{n_B}{n}$$

$$x_B = \frac{16 \text{ mol}}{80 \text{ mol}}$$

$$x_B = 0{,}20$$

Eine Kaliumchloridlösung, die 16 mol Kaliumchlorid in 80 mol Wasser enthält, hat einen Stoffmengenanteil von $x_{KCl} = 20\%$.

Berechnungen mit der Stoffmengenkonzentration

Berechnungen mit der Stoffmengenkonzentration werden mit Hilfe der Definitionsgleichung oder Umformungen der Definitionsgleichung durchgeführt.

$C_B = \dfrac{n_B}{V}$	C_B Stoffmengenkonzentration der Lösung, z. B. in mol · l^{-1} n_B Stoffmenge des gelösten Stoffes, z. B. in mol V Volumen der Lösung, z. B. in l

↗ Stoffmengenkonzentration S. 118

■ Welche Stoffmenge Chlorwasserstoff enthalten 5 l einer Chlorwasserstoffsäure ($C_{HCl} = 3$ mol · l^{-1})?

$n_B = C_B \cdot V$
$n = 3$ mol · l^{-1} · 5 l
$n = 15$ mol

5 l einer Chlorwasserstoffsäure ($C_{HCl} = 3$ mol · l^{-1}) enthalten die Stoffmenge $n = 15$ mol Chlorwasserstoff.

Bei vielen Berechnungen mit der Stoffmengenkonzentration muß von der Definitionsgleichung der Stoffmengenkonzentration und der Definitionsgleichung der molaren Masse ausgegangen werden.

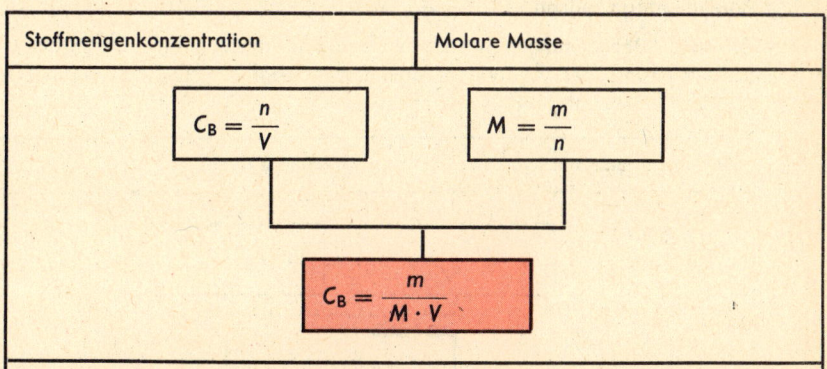

Stoffmengenkonzentration	Molare Masse
$C_B = \dfrac{n}{V}$	$M = \dfrac{m}{n}$

$$C_B = \frac{m}{M \cdot V}$$

C_B Stoffmengenkonzentration der Lösung. z. B. in mol · l^{-1}
M molare Masse des gelösten Stoffes, z. B. in g · mol^{-1}
m Masse des gelösten Stoffes, z. B. in g
n Stoffmenge des gelösten Stoffes, z. B. in mol
V Volumen der Lösung, z. B. in l

■ Die Stoffmengenkonzentration einer Chlorwasserstoffsäure, die in 2 l 73 g Chlorwasserstoff enthält, ist zu berechnen.

$$C_B = \frac{m}{M \cdot V} \qquad C_B = \frac{73 \text{ g}}{36,5 \text{ g} \cdot \text{mol}^{-1} \cdot 2 \text{ l}} \qquad C_B = 1 \text{ mol} \cdot \text{l}^{-1}$$

Eine Lösung, die in 2 l 73 g Chlorwasserstoff enthält, hat die Stoffmengenkonzentration $c_{HCl} = 1$ mol · l^{-1}.

Berechnungen mit der Äquivalentkonzentration

Berechnungen mit der Äquivalentkonzentration werden mit Hilfe der Definitionsgleichung oder Umformungen der Definitionsgleichung durchgeführt.

$$c_{\ddot{A}, B} = \frac{z \cdot n_B}{V}$$	$c_{\ddot{A}, B}$ Äquivalentkonzentration der Lösung, z. B. in mol · l^{-1} n_B Stoffmenge des gelösten Stoffes, z. B. in mol z Wertigkeit des gelösten Stoffes V Volumen der Lösung, z. B. in l

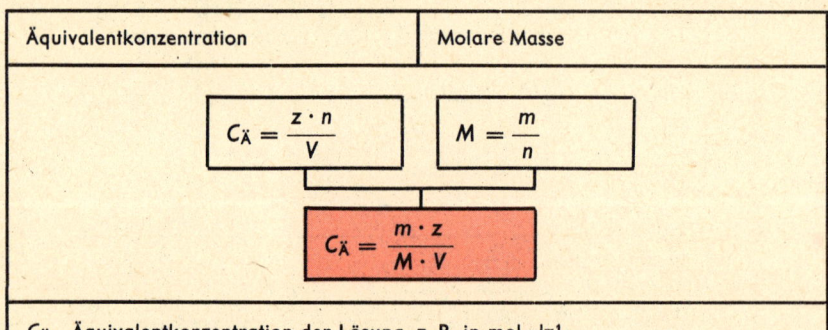 Äquivalentkonzentration S. 119

■ Welche Äquivalentkonzentration hat eine Calciumhydroxidlösung, die in 3 l die Stoffmenge 6 mol Calciumhydroxid enthält?

$$c_{\ddot{A}} = \frac{2 \cdot 6 \text{ mol}}{3 \text{ l}}$$

$$c_{\ddot{A}} = 4 \text{ mol} \cdot \text{l}^{-1}$$

Eine Calciumhydroxidlösung, die in 3 l 6 mol Calciumhydroxid enthält, hat die Äquivalentkonzentration $c_{\ddot{A}, Ca(OH)_2} = 4$ mol · l^{-1}.

Bei vielen Berechnungen mit der Äquivalentkonzentration muß von der Definitionsgleichung der Äquivalentkonzentation und der Definitionsgleichung der molaren Masse ausgegangen werden.

Äquivalentkonzentration	Molare Masse
$$c_{\ddot{A}} = \frac{z \cdot n}{V}$$	$$M = \frac{m}{n}$$
$$c_{\ddot{A}} = \frac{m \cdot z}{M \cdot V}$$	

$c_{\ddot{A}}$ Äquivalentkonzentration der Lösung, z. B. in mol · l^{-1}
M Molare Masse des gelösten Stoffes, z. B. in g · mol^{-1}
n Stoffmenge des gelösten Stoffes, z. B. in mol
z Wertigkeit des gelösten Stoffes
V Volumen der Lösung, z. B. in l
m Masse des gelösten Stoffes, z. B. in g

■ Welche Masse wasserfreies Natriumcarbonat ist zur Herstellung von 900 ml einer Natriumcarbonatlösung ($c_{\ddot{A}, Na_2CO_3} = 0,2$ mol · l^{-1}) erforderlich?

$$m = \frac{C_{\ddot{A}} \cdot M \cdot V}{z}$$

$$m = \frac{0{,}2 \text{ mol} \cdot l^{-1} \cdot 106 \text{ g} \cdot \text{mol}^{-1} \cdot 0{,}9 \, l}{2}$$

$$m = 9{,}54 \text{ g}$$

Zur Herstellung von 900 ml einer Natriumcarbonatlösung ($C_{\ddot{A}, \text{Na}_2\text{CO}_3} = 0{,}2$ mol $\cdot$ l^{-1}) ist die Masse $m = 9{,}54$ g wasserfreies Natriumcarbonat erforderlich.

Berechnungen mit der Dichte

Aus dem Zusammenhang zwischen molarem Volumen, molarer Masse und Dichte lassen sich die entsprechenden Größen berechnen.

$\varrho = \dfrac{M}{V_m}$	ϱ Dichte, z. B. in g $\cdot$ l^{-1} M molare Masse, z. B. in g $\cdot$ mol^{-1} V_m molares Volumen, z. B. in l $\cdot$ mol^{-1}

■ Berechnung der Dichte von Kohlenmonoxid

$$\varrho = \frac{M}{V_m}$$

$$\varrho = \frac{28 \text{ g} \cdot \text{mol}^{-1}}{22{,}4 \, l \cdot \text{mol}^{-1}}$$

$$\varrho = 1{,}25 \text{ g} \cdot l^{-1}$$

■ Berechnung des molaren Volumens von Diwasserstoff

$$V_m = \frac{M}{\varrho}$$

$$V_m = \frac{2 \text{ g} \cdot \text{mol}^{-1}}{0{,}089 \text{ g} \cdot l^{-1}}$$

$$V_m = 22{,}4 \, l \cdot \text{mol}^{-1}$$

■ Berechnung der molaren Masse von Disauerstoff

$$M = \varrho \cdot V_m$$
$$M = 1{,}429 \text{ g} \cdot l^{-1} \cdot 22{,}4 \, l \cdot \text{mol}^{-1}$$
$$M = 32 \text{ g} \cdot \text{mol}^{-1}$$

Bei vielen Berechnungen von Lösungen ist außer anderen Definitionsgleichungen auch die Definitionsgleichung der Dichte mit heranzuziehen.

$\varrho = \dfrac{m}{V}$	ϱ Dichte der Lösung, z. B. in g $\cdot$ ml^{-1} m Masse der Lösung, z. B. in g V Volumen der Lösung, z. B. in ml

Die Äquivalentkonzentration einer Kaliumhydroxidlösung ($w_{KOH} = 14{,}7\%$) mit der Dichte $\varrho = 1{,}135\ g \cdot ml^{-1}$ ist zu berechnen.

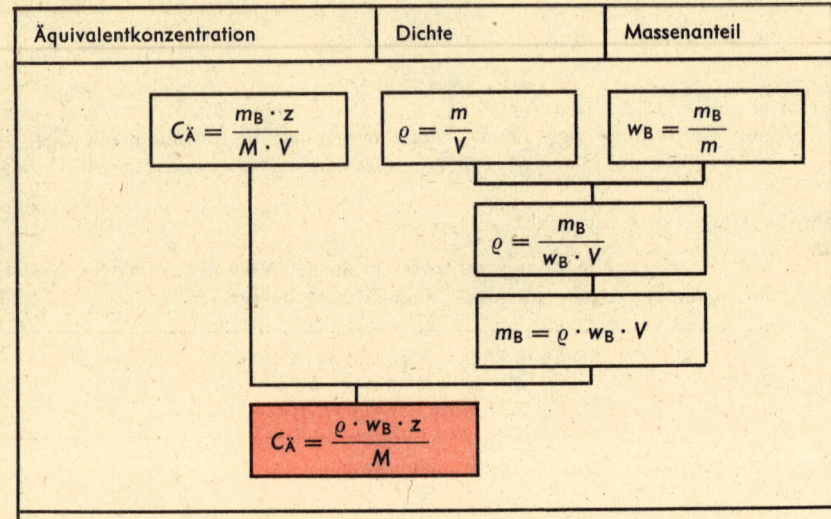

Äquivalentkonzentration	Dichte	Massenanteil

$$C_{\ddot{A}} = \frac{m_B \cdot z}{M \cdot V} \qquad \varrho = \frac{m}{V} \qquad w_B = \frac{m_B}{m}$$

$$\varrho = \frac{m_B}{w_B \cdot V}$$

$$m_B = \varrho \cdot w_B \cdot V$$

$$C_{\ddot{A}} = \frac{\varrho \cdot w_B \cdot z}{M}$$

$C_{\ddot{A}}$ Äquivalentkonzentration der Lösung, z. B. in $mol \cdot l^{-1}$
ϱ Dichte der Lösung, z. B. in $g \cdot mol^{-1}$
w_B Massenanteil des gelösten Stoffes, z. B. in %
z Wertigkeit des gelösten Stoffes
M molare Masse des gelösten Stoffes, z. B. in $g \cdot mol^{-1}$

$$C_{\ddot{A}} = \frac{1{,}135\ g \cdot l^{-1} \cdot 1\ 000 \cdot 14{,}7 \cdot 1}{56\ g \cdot mol^{-1} \cdot 100}$$

$$C_{\ddot{A}} = 2{,}98\ mol \cdot l^{-1}$$

Eine Kaliumhydroxidlösung ($w_{KOH} = 14{,}7\%$) mit der Dichte $\varrho = 1{,}135\ g \cdot ml^{-1}$ hat die Äquivalentkonzentration $C_{\ddot{A},\ KOH} = 2{,}98\ mol \cdot l^{-1}$.

Berechnung der Konzentration bei Titrationen

Die Konzentration einer Lösung kann bei der Titration aus dem Volumen der zu bestimmenden Lösung und dem Verbrauch an Maßlösung berechnet werden. Da die Konzentrationen den Volumen umgekehrt proportional sind, gilt:

$$\frac{C_1}{C_2} = \frac{V_2}{V_1}$$

$$C_1 = \frac{C_2 \cdot V_2}{V_1}$$

C_1 Konzentration der zu bestimmenden Lösung, z. B. in $mol \cdot l^{-1}$
C_2 Konzentration der Maßlösung, z. B. in $mol \cdot l^{-1}$
V_1 Volumen der zu bestimmenden Lösung, z. B. in ml
V_2 Volumen der verbrauchten Maßlösung, z. B. in ml

■ 10 ml Salpetersäure wurden mit 4,8 ml einer Natriumhydroxidlösung (C_{NaOH} = 1 mol · l^{-1}) titriert. Welche Stoffmengenkonzentration hat die Salpetersäure?

$$C_1 = \frac{1\ mol \cdot l^{-1} \cdot 4,8\ ml}{10\ ml}$$

$$C_1 = 0,48\ mol \cdot l^{-1}$$

Die Salpetersäure hat eine Stoffmengenkonzentration von C_{HNO_3} = 0,48 mol · l^{-1}.

↗ Neutralisationstitration S. 237

Berechnung der Masse bei Titrationen

Die Masse des in einer Lösung gelösten Stoffes kann durch Titration ermittelt werden. Bei der Berechnung ist von den Definitionsgleichungen der Konzentration und der molaren Masse auszugehen. Durch Anwendung des Einsetzungsverfahrens und Umformen ergibt sich (↗ S. 124):

$m_1 = \dfrac{C_2 \cdot M \cdot V_2}{z}$	m_1 Masse des gelösten Stoffes in der zu bestimmenden Lösung, z. B. in g C_2 Konzentration der Maßlösung, z. B. in mol · l^{-1} M molare Masse des gelösten Stoffes in der zu bestimmenden Lösung, z. B. in g · mol^{-1} z Wertigkeit des gelösten Stoffes in der zu bestimmenden Lösung V_2 Volumen der verbrauchten Maßlösung, z. B. in ml

■ Bei der Titration einer Probe Schwefelsäure wurden 16,8 ml einer Natriumhydroxidlösung (C_{NaOH} = 0,1 mol · l^{-1}) verbraucht. Welche Masse Schwefelsäure ist in der Probe enthalten?

$$m_1 = \frac{0,1\ mol \cdot l^{-1} \cdot 98\ g \cdot mol^{-1} \cdot 16,8\ l}{2 \cdot 1\ 000}$$

$$m_1 \approx 0,082\ g$$

Die Probe enthält die Masse $m \approx 0,082$ g Schwefelsäure.

↗ Neutralisationstitration S. 237

Berechnungen mit dem pH-Wert

Berechnungen mit dem pH-Wert werden mit Hilfe der Definitionsgleichung oder Umformungen der Definitionsgleichung durchgeführt.

$$pH = -\lg \frac{C_{H_3O^+}}{mol \cdot l^{-1}}$$

↗ pH-Wert S. 91; Pufferlösung S. 92

■ Die Konzentration der Hydronium-Ionen $c_{H_3O^+}$ beträgt $2 \cdot 10^{-1}$ mol $\cdot$ l^{-1}. Welchen pH-Wert hat die Lösung?

$$pH = -\lg \frac{2 \cdot 10^{-1} \text{ mol} \cdot \text{l}^{-1}}{\text{mol} \cdot \text{l}^{-1}}$$

$pH = -\lg 2 \cdot 10^{-1}$
$pH = -\lg 2 - \lg 10^{-1}$
$pH = -0,301\,0 + 1$
$pH = 0,699\,0$

Der pH-Wert beträgt $pH \approx 0,7$.

■ Der pH-Wert einer Lösung ist $pH = 3,5$. Berechnen Sie die Konzentration der Hydronium-Ionen!

$-\lg c_{H_3O^+} = 3,5$
$\lg c_{H_3O^+} = -3,5$
$\lg c_{H_3O^+} = 0,5 - 4$
$c_{H_3O^+} = 3,16 \cdot 10^{-4}$

Die Konzentration der Hydronium-Ionen beträgt $c_{H_3O^+} \approx 3,16 \cdot 10^{-4}$ mol $\cdot$ l^{-1}.

Der pH-Wert wäßriger Lösungen von starken bis schwachen Säuren und Basen kann mit Hilfe der Säurekonstanten beziehungsweise der Basekonstanten berechnet werden.

$$K_S = \frac{c_{H_3O^+} \cdot c_B}{c_{HB}} \qquad K_B = \frac{c_{OH^-} \cdot c_{HB}}{c_B}$$

Bei Protolysegleichgewichten gilt:

$$c_{H_3O^+} = c_B \qquad\qquad c_{OH^-} = c_{HB}$$

$$K_S = \frac{c_{H_3O^+}^2}{c_{HB}} \qquad\qquad K_B = \frac{c_{OH^-}^2}{c_B}$$

Die Differenz zwischen der Ausgangskonzentration c_0 der Säure oder der Base und der Gleichgewichtskonzentration der Hydronium-Ionen beziehungsweise Hydroxid-Ionen kann vernachlässigt werden. Deshalb ergibt sich:

$$c_{H_3O^+} = \sqrt{K_S \cdot c_{HB,\,0}} \qquad c_{OH^-} = \sqrt{K_B \cdot c_{B,\,0}}$$

↗ Säurekonstante, Basekonstante S. 91, 113

■ Der pH-Wert einer Ethansäurelösung ($c_{CH_3COOH} = 0,1$ mol $\cdot$ l^{-1}) ist zu berechnen ($K_S = 1,8 \cdot 10^{-5}$ mol $\cdot$ l^{-1})!

$$c_{H_3O^+} = \sqrt{K_S \cdot c_{HB,\,0}}$$

$$c_{H_3O^+} = \sqrt{1,8 \cdot 10^{-5} \cdot 10^{-1} \text{ mol}^2 \cdot \text{l}^{-2}}$$

$$c_{H_3O^+} = 1,34 \cdot 10^{-3} \text{ mol} \cdot \text{l}^{-1}$$

$$pH = -\lg \frac{c_{H_3O^+}}{mol \cdot l^{-1}}$$

$$pH = 2{,}87$$

Der pH-Wert einer Ethansäurelösung ($c_{CH_3COOH} = 0{,}1\ mol \cdot l^{-1}$) ist pH = 2,87.

4.4. Berechnungen zu chemischen Reaktionen

Stöchiometrie

Lehre von der Zusammensetzung der Stoffe sowie der Stoffmengen-, Massen-, Volumen- und Ladungsverhältnisse bei chemischen Reaktionen.

↗ stöchiometrische Grundgesetze S. 65

Stöchiometrisches Rechnen

Berechnen von Massen oder Volumen der an einer chemischen Reaktion beteiligten Ausgangsstoffe oder Reaktionsprodukte.
Bei allen chemischen Reaktionen reagieren Stoffe in bestimmten Stoffmengenverhältnissen und proportional dazu in bestimmten Massen- und Volumenverhältnissen miteinander. Aus diesen proportionalen Zusammenhängen lassen sich Massen und Volumen von Stoffen einer chemischen Reaktion berechnen.

Massen- und Volumenberechnungen nach allgemeinen Größengleichungen

Aus der Proportionalität der Massen, Volumen und Stoffmengen ergeben sich allgemeine Größengleichungen.

Gesuchte Größe	Gegebene Größe	Allgemeine Größengleichung
m_1	m_2	$\dfrac{m_1}{m_2} = \dfrac{n_1 \cdot M_1}{n_2 \cdot M_2}$
m_1	V_2	$\dfrac{m_1}{V_2} = \dfrac{n_1 \cdot M_1}{n_2 \cdot V_{m,2}}$
V_1	m_2	$\dfrac{V_1}{m_2} = \dfrac{n_1 \cdot V_{m,1}}{n_2 \cdot M_2}$
V_1	V_2	$\dfrac{V_1}{V_2} = \dfrac{n_1}{n_2}$

m Masse der beteiligten Stoffe, z. B. in g
V Volumen der beteiligten gasförmigen Stoffe, z. B. in l
M molare Masse, z. B. in $g \cdot mol^{-1}$
V_m molares Volumen, für Gase im Normzustand $V_m = 22,4\, l \cdot mol^{-1}$
n Stoffmenge, z. B. in mol

Index 1: Stoff 1, von dem eine Größe gesucht wird
Index 2: Stoff 2, von dem die genannten Größen bekannt sind

Schrittfolge

Teilschritte	Welche Masse Schwefelsäure wird zur Neutralisation von 50 g Kaliumhydroxid in Lösung benötigt?
1. Aufstellen der chemischen Gleichung	$2\,KOH + H_2SO_4 \longrightarrow K_2SO_4 + 2\,H_2O$
2. Zusammenstellen der gesuchten und gegebenen Größen	m_1: Masse H_2SO_4 m_2: 50 g KOH
3. Aufstellen und Umformen der allgemeinen Größengleichung	$\dfrac{m_1}{m_2} = \dfrac{n_1 \cdot M_1}{n_2 \cdot M_2}$ $m_1 = \dfrac{n_1 \cdot M_1 \cdot m_2}{n_2 \cdot M_2}$
4. Einsetzen der gegebenen Größen in die Größengleichung	$m_1 = \dfrac{1\,mol \cdot 98\,g \cdot mol^{-1} \cdot 50\,g}{2\,mol \cdot 56\,g \cdot mol^{-1}}$
5. Ausrechnen der Größengleichung	$m_1 = 43,75\,g$
6. Formulieren des Ergebnisses	**Zur Neutralisation von 50 g Kaliumhydroxid in Lösung werden etwa 44 g Schwefelsäure benötigt.**

Massen- und Volumenberechnungen nach Verhältnisgleichungen

Massen oder Volumen von Reaktionsteilnehmern bei einer chemischen Reaktion können aus den Stoffmengen, molaren Massen und molaren Volumen errechnet werden.

Schrittfolge

Teilschritte	Welche Masse Eisen(III)-oxid muß bei der Reaktion mit Aluminium eingesetzt werden, damit 560 g Eisen entstehen?
1. Aufstellen der chemischen Gleichung	$Fe_2O_3 + 2\,Al \longrightarrow Al_2O_3 + 2\,Fe$
2. Eintragen der gegebenen und der gesuchten Größen über der Gleichung	$m \qquad\qquad\qquad\qquad\qquad 560\ g$ $Fe_2O_3 + 2\,Al \longrightarrow Al_2O_3 + 2\,Fe$
3. Eintragen der molaren Massen der Stoffe unter der chemischen Gleichung	$m \qquad\qquad\qquad\qquad\qquad 560\ g$ $Fe_2O_3 + 2\,Al \longrightarrow Al_2O_3 + 2\,Fe$ $160\ g \cdot mol^{-1} \qquad\qquad\qquad\quad 112\ g \cdot mol^{-1}$
4. Aufstellen der Verhältnisgleichung	$$\frac{m}{160\ g \cdot mol^{-1}} = \frac{560\ g}{112\ g \cdot mol^{-1}}$$
5. Ausrechnen der Verhältnisgleichung	$$m = \frac{160\ g \cdot mol^{-1} \cdot 560\ g}{112\ g \cdot mol^{-1}}$$ $m = 800\ g$
6. Formulieren des Ergebnisses	**Zur Herstellung von 560 g Eisen wird die Masse m = 800 g Eisen(III)-oxid benötigt.**

↗ Stoffmenge S. 114; molare Masse S. 116

Berechnung der molaren Bildungsenthalpie einer Verbindung

Bei der Berechnung der molaren Bildungsenthalpie einer Verbindung wird davon ausgegangen, daß die mit dem Kalorimeter ausgetauschte Wärme der von der Reaktion stammenden Wärme entgegengesetzt gleich ist.
Die molare Bildungsenthalpie $\Delta_B H$ kann durch Einsetzen in die kalorimetrische Grundgleichung berechnet werden.

↗ molare Bildungsenthalpie S. 79

$$\Delta_B H = -\frac{m_{H_2O} \cdot c_{pH_2O} \cdot \Delta T}{n}$$

$$n = \frac{m_{Rp}}{M_{Rp}}$$

$$\Delta_B H = -\frac{m_{H_2O} \cdot c_{pH_2O} \cdot \Delta T \cdot M_{Rp}}{m_{Rp}}$$

m_{H_2O}	Masse des Kalorimeterwassers
c_{pH_2O}	spezifische Wärmekapazität des Wassers bei konstantem Druck
Δ_T	Temperaturänderung des Kalorimeterwassers
M_{Rp}	molare Masse des Reaktionsprodukts
m_{Rp}	Masse des Reaktionsprodukts (Summe der Massen der Ausgangsstoffe bei Bildungsreaktionen)

■ Die molare Bildungsenthalpie $\Delta_B H$ von Eisen(II)-sulfid FeS ist zu bestimmen.

Chemische Gleichung $Fe + S \longrightarrow FeS$

Meßgrößen:

m_{H_2O}	= 900 g	M_{FeS}	= 88 g $\cdot$ mol^{-1}
c_{pH_2O}	= 4,19 J $\cdot$ g^{-1} $\cdot$ K^{-1}	m_{Fe}	= 4,45 g
ΔT	= 2 K	m_S	= 2,55 g

Berechnung:

$$\Delta_B H = -\frac{900\ g \cdot 4,19\ J \cdot g^{-1} \cdot K^{-1} \cdot 2\ K \cdot 88\ g \cdot mol^{-1}}{4,45\ g + 2,55\ g}$$

$\Delta_B H = -94\,813,7\ J \cdot mol^{-1}$

$\Delta_B H = -94,8\ kJ \cdot mol^{-1}$

Die molare Bildungsenthalpie von Eisen(II)-sulfid beträgt

$\Delta_B H = -94,8\ kJ \cdot mol^{-1}$

Berechnung von molaren Reaktionsenthalpien

Molare Reaktionsenthalpien können aus den molaren Bildungsenthalpien nach dem Satz von Hess berechnet werden: Die molare Reaktionsenthalpie $\Delta_R H$ einer Reaktion ist gleich der Summe der molaren Bildungsenthalpien der Reaktionsprodukte, vermindert um die Summe der molaren Bildungsenthalpien der Ausgangsstoffe.

■ Die molare Reaktionsenthalpie für die Reaktion

$3\ C + 2\ Fe_2O_3 \longrightarrow 4\ Fe + 3\ CO_2$ ist zu berechnen.

$C + O_2 \longrightarrow CO_2$ $\qquad\qquad \Delta_B H = -393,5\ kJ \cdot mol^{-1}$

$$2 \, Fe + \frac{3}{2} \, O_2 \longrightarrow Fe_2O_3 \qquad \Delta_B H = -822{,}2 \, kJ \cdot mol^{-1}$$

$\Delta_R H = 4 \, \Delta_B H_{Fe} + 3 \, \Delta_B H_{CO_2} - 3 \, \Delta_B H_C - 2 \, \Delta_B H_{Fe_2O_3}$

$\Delta_R H = 0 + 3 \, (-393{,}5 \, kJ \cdot mol^{-1}) - 0 - 2 \, (-822{,}2 \, kJ \cdot mol^{-1})$

$\Delta_R H = +463{,}9 \, kJ \cdot mol^{-1}$

Die molare Reaktionsenthalpie beträgt

$$3 \, C + 2 \, Fe_2O_3 \longrightarrow 4 \, Fe + 3 \, CO_2 \qquad \Delta_R H = +463{,}9 \, kJ \cdot mol^{-1}$$

↗ molare Bildungsenthalpie S. 79; Satz von *Hess* S. 79

Berechnungen zum Massenwirkungsgesetz

Berechnungen zum Massenwirkungsgesetz können nach Schrittfolgen durchgeführt werden.

↗ Massenwirkungsgesetz S. 73; chemisches Gleichgewicht S. 72

Schrittfolge

1. Aufstellen der chemischen Gleichung
2. Angeben der Konzentrationen der Ausgangsstoffe
3. Ermitteln des Stoffumsatzes bis zur Einstellung des chemischen Gleichgewichts für die Reaktionsteilnehmer
4. Ermitteln der Konzentrationen im chemischen Gleichgewicht
5. Aufstellen der Gleichung des Massenwirkungsgesetzes
6. Einsetzen der Konzentrationen im chemischen Gleichgewicht in die Gleichung des Massenwirkungsgesetzes
7. Berechnen der unbekannten Größe

Bei chemischen Gleichgewichten ohne Änderung der Stöchiometriezahlen in der chemischen Gleichung ($\Delta v = 0$) können an Stelle der Konzentrationen die ihnen proportionalen Stoffmengen eingesetzt werden.

■ Berechnung der Gleichgewichtskonstanten K_c
Bei der Reaktion von 5 mol Ethansäure und 3 mol Ethanol bei 25 °C sind bis zur Einstellung des chemischen Gleichgewichts 2,43 mol Ethansäureethylester entstanden. Wie groß ist die Gleichgewichtskonstante K_c?

1. $CH_3COOH + C_2H_5OH \rightleftharpoons CH_3COOC_2H_5 + H_2O$

2. 5 mol	3 mol	0 mol	0 mol
3. —2,43 mol	—2,43 mol	2,43 mol	2,43 mol

133

4. $(5 - 2{,}43)$ mol $(3 - 2{,}43)$ mol   2,43 mol   2,43 mol
   2,57 mol   0,57 mol   2,43 mol   2,43 mol

5. $K_c = \dfrac{n_{CH_3COOC_2H_5} \cdot n_{H_2O}}{n_{CH_3COOH} \cdot n_{C_2H_5OH}}$

6. $K_c = \dfrac{2{,}43 \text{ mol} \cdot 2{,}43 \text{ mol}}{2{,}57 \text{ mol} \cdot 0{,}57 \text{ mol}}$

7. $K_c = 4{,}03$

Bei 25 °C beträgt die Gleichgewichtskonstante für das chemische Gleichgewicht zwischen Ethansäure, Ethanol, Wasser und Ethansäureethylester $K_c = 4{,}03$.

■ Berechnung der Stoffmenge eines Reaktionsprodukts im chemischen Gleichgewicht
Die Gleichgewichtskonstante für die Bildung von Ethansäureethylester aus Ethansäure und Ethanol beträgt bei 25 °C $K_c = 4$. Welche Stoffmenge an Ester liegt im chemischen Gleichgewicht vor, wenn von 5 mol Ethansäure und 3 mol Ethanol ausgegangen wird?

Lösung:

1. $CH_3COOH + C_2H_5OH \rightleftharpoons CH_3COOC_2H_5 + H_2O$

2. 5 mol   3 mol   0 mol   0 mol

3. $-x$ mol $-x$ mol x mol x mol

4. $(5 - x)$ mol $(3 - x)$ mol x mol x mol

5. $K_c = \dfrac{n_{CH_3COOC_2H_5} \cdot n_{H_2O}}{n_{CH_3COOH} \cdot n_{C_2H_5OH}}$

6. $4 = \dfrac{x \text{ mol} \cdot x \text{ mol}}{(5 - x) \text{ mol} \cdot (3 - x) \text{ mol}}$

7. $x = 2{,}43$

Bei 25 °C entsteht aus 5 mol Ethansäure und 3 mol Ethanol bei Einstellung des chemischen Gleichgewichts die Stoffmenge $n = 2{,}43$ mol Ethansäureethylester.

↗ Massenwirkungsgesetz S. 73; chemisches Gleichgewicht S. 72

Berechnungen mit Hilfe der Faradayschen Gesetze

Zur Berechnung der abgeschiedenen Massen bei Elektrolysen wird von den Faradayschen Gesetzen und von der Definitionsgleichung der molaren Masse ausgegangen.

Faradaysche Gesetze	Molare Masse

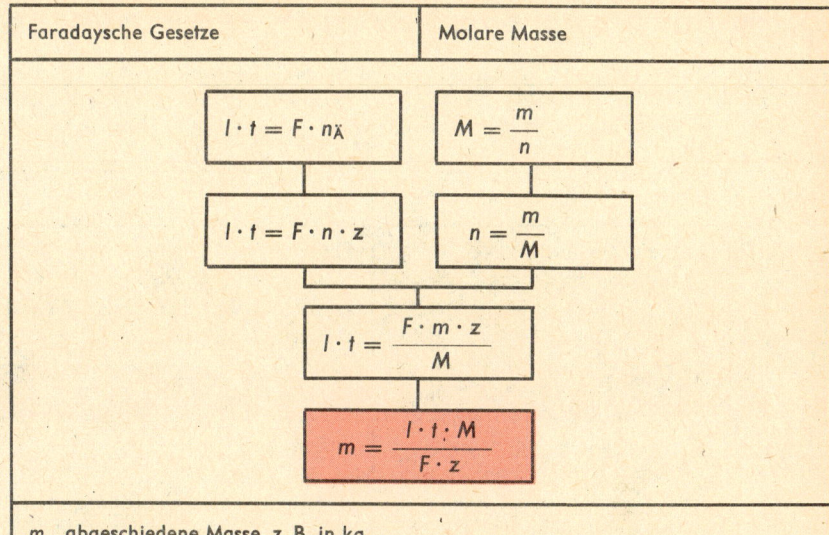

$I \cdot t = F \cdot n_\ddot{A}$

$I \cdot t = F \cdot n \cdot z$

$M = \dfrac{m}{n}$

$n = \dfrac{m}{M}$

$I \cdot t = \dfrac{F \cdot m \cdot z}{M}$

$m = \dfrac{I \cdot t \cdot M}{F \cdot z}$

m abgeschiedene Masse, z. B. in kg
I Stromstärke, z. B. in A
t Zeit, z. B. in h
M molare Masse, z. B. in $g \cdot mol^{-1}$
F Faradaysche Konstante in $A \cdot s \cdot mol^{-1}$
z Wertigkeit

Die tägliche Aluminiumproduktion einer Zelle ist zu berechnen, die mit der Stromstärke 100 000 A betrieben wird und bei der die Stromausbeute $\eta = 85\%$ beträgt.

Meßgrößen

I in A	t in h	M in $g \cdot mol^{-1}$	η in %	F in $A \cdot s \cdot mol^{-1}$
100 000	24	27	85	96 500

$$m = \frac{I \cdot t \cdot M \cdot \eta}{F \cdot z}$$

$$m = \frac{100\,000\,A \cdot 24 \cdot 3\,600\,s \cdot 27\,g \cdot mol^{-1} \cdot 0{,}85}{96\,500\,A \cdot s \cdot mol^{-1} \cdot 3}$$

$m = 684\,933\,g$
$m \approx 685\,kg$

In einer Elektrolysezelle mit dem Wirkungsgrad $\eta = 85\%$ wird bei 100 000 A in 24 h die Masse $m \approx 685\,kg$ Aluminium abgeschieden.

↗ Faradaysche Gesetze S. 100; Faradaysche Konstante S. 120

4.5. Bestimmen der Summenformel eines Stoffes

Zur Bestimmung der Summenformel eines Stoffes sind die Ergebnisse der qualitativen Elementaranalyse und die Meßgrößen der quantitativen Elementaranalyse auszuwerten. Dazu ist eine Schrittfolge geeignet.

Teilschritte	■
0. Ermitteln der qualitativen Zusammensetzung des Stoffes	Ergebnis: Der untersuchte Stoff besteht aus den Elementen Kohlenstoff, Wasserstoff und Sauerstoff.
1. Quantitative Elementaranalyse	
1.1. Oxydation des Stoffes und Messen der Masse beziehungsweise des Volumens der entstehenden Oxide	Einwaage: $m_E = 0{,}06$ g Volumen des Kohlendioxids bei 20 °C und 101,72 kPa: $V_{CO_2} = 71{,}8$ ml Masse des Wassers: $m_{H_2O} = 0{,}072$ g
1.2. Umrechnen des gemessenen Volumens Kohlendioxid auf den Normzustand	$V_o = \dfrac{V \cdot p \cdot T_o}{p_o \cdot T}$ $T = 293$ K $\qquad T_o = 273$ K $p = 101{,}72$ kPa $\qquad p_o = 101{,}33$ kPa $V_{o,\,CO_2} = 67{,}15$ ml
1.3. Berechnen der Masse der enthaltenen Elemente Masse des Kohlenstoffs Masse des Wasserstoffs Masse des Sauerstoffs	$m_C = \dfrac{n_C \cdot M_C \cdot V_{o,\,CO_2}}{n_{CO_2} \cdot V_m}$ $m_C = 0{,}036$ g $m_H = \dfrac{n_H \cdot M_H \cdot m_{H_2O}}{n_{H_2O} \cdot M_{H_2O}}$ $m_H = 0{,}008$ g $m_O = m_E - (m_C + m_H)$ $m_O = 0{,}016$ g

Teilschritte	■

2. Berechnen der Verhältnisformel des Stoffes	
2.1. Berechnen des Stoffmengen-verhältnisses der enthaltenen Elemente	$n_C : n_H : n_O = \dfrac{m_C}{M_C} : \dfrac{m_H}{M_H} : \dfrac{m_O}{M_O}$ $n_C : n_H : n_O =$ $0{,}003 \text{ mol} : 0{,}008 \text{ mol} : 0{,}001 \text{ mol}$
2.2. Umrechnen des Stoffmengen-verhältnisses auf ganze Zahlen (Dividieren der Stoffmengen durch die kleinste Zahl und Runden)	$n_C : n_H : n_O =$ $\dfrac{0{,}003 \text{ mol}}{0{,}001} : \dfrac{0{,}008 \text{ mol}}{0{,}001} : \dfrac{0{,}001 \text{ mol}}{0{,}001}$ $n_C : n_H : n_O = 3 \text{ mol} : 8 \text{ mol} : 1 \text{ mol}$
2.3. Aufstellen der Verhältnisformel	C_3H_8O

3. Bestimmen der molaren Masse des Stoffes	
3.1. Experimentelles Bestimmen des Dampfvolumens des Stoffes	Masse des eingesetzten verdampften Stoffes $m = 0{,}12$ g Volumen des verdampften Stoffes bei 20 °C und 101,72 kPa $V = 48{,}5$ ml
3.2. Umrechnen des gemessenen Gasvolumens auf den Normzustand	$V_o = \dfrac{V \cdot p \cdot T_o}{p_o \cdot T}$ $T = 293 \text{ K} \quad T_o = 273 \text{ K}$ $\qquad\qquad p = 101{,}72 \text{ kPa}$ $\qquad\qquad p_o = 101{,}33 \text{ kPa}$ $V_o = 45{,}36$ ml
3.3. Berechnen der molaren Masse des Stoffes	$M = \dfrac{m \cdot V_m}{V_o} \quad M = 59{,}29 \text{ g} \cdot \text{mol}^{-1}$

4. Berechnen der Summenformel des Stoffes	
4.1. Berechnen der relativen For-melmasse entsprechend der Verhältnisformel Ablesen der relativen Formelmasse ent-sprechend der Summenformel	Aus der Elementaranalyse erhalten Verhältnisformel: C_3H_8O relative Formelmasse: 60 Experimentell bestimmt molare Masse: $59{,}29 \text{ g} \cdot \text{mol}^{-1}$ relative Formelmasse: 59,29

Teilschritte	🟥
4.2. Berechnen des Faktors x als Quotient aus Zahlenwert der molaren Masse und relativer Formelmasse entsprechend der Verhältnisformel	$x = \dfrac{59,29}{60}$ $x \approx 1$
4.3. Multiplizieren der Stöchiometriezahlen in der Verhältnisformel mit x	Verhältnisformel: C_3H_8O $x \approx 1$
4.4. Aufstellen der Summenformel	C_3H_8O

Die Summenformel eines Stoffes gibt noch keinen Aufschluß über dessen Struktur. Die Struktur kann durch chemische oder physikalische Methoden aufgeklärt werden.

↗ Strukturaufklärung S. 54

5.1. Nomenklatur der Elemente und der anorganischen Verbindungen

IUPAC-Regeln

Regeln für den internationalen Gebrauch von Namen und Zeichen für chemische Elemente und Verbindungen, die von der Wissenschaftsorganisation „International Union of Pure and Applied Chemistry (IUPAC)" ausgearbeitet wurden.

Ziel der Regeln ist die Übereinstimmung der Zeichen und die weitgehende Übereinstimmung der Namen in den verschiedenen Sprachen. Für die deutschen Namen ergibt sich daraus die konsequente Anwendung der Schreibweise C/c (früher K/z).

- Calcium   (früher Kalzium)
  Kaliumcarbonat   (früher Kaliumkarbonat)

Namen von chemischen Elementen

Die deutschen Namen der chemischen Elemente entsprechen dem lateinischen, englischen oder französischen Namen.

↗ Übersicht S. 140

Ausnahmen sind:

Blei	Kupfer	Silber
Eisen	Quecksilber	Stickstoff
Gold	Sauerstoff	Wasserstoff
Kohlenstoff	Schwefel	Zinn

Aus den IUPAC-Regeln ergeben sich für die deutschen Namen chemischer Elemente einige Änderungen:

- Angleichung des Anfangsbuchstabens des Elementnamens an das Symbol
  Bismut Bi   (früher Wismut Bi)
  Cobalt Co   (früher Kobalt Co)

- Angleichung des Elementnamens an die IUPAC-Schreibweise
  Iod I   (früher Jod J)

- Verwendung der Endung -ium in Namen metallischer Elemente
  Chromium   (früher Chrom)
  Titanium   (früher Titan)

Übersicht über die chemischen Elemente

Element	Element-symbol	Protonen-anzahl = Ordnungs-zahl	Neutronenanzahl (häufig auftretende)	Relative Atom-masse
Actinium	Ac	89	138	[227]
Aluminium	Al	13	14	26, 98
Americium	Am	95	148	[243]
Antimon	Sb	51	70; 72	121, 75
Argon	Ar	18	22; 18; 20	39, 95
Arsen	As	33	42	74, 92
Astat	At	85	130; 133; 134	[210]
Barium	Ba	56	82; 81; 80; 79; 78	137, 33
Berkelium	Bk	97	150	[247]
Beryllium	Be	4	5	9, 01
Bismut	Bi	83	126	208, 98
Blei	Pb	82	126; 124; 125; 122	207, 2
Bor	B	5	6; 5	10, 81
Brom	Br	35	44; 46	79, 90
Cadmium	Cd	48	66; 64; 63; 62; 65	112, 41
Caesium	Cs	55	78	132, 91
Calcium	Ca	20	20; 24; 22; 28; 23	40, 08
Californium	Cf	98	153	[251]
Cerium	Ce	58	82; 84; 80; 78	140, 12
Chlor	Cl	17	18; 20	35, 45
Chromium	Cr	24	28; 29; 26; 30	51, 996
Cobalt	Co	27	32	58, 93
Curium	Cm	96	151	[247]
Dysprosium	Dy	66	98; 96; 97; 95; 94	162, 50
Einsteinium	Es	99	155	[252]
Eisen	Fe	26	30; 28; 31; 32	55, 85
Erbium	Er	68	96; 100; 99; 102; 96	167, 26
Europium	Eu	63	99; 88	151, 96
Fermium	Fm	100	157	[257]
Fluor	F	9	10	18, 998
Francium	Fr	87	136	[223]
Gadolinium	Gd	64	94; 96; 92; 93; 91	157, 25
Gallium	Ga	31	38; 40	69, 72
Germanium	Ge	32	42; 40; 38; 41; 44	72, 59
Gold	Au	79	118	196, 967
Hafnium	Hf	72	10; 106; 105; 107; 104	178, 49
Helium	He	2	2; 1	4, 00
Holmium	Ho	67	98	164, 93
Indium	In	49	66; 64	114, 82

Element	Element-symbol	Protonen-anzahl = Ordnungs-zahl	Neutronenanzahl (häufig auftretende)	Relative Atom-masse
Iod	I	53	74	126, 905
Iridium	Ir	77	116; 114	192, 22
Kalium	K	19	20; 22	39, 098
Kohlenstoff	C	6	6; 7	12, 01
Krypton	Kr	36	48; 50; 47; 46; 44	83, 80
Kupfer	Cu	29	34; 36	63, 546
Kurtschatovium	(Ku)	104	157	[261]
Lanthan	La	57	82; 81	138, 91
Lawrencium	Lr	103	157	[260]
Lithium	Li	3	4; 3	6, 94
Lutetium	Lu	71	104; 105	174, 97
Magnesium	Mg	12	12; 13; 14	24, 31
Mangan	Mn	25	30	54, 94
Mendelevium	Md	101	157	[258]
Molybdän	Mo	42	56; 53; 50; 54; 58	95, 94
Natrium	Na	11	12	22, 989
Neodymium	Nd	60	82; 84; 86; 83; 85	144, 24
Neon	Ne	10	10; 12; 11	20, 18
Neptunium	Np	93	144	[237]
Nickel	Ni	28	30; 32; 34; 33; 36	58, 70
Nielsbohrium	(Ns)	105	157	[262]
Niobium	Nb	41	52	92, 91
Nobelium	No	102	152	[259]
Osmium	Os	76	116; 114; 113; 112; 111	190, 2
Palladium	Pd	46	60; 62; 59; 64; 58	106, 4
Phosphor	P	15	15	30, 97
Platin	Pt	78	117; 116; 118; 120; 114	195, 09
Plutonium	Pu	94	150	[244]
Polonium	Po	84	126; 127; 128; 130; 131	209
Praseodymium	Pr	59	82	140, 91
Promethium	Pm	61	84	[145]
Protactinium	Pa	91	140	[231]
Quecksilber	Hg	80	122; 120; 119; 121; 118	200, 59
Radium	Ra	88	135; 136; 138; 140	226, 03
Radon	Rn	86	133; 134; 136	[222]
Rhenium	Re	75	112; 110	186, 21
Rhodium	Rh	45	58	102, 91

Element	Element-symbol	Protonen-anzahl = Ordnungs-zahl	Neutronenanzahl (häufig auftretende)	Relative Atom-masse
Rubidium	Rb	37	48; 50	85, 47
Ruthenium	Ru	44	58; 60; 57; 55; 56	101, 07
Samarium	Sm	62	90; 92; 85; 87; 86	150, 4
Sauerstoff	O	8	8; 10; 9	15, 999
Scandium	Sc	21	24	44, 956
Schwefel	S	16	16; 18; 17	32, 06
Selen	Se	34	46; 44; 42; 48; 43	78, 96
Silber	Ag	47	60; 62	107, 868
Silicium	Si	14	14; 15; 16	28, 086
Stickstoff	N	7	7; 8	14, 007
Strontium	Sr	38	50; 48; 49; 46	87, 62
Tantal	Ta	73	108	180, 948
Technetium	Tc	43	54	[97]
Tellur	Te	52	78; 76; 74; 73; 72	127, 60
Terbium	Tb	65	94	158, 93
Thallium	Tl	81	124; 122	204, 37
Thorium	Th	90	142	232, 04
Thulium	Tm	69	100	168, 93
Titanium	Ti	22	26; 24; 25; 27; 28	47, 90
Uranium	U	92	146; 143; 142	238, 03
Vanadium	V	23	28; 27	50, 94
Wasserstoff	H	1	0; 1	1, 008
Wolfram	W	74	110; 112; 108; 109; 106	183, 85
Xenon	Xe	54	78; 75; 77; 80; 82	131, 30
Ytterbium	Yb	70	104; 102; 103; 101; 106	173, 04
Yttrium	Y	39	50	88, 91
Zink	Zn	30	34; 36; 38; 37; 40	65, 38
Zinn	Sn	50	70; 68; 66; 69; 67	118, 69
Zirconium	Zr	40	50; 54; 52; 51; 56	91, 22

(1) Die angegebenen Werte in eckigen Klammern sind die relativen Atommassen des längstlebigen z. Z. bekannten Nuklids des betreffenden Elements.
Die verbindlichen Namen für die Elemente 104 und 105 sind von der IUPAC noch nicht festgelegt.
(2) Nielsbohrium auch Hahnium (Ha).
(3) Kurtschatovium auch Rutherfordium (Rf).

Namen von Verbindungen aus zwei Elementen

Allgemeine Regeln. Die Namen von anorganischen Verbindungen aus zwei Elementen werden aus den Namen der beiden enthaltenen Elemente gebildet.

Der Name des Elements mit dem kleineren Elektronegativitätswert wird (meist unverändert) im Namen der Verbindung zuerst genannt. Der Name (oder der Wortstamm des lateinischen Namens) des Elements mit dem größeren Elektronegativitätswert wird mit der Endung **id** versehen und an den Namen des Elements mit dem kleineren Elektronegativitätswert angefügt.

↗ Periodensystem der Elemente am Schluß des Buches

Abgeleitete Namen der Elemente mit dem größeren Elektronegativitätswert (einschließlich Endung)

Element	Abgeleiteter Name mit Endung	■ Name	■ Formel
Fluor	**Fluorid**	Calciumfluorid	CaF_2
Chlor	**Chlorid**	Kupfer(I)-chlorid	$CuCl$
Brom	**Bromid**	Silberbromid	$AgBr$
Iod	**Iodid**	Natriumiodid	NaI
Sauerstoff	**Oxid**	Schwefeltrioxid	SO_3
Schwefel	**Sulfid**	Eisen(II)-sulfid	FeS
Stickstoff	**Nitrid**	Magnesiumnitrid	Mg_3N_2
Kohlenstoff	**Carbid**	Calciumcarbid	CaC_2

Namen von Verbindungen aus einem Metall und einem Nichtmetall

sind zusammengesetzt aus:

– dem Namen des Elements mit dem kleineren Elektronegativitätswert;

– der Wertigkeit (Oxydationszahl) dieses Elements, angegeben in römischen Ziffern, in Klammern gesetzt und mit einem Bindestrich versehen;

– dem Namen (oder dem Wortstamm des lateinischen Namens) des Elements mit dem größeren Elektronegativitätswert, versehen mit der Endung **id**.

■ Verbindung zwischen Eisen und Chlor;
Formel $FeCl_3$

Name des 1. Elements (kleinerer Elektronegativitätswert)	Wertigkeit (Oxydationszahl) des 1. Elements	Name des 2. Elements (größerer Elektronegativitätswert), mit der Endung -id
Eisen	(III)-	chlorid
Eisen(III)-chlorid		

Wenn nur eine Verbindung zwischen beiden Elementen existiert, entfällt die Angabe der Wertigkeit (Oxydationszahl).

Namen von Verbindungen aus zwei Nichtmetallen

sind zusammengesetzt aus:

- der Anzahl der Atome (je Molekül) des Elements mit dem kleineren Elektronegativitätswert, angegeben in griechischen Zahlwörtern;
- dem Namen des Elements mit dem kleineren Elektronegativitätswert;
- der Anzahl der Atome (je Molekül) des Elements mit dem größeren Elektronegativitätswert, angegeben in griechischen Zahlwörtern;
- dem Namen (oder dem Wortstamm des lateinischen Namens) des Elements mit dem größeren Elektronegativitätswert, versehen mit der Endung **id**.

■ Verbindung zwischen Stickstoff und Sauerstoff; Formel N_2O_5

Anzahl der Atome des 1. Elements (kleinerer Elektronegativitätswert)	Name des 1. Elements (kleinerer Elektronegativitätswert)	Anzahl der Atome des 2. Elements (größerer Elektronegativitätswert)	Name des 2. Elements (größerer Elektronegativitätswert), abgeleitet, mit der Endung id
Di	stickstoff	pent	oxid
Distickstoffpentoxid			

Ist im Molekül nur ein Atom des Elements mit dem kleineren Elektronegativitätswert enthalten, so entfällt die Angabe der Atomanzahl für dieses Element.

Angabe der Atomanzahl

1 mon(o)	3 tri	5 pent(a)	7 hept(a)
2 di	4 tetr(a)	6 hex(a)	

Namen von Hydroxiden

Die Namen von Hydroxiden sind zusammengesetzt aus:

- dem Namen des Kations;
- der Wertigkeit des Kations, angegeben in römischen Ziffern, in Klammern gesetzt und mit Bindestrich versehen;
- dem Namen des Hydroxid-Ions

Formel des Hydroxids	Name des Kations	Wertigkeit des Kations	Name des Hydroxid-Ions
$Fe(OH)_3$	Eisen	(III)-	hydroxid
Eisen(III)-hydroxid			

Wenn das Kation nur in einer Wertigkeit auftreten kann, entfällt die Angabe der Wertigkeit.

Namen von Säuren und Salzen

Für die anorganischen **Säuren** sind im allgemeinen keine systematischen Namen gebräuchlich.

Die Namen der **Salze** werden gebildet aus:

– dem Namen des Kations;

– der Wertigkeit des Kations, angegeben in römischen Ziffern, in Klammern gesetzt und mit einem Bindestrich versehen;

– dem Namen des Anions.

Wenn das Kation nur in einer Wertigkeit auftreten kann, entfällt die Angabe der Wertigkeit.

Formel des Salzes	Ionen	Name des Kations	Wertigkeit des Kations	Name des Anions
$CuSO_4$	Cu^{2+}; SO_4^{2-}	Kupfer	(II)-	sulfat
		Kupfer(II)-sulfat		
KNO_3	K^+; NO_3^-	Kalium		nitrat
		Kaliumnitrat		

Name von Anionen

Säure		Anion	
Name	Formel	Name	Zeichen
Fluorwasserstoffsäure	HF	**Fluorid-Ion**	F^-
Chlorwasserstoffsäure	HCl	**Chlorid-Ion**	Cl^-
Chlorsäure	$HClO_3$	**Chlorat-Ion**	ClO_3^-
Bromwasserstoffsäure	HBr	**Bromid-Ion**	Br^-
Iodwasserstoffsäure	HI	**Iodid-Ion**	I^-
Schwefelwasserstoffsäure	H_2S	**Hydrogen-sulfid-Ion**	HS^-
		Sulfid-Ion	S^{2-}
Schweflige Säure	H_2SO_3	**Hydrogen-sulfit-Ion**	HSO_3^-
		Sulfit-Ion	SO_3^{2-}
Schwefelsäure	H_2SO_4	**Hydrogen-sulfat-Ion**	HSO_4^-
		Sulfat-Ion	SO_4^{2-}
Salpetrige Säure	HNO_2	**Nitrit-Ion**	NO_2^-

Säure		Anion	
Name	Formel	Name	Zeichen
Salpetersäure	HNO_3	**Nitrat-Ion**	NO_3^-
Phosphorsäure	H_3PO_4	**Dihydrogen-phosphat-Ion**	$H_2PO_4^-$
		Hydrogen-phosphat-Ion	HPO_4^{2-}
		Phosphat-Ion	PO_4^{3-}
Kohlensäure	H_2CO_3	**Hydrogen-carbonat-Ion**	HCO_3^-
		Carbonat-Ion	CO_3^{2-}

Die Namen der Säurerest-Ionen enden auf **id** bei sauerstofffreien Säuren, auf **it** bei Säuren mit niedrigerem Sauerstoffanteil und auf **at** bei Säuren mit höherem Sauerstoffanteil.

■ Chlorid-Ion Cl^- Säurerest-Ion der Chlorwasserstoffsäure HCl
Sulfit-Ion SO_3^{2-} Säurerest-Ion der schwefligen Säure H_2SO_3
Sulfat-Ion SO_4^{2-} Säurerest-Ion der Schwefelsäure H_2SO_4

Namen von Komplexverbindungen

Die Namen der Komplexverbindungen werden aus dem Namen für das Kation und dem Namen für das Anion gebildet. Der Name des Kations steht zuerst, dann folgt (mit einem Bindestrich) der Name des Anions. In der Formel werden die Komplex-Ionen durch eckige Klammern gekennzeichnet.
Die Namen der Komplex-Ionen werden gebildet aus:

- der Anzahl der Liganden in griechischen Zahlwörtern;

- dem Namen der Liganden (anionische Liganden: erhalten die Endung o; Neutral-Liganden: unverändert);

- dem Namen des Zentral-Ions (beim Kation: unverändert; beim Anion: mit der Endung **at**);

- der Oxydationszahl des Zentral-Ions, angegeben in römischen Ziffern in Klammern.

Zur Verbesserung der Übersicht werden zwischen unterschiedlichen Bestandteilen der Namen von Komplexverbindungen Bindestriche beziehungsweise runde Klammern gesetzt.

Namen einiger wichtiger Liganden

H_2O	aquo	NH_3	ammin	$S_2O_3^{2-}$	thiosulfato
OH^-	hydroxo	NO_2^-	nitrito	F^-	fluoro
CN^-	cyano	SO_4^{2-}	sulfato	Cl^-	chloro

■ Komplexverbindung mit komplexem Kation:

$[Cu(NH_3)_4]SO_4$

Komplexes Kation				Anion
Anzahl der Liganden	Name des Liganden	Name des Zentral-Ions	Oxydationszahl des Zentral-Ions	Name des Anions
Tetr	ammin	kupfer	(II)-	sulfat
Tetramminkupfer(II)-sulfat				

■ Komplexverbindung mit komplexem Anion:

$Na_3[Ag(S_2O_3)_2]$

Kation	Komplexes Anion			
Name des Kations	Anzahl der Liganden	Name des Liganden	Name des Zentral-Ions	Oxydationszahl des Zentral-Ions
Natrium	di	thiosulfato	argentat	(I)
Natrium-di(thiosulfato)argentat(I)				

5.2. Wasserstoff und I. Hauptgruppe des Periodensystems

Diwasserstoff H_2

Farbloses, geruchloses Gas; geringste Dichte aller Gase; in Wasser wenig löslich, reagiert mit Disauerstoff; wirkt auf viele andere Stoffe reduzierend; verbrennt mit schwach bläulicher Flamme:

$$2\,H_2 + O_2 \longrightarrow 2\,H_2O \qquad \Delta_R H = -572\ kJ \cdot mol^{-1}$$

Wasserstoff-Sauerstoff-Gemische (Knallgas) reagieren beim Erhitzen, Wasser-
stoff-Chlor-Gemische (Chlorknallgas) auch bei Sonnenlichteinwirkung explosionsartig.

↗ Nachweis von Wasserstoff-Ionen S. 240; Verwendung S. 266

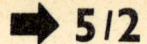

Wasserstoffperoxid (Wasserstoffsuperoxid) H_2O_2

Farblose, in konzentrierter Form dicke Flüssigkeit; größere Dichte als Wasser; reagiert schwach sauer; zerfällt schon bei Einwirkung von Sonnenlicht sowie bei Anwesenheit von Spuren katalytisch wirkender Stoffe (z. B. Mangan(IV)-oxid, Platin, Blut); wirkt als starkes Oxydationsmittel, gegenüber anderen starken Oxydationsmitteln jedoch als Reduktionsmittel.

Übersicht über die Alkalimetalle

Name Elementsymbol	Li-thium **Li**	Na-trium **Na**	Ka-lium **K**	Rubi-dium **Rb**	Cae-sium **Cs**
Molare Masse in $g \cdot mol^{-1}$	6,94	22,99	39,10	85,47	132,91
Dichte ϱ in $g \cdot cm^{-3}$	0,53	0,97	0,86	1,53	1,87
Schmelztemperatur t_s in °C	180	98	64	38,7	28,6
Siedetemperatur t_v in °C	1 330	892	760	688	690
Reaktion mit Sauerstoff	zunehmend $\longrightarrow$				
Hydroxid	LiOH	NaOH	KOH	RbOH	CsOH
Basische Eigenschaften der Oxide	zunehmend $\longrightarrow$				
Elektronegativitätswert	1,0	0,9	0,8	0,8	0,7
Oxydationszahlen in Mehrelementverbindungen	+1	+1	+1	+1	+1

Zu den Alkalimetallen zählt außerdem das Element Francium Fr.

Natrium Na

Silberweißes, sehr weiches Metall; reagiert heftig mit Sauerstoff; oxydiert an der Luft sehr schnell; Aufbewahrung unter Petroleum oder Paraffinöl; reagiert heftig mit Wasser:

$$2\,Na + 2\,H_2O \longrightarrow 2\,Na^+ + 2\,OH^- + H_2$$

Natriumhydroxid (Ätznatron) NaOH

Weißer, kristalliner Stoff; wasseranziehend, zerfließt an der Luft; stark ätzend; in Wasser leicht löslich unter Wärmeentwicklung; Lösung: Natronlauge;

↗ Verwendung S. 266

148

Natriumcarbonat (Soda) $Na_2CO_3 \cdot 10\,H_2O$

Farblose, durchsichtige Kristalle, wasserfrei ein weißes Pulver; wasseranziehend, in Wasser leicht löslich; Lösung ist basisch.

↗ Verwendung S. 267

Natriumhydrogencarbonat (Natron) $NaHCO_3$

Weißes, kristallines Pulver; zersetzt sich beim Erhitzen:

$$2\,NaHCO_3 \longrightarrow Na_2CO_3 + H_2O + CO_2;$$

in Wasser etwas schwerer löslich als Natriumcarbonat; Lösung ist basisch.

Natriumnitrat (Natronsalpeter) $NaNO_3$

Farblose Kristalle, die an der Luft zerfließen; in Wasser löslich; gibt beim Erhitzen Sauerstoff ab:

$$2\,NaNO_3 \longrightarrow 2\,NaNO_2 + O_2$$

Natriumchlorid (Kochsalz) $NaCl$

Farblose, würfelförmige Kristalle, die sich nach Würfelflächen spalten lassen; in Wasser fast unabhängig von der Temperatur leicht löslich.

↗ Struktur S. 54; Verwendung S. 245

Kalium K

Silberweißes, weiches Metall; reagiert heftig mit Sauerstoff; oxydiert daher an der Luft sehr schnell; Aufbewahrung unter Petroleum; reagiert sehr heftig mit Wasser unter Bildung von Wasserstoff und Kaliumhydroxid; entstehender Wasserstoff wird durch die frei werdende Wärme entzündet.

Kaliumhydroxid (Ätzkali) KOH

Weißer, kristalliner Stoff; wasseranziehend, zerfließt an der Luft; stark ätzend; leicht löslich in Wasser unter starker Wärmeabgabe; Lösung: Kalilauge.

Kaliumcarbonat (Pottasche) K_2CO_3

Weißes Pulver; wasseranziehend, in Wasser leicht löslich; Lösung ist basisch.

Kaliumnitrat (Kalisalpeter) KNO_3

Farblose Kristalle oder kristallines Pulver; in Wasser leicht löslich; gibt beim Erhitzen leicht Sauerstoff ab, wobei Kaliumnitrit entsteht; im Gemisch mit brennbaren Stoffen explosiv.

149

Kaliumchromat K_2CrO_4

Gelbe Kristalle; in Wasser leicht löslich; Lösung wirkt stark oxydierend:

$$CrO_4^{2-} + 8\,H^+ + 3\,e^- \rightleftharpoons Cr^{3+} + 4\,H_2O;$$

in angesäuerter Lösung schlägt die gelbe Farbe durch Bildung von Dichromat-Ionen nach Orange um:

$$2\,CrO_4^{2-} + 2\,H^+ \rightleftharpoons Cr_2O_7^{2-} + H_2O$$

Kaliumdichromat $K_2Cr_2O_7$

Orangerote Kristalle; in Wasser leicht löslich; wirkt in angesäuerter Lösung stark oxydierend:

$$Cr_2O_7^{2-} + 14\,H^+ + 6\,e^- \longrightarrow 2\,Cr^{3+} + 7\,H_2O;$$

Lösung ist sauer infolge teilweiser Bildung von Chromat-Ionen:

$$Cr_2O_7^{2-} + H_2O \rightleftharpoons 2\,CrO_4^{2-} + 2\,H^+$$

Kaliumpermanganat $KMnO_4$

Metallisch glänzende, tiefviolette Kristalle; in Wasser mit intensiver violetter Farbe leicht löslich; starkes Oxydationsmittel; wird in neutraler, schwach basischer oder schwach saurer Lösung zu Mangan(IV)-oxid, in saurer Lösung zu Mangan(II)-Salz reduziert:

$$MnO_4^- + 4\,H^+ + 3\,e^- \rightleftharpoons MnO_2 + 2\,H_2O$$

$$MnO_4^- + 8\,H^+ + 5\,e^- \rightleftharpoons Mn^{2+} + 4\,H_2O$$

Kaliumsulfat K_2SO_4

Farblose bis weiße Kristalle, luftbeständig; in Wasser löslich; bildet mit Salzen dreiwertiger Metalle Doppelsalze, die Alaune: z. B. Kaliumaluminiumalaun $K\,Al(SO_4)_2 \cdot 12\,H_2O$.

Kaliumchlorat $KClO_3$

Farblose, glänzende, blättrige oder tafelförmige Kristalle; luftbeständig; in kaltem Wasser schwer löslich; Löslichkeit nimmt mit steigender Temperatur stark zu; zerfällt beim Erwärmen lebhaft unter Sauerstoffabgabe; Zerfall kann schon durch Stoß, Schlag oder Reiben explosionsartig erfolgen; Reaktionen von Kaliumchlorat mit zahlreichen Stoffen, z. B. mit Phosphor, Schwefel, Kohle, Magnesium, verlaufen explosiv.

Kaliumiodid KI

Farblose, glänzende oder weiße würfelförmige Kristalle; luftbeständig; in Wasser unter starker Abkühlung; leicht löslich.

5.3. II. Hauptgruppe des Periodensystems

Übersicht über die Erdalkalimetalle

Name Elementsymbol	Beryllium Be	Magnesium Mg	Calcium Ca	Strontium Sr	Barium Ba
Molare Masse in $g \cdot mol^{-1}$	9,01	24,31	40,08	87,62	137,33
Dichte ϱ in $g \cdot cm^{-3}$	1,86	1,74	1,54	2,67	3,50
Schmelztemperatur t_s in °C	1 280	650	838	770	714
Siedetemperatur t_v in °C	2 480	1 110	1 490	1 380	1 640
Reaktion mit Sauerstoff	zunehmend →				
Hydroxid	Be(OH)$_2$	Mg(OH)$_2$	Ca(OH)$_2$	Sr(OH)$_2$	Ba(OH)$_2$
Basische Eigenschaften der Oxide	zunehmend →				
Elektronegativitätswert	1,5	1,2	1,0	1,0	0,9
Oxydationszahlen in Mehrelementverbindungen	+2	+2	+2	+2	+2

Zu den Erdalkalimetallen zählt außerdem das Element Radium Ra.

Magnesium Mg

Silberweißes, glänzendes Metall; in trockener Luft fast unveränderlich; verbrennt mit weißer, sehr heller Lichterscheinung zu Magnesiumoxid; reagiert mit Säuren unter Bildung von Wasserstoff und Salzen.

Magnesiumoxid MgO

Weißes, lockeres Pulver; reagiert mit Wasser langsam zu Magnesiumhydroxid; zieht aus der Luft Wasser und Kohlendioxid an.

Magnesiumsulfat (Bittersalz) $MgSO_4 \cdot 7\,H_2O$

Farbloses bis weißes, kristallines Pulver; in Wasser leicht löslich; bitter-salziger Geschmack.

Calcium Ca

Silberweißes, weiches Metall; reagiert heftig mit Sauerstoff; oxydiert an der Luft; Aufbewahrung unter Petroleum oder Paraffinöl; reagiert mit Wasser schneller als Magnesium, aber langsamer als die Alkalimetalle:

$$Ca + 2\,H_2O \longrightarrow Ca^{2+} + 2\,OH^- + H_2$$

Calciumoxid (Branntkalk) CaO

Weißer, stückiger Stoff oder weißes Pulver; reagiert unter starker Wärmeabgabe mit Wasser zu Calciumhydroxid.

↗ Herstellung S. 260; Verwendung S. 266

Calciumhydroxid (Ätzkalk, Löschkalk) $Ca(OH)_2$

Weißes Pulver; ätzend; in Wasser löslich; Lösung: Kalkwasser; Aufschlämmung: Kalkmilch.

↗ Herstellung S. 260

Calciumcarbonat (Kalkstein) $CaCO_3$

Weißes Pulver oder kristalliner Stoff (Calcit, Marmor); in Wasser schwer löslich; zersetzt sich beim Erhitzen (Kalkbrennen).

↗ Verwendung S. 245

Calciumcarbid CaC_2

Rein ein farbloser kristalliner Stoff; reagiert mit Wasser heftig und unter starker Wärmeabgabe:

$$CaC_2 + 2\,H_2O \longrightarrow C_2H_2 + Ca(OH)_2 \qquad \Delta_R H = -142{,}4\,kJ \cdot mol^{-1}$$

↗ Herstellung S. 263; Verwendung S. 269

Calciumsulfat (Gips) $CaSO_4 \cdot 2\,H_2O$

Weißes, kristallines Pulver; in Wasser schwer löslich; beim vorsichtigen Erhitzen entsteht gebrannter Gips ($CaSO_4 \cdot \frac{1}{2}\,H_2O$), der mit Wasser unter Volumenvergrößerung erhärtet; beim Erhitzen auf 500 ··· 600 °C wird Gips wasserfrei (Anhydrit) und erhärtet mit Wasser nicht mehr.

↗ Verwendung S. 245

5.4. III. Hauptgruppe des Periodensystems

Übersicht über die Borgruppe

Name	Bor	Alumi- nium	Gallium	In- dium	Thallium
Elementsymbol	B	Al	Ga	In	Tl
Molare Masse in $g \cdot mol^{-1}$	10,81	26,98	69,72	114,82	204,37
Dichte ϱ in $g \cdot cm^{-3}$	2,33	2,70	5,91	7,31	11,85
Schmelztemperatur t_s in °C	2 400	660	29,8	156,2	303
Siedetemperatur t_v in °C	3 900	2 450	2 400	2 000	1 460
Oxid	B_2O_3	Al_2O_3	Ga_2O_3	In_2O_3	Tl_2O_3
Basische Eigenschaften der Oxide	zunehmend →				
Elektronegativitätswert	2,0	1,5	1,6	1,7	1,8
Oxydationszahlen in Mehrelement- verbindungen	+3	+3 +2 +1	+3 +2 +1	+3 +2 +1	+3 +1

Aluminium Al

Silberweißes Metall; gute elektrische Leitfähigkeit; dehnbar, geringe Festigkeit; oxydiert an der Luft; Oxidschicht schützt jedoch vor weiterer Oxydation; von der Oxidschicht befreites Aluminium reagiert mit starken Säuren und auch mit starken Basen unter Salzbildung.

↗ Herstellung S. 256; Verwendung S. 268

Aluminiumoxid Al_2O_3

Weißes Pulver, in Wasser schwer löslich; reagiert mit starken Säuren und auch mit starken Basen unter Salzbildung; stark geglüht reagiert es mit Säuren nicht.

↗ Bauxit S. 245

Aluminiumhydroxid $Al(OH)_3$

Kann aus Lösungen als voluminöser, gallertartiger Niederschlag ausgefällt werden; reagiert mit starken Säuren und mit starken Basen unter Salzbildung.

↗ Amphoterie S. 89; Komplexverbindung S. 9

5.5. IV. Hauptgruppe des Periodensystems

Übersicht über die Kohlenstoffgruppe

Name Elementsymbol	Kohlen- stoff **C**	Silicium **Si**	Germa- nium **Ge**	Zinn **Sn**	Blei **Pb**
Molare Masse in $g \cdot mol^{-1}$	12,01	28,09	72,59	118,69	207,19
Dichte ϱ in $g \cdot cm^{-3}$	Dia- mant 3,51 Gra- phit 2,26	2,33	5,33	7,30	11,34
Schmelztemperatur t_s in °C	Dia- mant 3 540 Gra- phit 3 730	1 410	937	232	327
Siedetemperatur t_v in °C	4 830	2 680	2 830	2 270	1 740
Dioxid	CO_2	SiO_2	GeO_2	SnO_2	PbO_2
Saure Eigenschaften der Oxide	zunehmend ←				
Elektronegativitätswert	2,5	1,8	1,8	1,8	1,8
Oxydationszahlen in Mehrelementverbindungen	+4 —4 +2	+4 —4 +2	+4 —4 +2	+4 —4 +2	+4 —4 +2

Kohlenstoff C

Diamant: farblose bis dunkle, stark lichtbrechende und glänzende Kristalle; härtester in der Natur vorkommender Stoff; spröde; gegen Säuren und Basen beständig; verbrennt in reinem Sauerstoff zu Kohlendioxid.

Graphit: schwarzgraue, schuppige Masse, die sich fettig anfühlt; sehr weich; färbt leicht ab; guter Leiter für Wärme und Elektrizität; hohe Temperaturbeständigkeit; beständig gegen die meisten Chemikalien; verbrennt in reinem Sauerstoff zu Kohlendioxid.
Beim Verbrennen kohlenstoffreicher Substanzen unter ungenügendem Luftzutritt entsteht **Ruß** (mikroskopisch kleine Graphitkristalle).

↗ Modifikationen S. 52

Kohlenmonoxid CO

Farbloses, geruchloses Gas; geringere Dichte als Luft ($\varrho = 1{,}25$ g $\cdot$ l^{-1}), in Wasser wenig löslich; gefährliches Atemgift; verbrennt zu Kohlendioxid:

$$2\,CO + O_2 \longrightarrow 2\,CO_2$$

↗ Herstellung S. 261; Verwendung S. 272

Kohlendioxid CO$_2$

Farbloses, geruchloses Gas; größere Dichte als Luft ($\varrho = 1{,}977$ g $\cdot$ l^{-1}); nicht brennbar, unterhält die Verbrennung nicht, wirkt erstickend; in Wasser löslich, dabei teilweise Reaktion mit Wasser zu Kohlensäure; läßt sich unter Druck zu farbloser Flüssigkeit verdichten; flüssiges Kohlendioxid wird bei starker Abkühlung fest („Trockeneis"); läßt sich durch Kohlenstoff zu Kohlenmonoxid reduzieren.

↗ Nachweis S. 239

Kohlensäure H$_2$CO$_3$

Existiert nur in wäßriger Lösung; leichtzersetzliche Säure; bildet Salze: **Carbonate**; wird von schwerer flüchtigen Säuren aus ihren Salzen verdrängt; zerfällt beim Erhitzen.

Kohlendisulfid (Schwefelkohlenstoff) CS$_2$

Farblose, stark lichtbrechende Flüssigkeit; in reinem Zustand aromatisch riechend, beim Aufbewahren am Licht jedoch äußerst unangenehmer Geruch; starkes Nervengift; verdunstet sehr leicht (Siedetemperatur $t_s = 46\,^\circ$C); feuergefährlich; in Wasser wenig löslich; mischbar mit den meisten organischen Lösungsmitteln; verbrennt unter Wärmeentwicklung:

$$CS_2 + 3\,O_2 \longrightarrow CO_2 + 2\,SO_2 \,;$$

Kohlendisulfid–Luft-Gemische setzen sich explosionsartig um.

Silicium Si

Braunes Pulver oder dunkelgraue, sehr harte Kristalle; reagiert mit anderen Elementen erst bei hohen Temperaturen; beständig gegen Säuren, reagiert aber mit starken Basen unter Bildung von Silicaten und Wasserstoff.

Siliciumdioxid (Quarz) SiO$_2$

Weißer, kristalliner Stoff, auch als gut ausgebildete farblose Kristalle vorkommend (Bergkristall); große Härte; beständig gegen Säuren, reagiert nur mit Fluorwasserstoff; reagiert mit Alkalimetallhydroxiden unter Bildung von Silicaten und Wasser.

↗ Verwendung S. 245

Zinn Sn

Silberweißes, glänzendes Metall; geringe Härte, große Dehnbarkeit; beim Biegen knirschendes Geräusch (Zinnschrei); bei Zimmertemperatur gegen Luft und Wasser beständig; verbrennt bei starkem Erhitzen mit intensiv weißem Licht zu Zinn(IV)-oxid SnO_2; reagiert mit starken verdünnten Säuren zu Salzen und Wasserstoff; reagiert in der Wärme mit Hydroxidlösungen zu Salzen der Zinnsäure, den **Stannaten**, und Wasserstoff.

↗ Verwendung S. 268

Zinn(II)-chlorid $SnCl_2 \cdot 2\,H_2O$

Kleine, weiße, meist etwas feuchte Kristalle; in Wasser leicht löslich; starkes Reduktionsmittel.

Blei Pb

Bläulichweißes, glänzendes Metall, an der Luft infolge Oxydation grau; geringe Härte, große Dehnbarkeit; beim Erhitzen an der Luft Oxydation zu Blei(II)oxid; beständig gegenüber Chlorwasserstoffsäure und Schwefelsäure, da die zunächst gebildeten Salze eine Schutzschicht bilden; reagiert mit Salpetersäure zu Blei(II)-nitrat.

↗ Nachweis von Blei(II)-Ionen S. 239; Verwendung S. 268

Blei(II)-oxid PbO

Gelbes bis rotgelbes, kristallines Pulver; in Wasser schwerlöslich; hohe Dichte ($\varrho = 9,6\,\text{g} \cdot \text{cm}^{-3}$); reagiert mit Basen und verdünnten Säuren unter Bildung von Salzen.

Blei(II,IV)-oxid (Mennige) Pb_3O_4

Rotes, kristallines Pulver; in Wasser unlöslich; hohe Dichte ($\varrho = 9,1\,\text{g} \cdot \text{cm}^{-3}$); reagiert mit Chlorwasserstoffsäure, wobei Chlor frei wird.

Blei(II)-nitrat $Pb(NO_3)_2$

Farblose bis weiße Kristalle; lichtbeständig, in Wasser leicht löslich; hohe Dichte ($\varrho = 4,5\,\text{g} \cdot \text{cm}^{-3}$); Kristalle zerspringen beim Erhitzen mit knisterndem Geräusch: Zerfall in Blei(II)-oxid und Stickstoffoxide.

Blei(II)-sulfat $PbSO_4$

Weißes Pulver; in Wasser unlöslich; hohe Dichte ($\varrho = 6,35\,\text{g} \cdot \text{cm}^{-3}$); reagiert leicht mit starken Hydroxidlösungen.

5.6. V. Hauptgruppe des Periodensystems

Übersicht über die Stickstoffgruppe

Name Elementsymbol	Stickstoff N	Phosphor P	Arsen As	Antimon Sb	Bismut Bi
Molare Masse in $g \cdot mol^{-1}$	14,007 N_2: 28,013	30,97	74,92	121,75	208,98
Dichte ϱ in $g \cdot cm^{-3}$	0,001 25	weiß 1,82 rot 2,35	grau 5,72 gelb 2,03	grau 6,68 gelb (unbest.)	9,79
Schmelz- temperatur t_s in °C	—210	weiß 44,1 rot 590	grau 817 bei 36 at	grau 630	271
Siedetemperatur t_v in °C	—195,8	weiß 280 rot sub- limiert bei 417	grau subli- miert bei 613	grau 1 636	1 560
Pentoxid	N_2O_5 stark sauer	P_4O_{10} sauer	As_2O_5 sauer	Sb_2O_5 schwach sauer	Bi_2O_5 basisch
Säure	HNO_3	H_3PO_4	H_3AsO_4		
Saure Eigenschaften der Oxide	zunehmend ←				
Elektronegativi- tätswert	3,0	2,1	2,0	1,9	1,9
Oxydations- zahlen in Mehr- elementver- bindungen	+5 +4 +1 —3 +2 —2 +1 —1	+5 +4 +3 —3 —2 +1	+5 +3 —3	+5 +4 +3 —3	+5 +3 —3 +2

Distickstoff N₂

Farbloses, geruchloses Gas; etwas geringere Dichte als Luft; nicht brennbar, unterhält die Verbrennung nicht; in Wasser wenig löslich; im Normzustand sehr reaktionsträge; reagiert erst bei hohem Druck und erhöhter Temperatur mit Wasserstoff zu Ammoniak:

$$N_2 + 3\,H_2 \rightleftharpoons 2\,NH_3 \qquad \Delta_R H = -92,1\ kJ \cdot mol^{-1}\ ;$$

Stickstoff läßt sich erst bei sehr hohen Temperaturen oxydieren.

↗ Luft S. 248

Stickstoffmonoxid NO

Farbloses Gas, in Wasser wenig löslich; gefährliches Atemgift; brennt nicht, unterhält die Verbrennung nicht; reagiert an der Luft mit Sauerstoff sofort zu Stickstoffdioxid:

$$2\,NO + O_2 \longrightarrow 2\,NO_2 \qquad \Delta_R H = -113,9\ kJ \cdot mol^{-1}$$

Stickstoffdioxid NO₂

Rotbraunes Gas; reagiert mit Sauerstoff und Wasser zu Salpetersäure:

$$4\,NO_2 + O_2 + 2\,H_2O \longrightarrow 4\,HNO_3 \qquad \Delta_R H = -904,3\ kJ \cdot mol^{-1}$$

gefährliches Atemgift; löst sich in konzentrierter Salpetersäure (rote, rauchende Salpetersäure).

Salpetersäure HNO₃

Verdünnte Salpetersäure: farblose, geruchlose Flüssigkeit; reagiert mit unedlen Metallen unter Wasserstoffentwicklung; bildet Salze: **Nitrate**.

↗ Nachweis von Nitrat-Ionen S. 240

Konzentrierte Salpetersäure: farblose Flüssigkeit; zerfällt unter Lichteinwirkung bereits bei Zimmertemperatur:

$$4\,HNO_3 \longrightarrow 2\,H_2O + 4\,NO_2 + O_2 \qquad \Delta_R H = +904,3\ kJ \cdot mol^{-1}$$

dabei gebildetes Stickstoffdioxid bleibt gelöst und färbt die Säure gelb bis rot; starkes Oxidationsmittel; entzündet leichtentflammbare Stoffe; reagiert infolge Oxidationswirkung auch mit edleren Metallen unter Entwicklung von Stickstoffmonoxid.

$$3\,Cu + 2\,HNO_3 \longrightarrow 3\,CuO + H_2O + 2\,NO$$

$$CuO + 2\,HNO_3 \longrightarrow Cu(NO_3)_2 + H_2O\ ;$$

reagiert mit Eiweißen unter Gelbfärbung (Xanthoproteinreaktion).

↗ Verwendung S. 266

Ammoniak NH_3

Farbloses, stechend riechendes Gas; brennt in Sauerstoff:

$$4\,NH_3 + 3\,O_2 \longrightarrow 2\,N_2 + 6\,H_2O \qquad \Delta_R H = -1\,532,4\;kJ \cdot mol^{-1}\;;$$

läßt sich katalytisch zu Stickstoffmonoxid und Wasser oxydieren:

$$4\,NH_3 + 5\,O_2 \xrightarrow{\text{Kat.}} 4\,NO + 6\,H_2O \qquad \Delta_R H = -906,9\;kJ \cdot mol^{-1}\;;$$

in Wasser leicht löslich, reagiert dabei teilweise mit Wasser:

$$NH_3 + H_2O \rightleftharpoons NH_4^+ + OH^-\;;$$

Lösung heißt **Ammoniakwasser**.
Ammoniak und Ammoniakwasser reagieren mit Säuren unter Salzbildung: **Ammoniumsalze**.

↗ Herstellung S. 259; Verwendung S. 266; Nachweis S. 241

Ammoniumsulfat $(NH_4)_2SO_4$

Farblose Kristalle; in Wasser leicht löslich (unter Abkühlung);
wird beim Erhitzen in Ammoniumhydrogensulfat und Ammoniak zersetzt:

$$(NH_4)_2SO_4 \longrightarrow NH_4HSO_4 + NH_3$$

Ammoniumchlorid (Salmiak) NH_4Cl

Weißer, kristalliner Stoff; in Wasser leicht löslich; zerfällt beim Erhitzen:

$$NH_4Cl \longrightarrow NH_3 + HCl\;;$$

reagiert mit schwerer flüchtigen Basen:

$$NH_4^+ + OH^- \rightleftharpoons NH_3 + H_2O$$

Ammoniumnitrat (Ammonsalpeter) NH_4NO_3

Farblose Kristalle oder weißes, kristallines Pulver; an der Luft zerfließend mit anschließendem Erhärten; in Wasser leicht löslich (unter starker Abkühlung); zersetzt sich bei etwa 200 °C; bei Anwesenheit organischer Stoffe kann explosionsartiger Zerfall eintreten.

Phosphor P

Weißer Phosphor: Weiße bis gelbliche Kristalle (Bildung tetraedrischer P_4-Moleküle); bei Zimmertemperatur wachsweich; in Wasser schwer löslich, leicht löslich in Kohlendisulfid; reagiert heftig mit Sauerstoff; entzündet sich bei 50 °C, in feinverteilter Form bereits bei Zimmertemperatur; entwickelt an der Luft weißen Rauch (Phosphoroxide), leuchtet im Dunkeln; stark giftig, wirkt ätzend; wandelt sich unter Lichteinwirkung langsam in die rote Modifikation um; wird abgedunkelt unter Wasser aufbewahrt.

Roter Phosphor: dunkelrotes Pulver (Polymerisationsprodukt des weißen Phosphors); schwer löslich in Wasser und Kohlendisulfid; weniger reaktionsfähig als weißer Phosphor; entzündet sich erst oberhalb 400 °C; leuchtet im Dunkeln nicht; ist giftig, weil häufig mit weißem Phosphor verunreinigt.

↗ Modifikationen S. 52

Phosphor(V)-oxid P_4O_{10}

Weißes, lockeres, stark wasseranziehendes Pulver; reagiert heftig unter Zischen mit Wasser:

$$P_4O_{10} + 6\,H_2O \longrightarrow 4\,H_3PO_4$$

Phosphorsäure H_3PO_4

Farblose, wasseranziehende Kristalle, in Wasser sehr leicht löslich; Lösungen je nach Konzentration dünnflüssig bis sirupartig; reagiert durch Protolyse mit Wasser:

$$H_3PO_4 + H_2O \rightleftarrows H_3O^+ + H_2PO_4^-$$

$$H_2PO_4^- + H_2O \rightleftarrows H_3O^+ + HPO_4^{2-}$$

$$HPO_4^{2-} + H_2O \rightleftarrows H_3O^+ + PO_4^{3-}$$

bildet Salze: **Phosphate.**

Arsen As

Graues Arsen: stahlgrauer, metallisch glänzender, blättriger kristalliner Stoff; geringe elektrische Leitfähigkeit; sehr spröde; an trockener Luft beständig, wird an feuchter Luft zu Arsentrioxid oxidiert.

Gelbes Arsen: kristalline Masse; knoblauchartiger Geruch; giftig; in Kohlendisulfid leicht löslich; unbeständig, geht am Licht oder beim Erwärmen in die graue Modifikation über.

↗ Modifikationen S. 52

Bismut (Wismut) Bi

Rötlichweißes, glänzendes Metall; geringe Härte; spröde; wird beim Erhitzen an der Luft zu Bismut(III)-oxid oxidiert.

5.7. VI. Hauptgruppe des Periodensystems

Übersicht über die Chalkogene

Name Elementsymbol	Sauerstoff O	Schwefel S	Selen Se	Tellur Te	Polonium Po
Molare Masse in $g \cdot mol^{-1}$	15,999 O_2 : 31,998	32,06	78,96	127,60	209
Dichte ϱ in $g \cdot cm^{-3}$	0,001 4	rhombisch 2,07 monoklin 1,96	grau 4,79 rot 4,47	6,25	9,4
Schmelz- temperatur t_s in °C	—219	113	218	450	254
Siedetemperatur t_v in °C	—183	445	685	1 390	962
Dioxid	—	SO_2	SeO_2	TeO_2	
Säure	—	H_2SO_3	H_2SeO_3	H_2TeO_3	
Trioxid	—	SO_3	SeO_3	TeO_3	
Säure	—	H_2SO_4	H_2SeO_4	H_6TeO_6	
Saure Eigen- schaften der Oxide		zunehmend ←			
Elektronegativi- tätswert	3,5	2,5	2,4	2,1	2,0
Oxidationszahlen in Mehrelement- verbindungen	+2 —2 +1 —1	+6 +5 +4 +3 +2 —2	+6 +4 +2 —2	+6 +4 +2 —2	+4 +2

Disauerstoff O_2

Farbloses, geruchloses, geschmackfreies Gas; etwas größere Dichte als Luft; in Wasser wenig löslich; brennt nicht, unterhält aber die Verbrennung und verbindet sich dabei mit dem brennenden Stoff (Oxydationsmittel).

Trisauerstoff (Ozon) O_3

Blaues Gas mit charakteristischem Geruch; flüssig tief violettblau, fest schwarz; in Wasser wenig löslich; zerfällt sehr leicht unter Bildung von Disauerstoff (konzentriertes Ozon explosionsartig):

$$2\,O_3 \longrightarrow 3\,O_2\;;$$

sehr starkes Oxydationsmittel.

Schwefel S_8

Gelber kristalliner Stoff; geringe Härte, spröde, in Wasser praktisch unlöslich, in Kohlendisulfid leicht löslich; verbrennt mit blauer Flamme zu Schwefeldioxid; verbindet sich in der Wärme mit Metallen zu Sulfiden, mit Wasserstoff zu Schwefelwasserstoff; tritt in mehreren temperaturabhängigen Modifikationen auf:

$$\alpha\text{-Schwefel} \underset{95{,}6\,°C}{\rightleftharpoons} \beta\text{-Schwefel} \underset{119\,°C}{\rightleftharpoons} \lambda\text{-Schwefel} \underset{400\,°C}{\rightleftharpoons}$$

gelb	gelb	gelb
rhombisch	monoklin	leichtflüssig
S_8	S_8	S_8

$$\mu\text{-Schwefel} \underset{444{,}6\,°C}{\rightleftharpoons} \text{Schwefeldampf}$$

braun	gelb, rot
zähflüssig	bis purpur
Makromoleküle	S_8 bis S_2

↗ Moleküle S. 40; Verwendung S. 266

Schwefelwasserstoff H_2S

Farbloses, unangenehm riechendes Gas; sehr gefährliches Atemgift; in Wasser löslich, dabei Bildung der mittelstarken Schwefelwasserstoffsäure:

$$H_2S + H_2O \rightleftharpoons H_3O^+ + HS^-$$
$$HS^- + H_2O \rightleftharpoons H_3O^+ + S^{2-}$$

reagiert mit Schwermetallsalzlösungen unter Bildung schwer löslicher Salze: **Sulfide**; verbrennt an der Luft mit bläulicher Flamme

$$2\,H_2S + 3\,O_2 \longrightarrow 2\,H_2O + 2\,SO_2$$

Schwefeldioxid SO_2

Farbloses, stechend riechendes Gas (Dichte $\varrho = 2{,}926$ g $\cdot$ l^{-1}); Atemgift; nicht brennbar, unterhält die Verbrennung nicht; verbindet sich mit Sauerstoff nur katalytisch zu Schwefeltrioxid:

$$2\,SO_2 + O_2 \underset{\text{Kat.}}{\rightleftharpoons} 2\,SO_3 \qquad\qquad \Delta_R H = -189{,}2\ \text{kJ}\cdot\text{mol}^{-1}$$

in Wasser löslich, dabei teilweise Reaktion zu schwefliger Säure:

$$H_2O + SO_2 \rightleftharpoons H_2SO_3\;;$$

reagiert mit Metalloxiden oder Hydroxiden unter Bildung von Sulfiten.

↗ Herstellung S. 257

Schwefeltrioxid SO_3

Farblose Nadeln, die bereits bei etwa 17 °C schmelzen; reagiert mit Wasser sehr heftig unter großer Wärmeentwicklung zu Schwefelsäure; bildet an der Luft dichte, weiße Nebel, die sich schwer in Wasser lösen und dabei nur langsam Schwefelsäure bilden; gut löslich in konzentrierter Schwefelsäure:

$$H_2SO_4 + SO_3 \longrightarrow H_2S_2O_7$$

$$H_2S_2O_7 + H_2O \longrightarrow H_2SO_4$$

↗ Herstellung S. 258

Schweflige Säure H_2SO_3

Existiert nur in wäßriger Lösung; farblose Flüssigkeit; stechender Geruch nach Schwefeldioxid; mittelstarke Säure; zerfällt beim Erhitzen:

$$H_2SO_3 \rightleftharpoons H_2O + SO_2$$

bildet Salze: **Sulfite**.

Schwefelsäure H_2SO_4

Verdünnte Schwefelsäure: farblose, geruchlose Flüssigkeit; sehr starke Säure; reagiert durch Protolyse mit Wasser:

$$H_2SO_4 + H_2O \rightleftharpoons H_3O^+ + HSO_4^-$$

$$HSO_4^- + H_2O \rightleftharpoons H_3O^+ + SO_4^{2-}$$

reagiert mit unedlen Metallen unter Wasserstoffentwicklung; bildet Salze: **Sulfate**.

Konzentrierte Schwefelsäure: farblose, geruchlose, ölige Flüssigkeit; Dichte $\varrho = 1,84 \text{ g} \cdot \text{cm}^{-3}$; stark ätzend; stark wasseranziehend, mischt sich mit Wasser unter starker Wärmeentwicklung (Säure in Wasser gießen!) setzt sich infolge Oxydationswirkung auch mit edleren Metallen zu Sulfaten um.

↗ Nachweis von Sulfat-Ionen S. 239; Herstellung S. 258; Verwendung S. 266

Selen Se

Graues Selen: grauschwarzer, kristalliner Stoff (Metallkristall); praktisch unlöslich in Kohlendisulfid; geringe elektrische Leitfähigkeit, die bei Belichtung zunimmt (Selenzelle).

Rotes Selen: roter, kristalliner Stoff (Se_8-Moleküle) oder amorph; löslich in Kohlendisulfid; wandelt sich oberhalb 100 °C in graues Selen um.

5.8. VII. Hauptgruppe des Periodensystems

Übersicht über die Halogene

Name Elementsymbol	Fluor F	Chlor Cl	Brom Br	Iod I
Molare Masse in $g \cdot mol^{-1}$	18,998 F_2: 37,996	35,45 Cl_2: 70,90	79,90 Br_2: 159,80	126,9 I_2: 253,80
Dichte ρ in $g \cdot cm^{-3}$	0,00169	0,00321	3,14	4,94
Schmelztemperatur t_s in °C	—220	—101	—7	114
Siedetemperatur t_v in °C	—188	—35	58,2	182,8
Elektronegativitätswert	4,0	3,0	2,8	2,5
Oxydationszahlen in Mehrelementverbindungen	—1	+7 +6 +5 +4 +3 +1 —1	+6 +5 +4 +1 —1	+7 +5 +1 —1
Reaktion mit Metallen	← zunehmend			
Reaktion mit Sauerstoff	← zunehmend			

Difluor F_2

Schwach grünlichgelbes Gas; stark stechender, durchdringender Geruch; starkes Atemgift; reaktionsfähigstes aller Elemente; reagiert mit Wasserstoff schon bei Zimmertemperatur (auch im Dunkeln) unter Entzündung oder heftiger Explosion:

$$H_2 + F_2 \longrightarrow 2\,HF \qquad\qquad \Delta_R H = -\,268,5\;kJ \cdot mol^{-1}\;;$$

reagiert heftig mit Wasserstoffverbindungen:

$$2\,H_2O + 2\,F_2 \longrightarrow O_2 + 4\,HF$$

$$2\,NH_3 + 3\,F_2 \longrightarrow N_2 + 6\,HF$$

Fluorwasserstoff HF

Farblose, leicht bewegliche, an der Luft stark rauchende Flüssigkeit; stark stechender Geruch; starkes Atemgift; leicht löslich in Wasser; in wäßriger Lösung starke Säure: **Flußsäure**; bildet Salze: **Fluoride**; wirkt auf Glas stark ätzend (Aufbewahrung in Kautschukflaschen).

Dichlor Cl$_2$

Gelbgrünes, stechend riechendes Gas; größere Dichte als Luft; nicht brennbar; starkes Atemgift; feucht wirkt es desinfizierend und bleichend; in Wasser leicht löslich; reagiert mit den meisten Elementen schon bei niedrigen Temperaturen unter starker Wärmeentwicklung und teilweise mit Feuererscheinungen; Chlor-Wasserstoff-Gemisch reagiert bei Einwirkung des Sonnenlichts explosionsartig (Chlorknallgas) zu Chlorwasserstoff:

$$H_2 + Cl_2 \longrightarrow 2\,HCl$$

↗ Verwendung S. 266

Chlorwasserstoff HCl

Farbloses, stechend riechendes Gas; Atemgift; stark wasseranziehend, bildet daher an der Luft Nebel; leicht löslich in Wasser; in wäßriger Lösung sehr starke Säure: Chlorwasserstoffsäure **(Salzsäure)**; bildet Salze: **Chloride.**

↗ Nachweis von Chlorid-Ionen S. 239

Dibrom Br$_2$

Dunkelbraune Flüssigkeit, entwickelt schon bei Zimmertemperatur rotbraune Dämpfe von unangenehmem, erstickend wirkendem Geruch; gefährliches Atemgift, wirkt stark ätzend; in Wasser weniger löslich als Chlor; reagiert mit den meisten Elementen, teilweise unter Feuererscheinung; verbindet sich mit Wasserstoff zu Bromwasserstoff.

Bromwasserstoff HBr

Farbloses, stechend riechendes Gas; giftig; stark wasseranziehend, bildet an der Luft Nebel; in wäßriger Lösung sehr starke Säure: **Bromwasserstoffsäure**; bildet Salze: **Bromide.**

Diiod I$_2$

Blauschwarze, metallisch glänzende Kristallplättchen; bildet beim Erhitzen violette, ätzende Dämpfe, die beim Abkühlen festes Iod bilden; giftig; in Wasser wenig löslich: **Iodwasser** (gelbe Färbung); in Ethanol löslich: **Iodtinktur** (braune Färbung); reagiert mit Wasserstoff zu Iodwasserstoff.

Iodwasserstoff HI

Farbloses Gas; giftig; stark wasseranziehend; bildet an der Luft Nebel; in Wasser löslich; in wäßriger Lösung sehr starke, jedoch leicht zersetzliche Säure: **Iodwasserstoffsäure**; bildet Salze: **Iodide.**

 **5|9**

5.9. VIII. Hauptgruppe des Periodensystems

Übersicht über die Edelgase

Name Elementsymbol	Helium He	Neon Ne	Argon Ar	Krypton Kr	Xenon Xe
Molare Masse in $g \cdot mol^{-1}$	4,003	20,18	39,95	83,80	131,30
Dichte ϱ in $g \cdot cm^{-3}$	0,000 18	0,000 9	0,001 78	0,003 7	0,005 89
Schmelztemperatur t_s in °C	—270	—249	—189	—157,2	—111,9
Siedetemperatur t_v in °C	—269	—246	—186	—153,2	—108,1

Zu den Edelgasen zählt außerdem das Element Radon Rn.

Helium He

Farbloses, geruchloses Gas; wesentlich geringere Dichte als Luft; außerordentliche Reaktionsträgheit (beruht auf der hohen Stabilität der abgeschlossenen Elektronenschale): keine Verbindungen bekannt.

5.10. Nebengruppen des Periodensystems

Übersicht über die Kupfergruppe

Name Elementsymbol	Kupfer Cu	Silber Ag	Gold Au
Molare Masse in $g \cdot mol^{-1}$	63,55	107,87	196,97
Dichte ϱ in $g \cdot cm^{-3}$	8,96	10,50	19,30
Schmelztemperatur t_s in °C	1 083	961,3	1 063
Siedetemperatur t_v in °C	2 600	2 210	2 970
Oxydationszahlen in Mehrelementverbindungen	+3 +2 +1	+3 +2 +1	+3 +1

Kupfer Cu

Rötliches bis gelbrotes Metall; verhältnismäßig weich, dabei zäh und dehnbar; sehr gute Leitfähigkeit für Wärme und Elektrizität; oxydiert an der Luft oberflächlich zu Kupfer(I)-oxid, beim Erhitzen zu Kupfer(II)-oxid; reagiert mit oxydierenden Säuren unter Bildung von Salzen.

↗ Struktur S. 54; Herstellung S. 257; Verwendung S. 268

Kupfer(II)-oxid CuO

Schwarzes Pulver; in Wasser praktisch unlöslich; beim Erhitzen an der Luft beständig; reagiert mit Säuren zu Kupfer(II)-Salzen.

Kupfer(II)-sulfat $CuSO_4 \cdot 5\,H_2O$

Blaue Kristalle, die Wasser enthalten; in Wasser löslich; wandelt sich beim Erhitzen in wasserfreies, weißes Pulver um; zerfällt bei starkem Erhitzen:

$$2\,CuSO_4 \longrightarrow 2\,CuO + 2\,SO_2 + O_2$$

↗ Nachweis S. 239

Silber Ag

Weißglänzendes Edelmetall; verhältnismäßig weich; äußerst dehnbar; sehr hohe Leitfähigkeit für Wärme und Elektrizität; gegen Luft, Wasser und nichtoxidierende Säuren beständig; reagiert mit Schwefel oder Schwefelwasserstoffverbindungen zu Silbersulfid, mit oxydierenden Säuren zu Silbersalzen.

↗ Verwendung S. 268

Silbernitrat $AgNO_3$

Farblose Kristalle; lichtempfindlich; in Wasser leicht löslich; ätzend (Höllenstein).

↗ Nachweis von Chlorid-Ionen S. 239

Silberchlorid AgCl

Weißer Stoff, in Wasser schwer löslich; reagiert mit Ammoniaklösungen zu löslichen Komplexverbindungen; wird an der Luft langsam zersetzt.

Gold Au

Gelbes, weiches Edelmetall; große Dehnbarkeit, gute Leitfähigkeit für Wärme und Elektrizität; beständig gegen Luft, Wasser und die meisten Chemikalien; reagiert mit starken Oxydationsmitteln, wie Chlorwasser und Königswasser, oder mit Komplexbildnern, wie Kaliumcyanidlösung.

Übersicht über die Zinkgruppe

Name Elementsymbol	Zink Zn	Cadmium Cd	Quecksilber Hg
Molare Masse in $g \cdot mol^{-1}$	65,38	112,41	200,59
Dichte ϱ in $g \cdot cm^{-3}$	7,14	8,65	13,53
Schmelztemperatur t_s in °C	419	321	—38,86
Siedetemperatur t_v in °C	906	765	356,7
Oxydationszahlen in Mehrelementverbindungen	+2	+2 +1	+2 +1

Zink Zn

Bläulichweißes Metall; geringe Härte; spröde, läßt sich jedoch zwischen 100 °C und 150 °C leicht walzen und ziehen; oberhalb 205 °C wiederum spröde; an der Luft beständig, da es sich mit einer dünnen Schutzschicht von Zinkoxid überzieht; verbrennt bei Siedetemperatur mit heller, bläulichweißer Flamme zu einem weißen Rauch von Zinkoxid; reagiert mit verdünnten Säuren unter Bildung von Salzen und Wasserstoff.

↗ Herstellung S. 257; Verwendung S. 268

Quecksilber Hg

Silberweiß, glänzend; einziges bei Zimmertemperatur flüssiges Metall; elektrische Leitfähigkeit gering; steigt jedoch unterhalb der Erstarrungstemperatur beträchtlich an; giftig; an der Luft beständig; reagiert mit den meisten verdünnten Säuren nicht, mit verdünnter Salpetersäure jedoch langsam, reagiert mit oxydierenden Säuren unter Salzbildung; reagiert mit Schwefel und Halogenen; bildet mit vielen Metallen Legierungen (Amalgame).

Quecksilber(II)-oxid HgO

Rotes, kristallines oder gelbes, mikrokristallines Pulver; schwer löslich in Wasser; Lösung ist schwach basisch; leicht reduzierbar; zerfällt beim Erhitzen über 400 °C in Quecksilber und Sauerstoff; reagiert mit Säuren unter Bildung von Salzen und Wasser.

Übersicht über die Chromiumgruppe

Name Elementsymbol	Chromium **Cr**	Molybdän **Mo**	Wolfram **W**
Molare Masse in g · mol^{-1}	51,996	95,94	183,85
Dichte ϱ in g · cm^{-3}	7,19	10,22	19,3
Schmelztemperatur t_s in °C	1 900	2 610	3 410
Siedetemperatur t_v in °C	2 642	5 560	5 930
Oxydationszahlen in Mehrelementverbindungen	+6 +5 +4 +3 +2 −2 +1 −1	+6 +5 +4 +3 +2 −2 +1	+6 +5 +4 +3 +2 −2 +1

Chromium (Chrom) Cr

Silberweißes bis stahlblaues Metall; sehr hart, zäh, dehnbar; beständig an der Luft und unter Wasser; reagiert langsam mit halbkonzentrierter Chlorwasserstoffsäure, Bromwasserstoffsäure und Schwefelsäure.

Übersicht über die Mangangruppe

Name Elementsymbol	Mangan **Mn**	Technetium **Tc**	Rhenium **Re**
Molare Masse in g · mol^{-1}	54,94	[97]	186,2
Dichte ϱ in g · cm^{-3}	7,43	11,49	20,04
Schmelztemperatur t_s in °C	1 250	2 100	3 180
Siedetemperatur t_v in °C	2 140	(4 600)	5 630
Oxydationszahlen in Mehrelementverbindungen	+7 +6 +5 +4 +3 −3 +2 −2 +1	+7 +6 +4 +3 −1	+7 +6 +5 +4 +3 +2 +1 −1

Mangan(IV)-oxid (Braunstein) MnO_2

Schwarzes Pulver; zerfällt oberhalb 530 °C; geht beim stärkeren Glühen in Mangan(II, III)-oxid Mn_3O_4 über; reagiert mit Säuren zu sehr unbeständigen Mangan(IV)-Salzen:

$$MnO_2 + 4\,HCl \longrightarrow MnCl_4 + 2\,H_2O;$$

mit Hydroxiden zu Salzen der manganigen Säure H_2MnO_3:

$$MnO_2 + Ca(OH)_2 \longrightarrow CaMnO_3 + H_2O$$

Übersicht über die Eisengruppe

Name Elementsymbol	Eisen Fe	Cobalt Co	Nickel Ni
Molare Masse in $g \cdot mol^{-1}$	55,85	58,93	58,70
Dichte ϱ in $g \cdot cm^{-3}$	7,86	8,90	8,90
Schmelztemperatur t_s in °C	1 540	1 490	1 450
Siedetemperatur t_v in °C	3 000	2 900	2 730
Oxidationszahlen in Mehrelementverbindungen	+6 +5 +4 +3 +2 —2 +1 —1	+4 +3 +2 +1 —1	+4 +3 +2 +1 —1

Eisen Fe

Silberweißes, glänzendes Metall; verhältnismäßig weich und zäh, dehnbar; stark ferromagnetisch; unedles Metall, rostet an feuchter Luft; zersetzt in der Wärme Wasserdampf; wird beim Glühen an der Luft zu Eisen(III)-oxid, in reinem Sauerstoff zu Eisen(II, III)-oxid oxidiert; reagiert mit verdünnten Säuren unter Bildung von Salzen und Wasserstoff.

↗ Herstellung S. 255; Verwendung S. 267; Rosten S. 99

Eisen(II)-sulfid FeS

Kristalline, metallglänzende bis graugelbe Masse; in Wasser schwer löslich; schmelzbar; reagiert mit Säuren unter Bildung von Salzen und Schwefelwasserstoff:

$$FeS + 2\,H^+ \longrightarrow Fe^{2+} + H_2S$$

6.1. Grundbegriffe der organischen Chemie

Übersicht über die organischen Verbindungen

Zu den organischen Verbindungen zählen alle Verbindungen des Kohlenstoffs mit Ausnahme der Oxide, der Kohlensäure und ihrer Salze, der Carbide sowie einiger anderer einfacher Verbindungen.

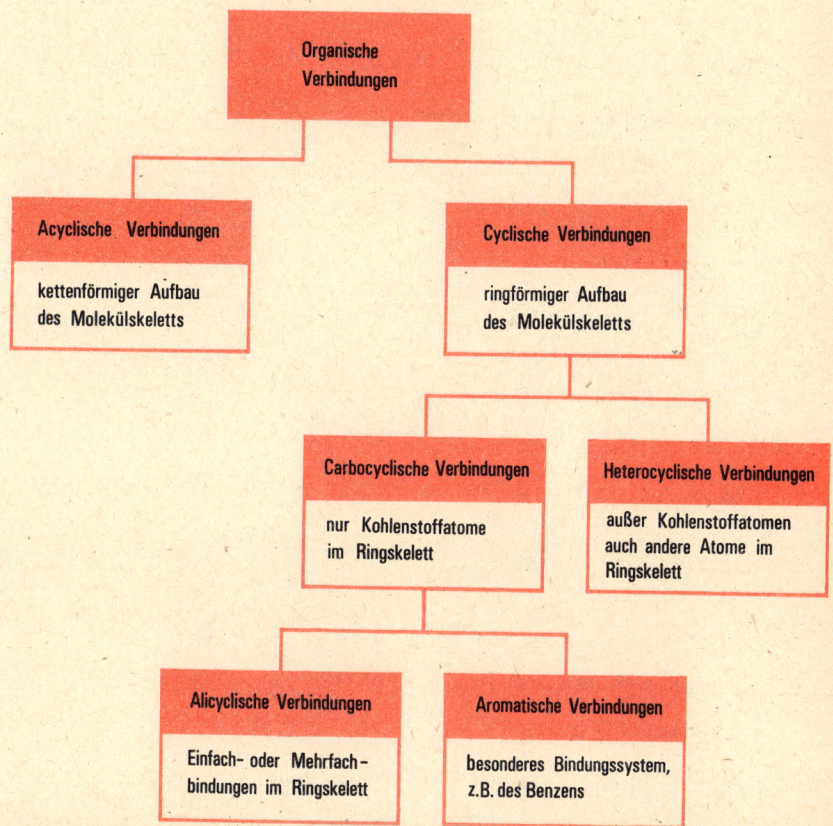

Acyclische (kettenförmige) Kohlenstoffverbindungen

Verbindungen, in deren Molekülen die Kohlenstoffatome kettenförmig miteinander verbunden sind:

■ **Unverzweigte Kette: Butan**

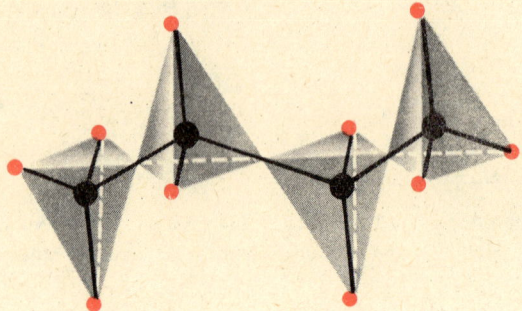

räumliche Anordnung der Atome im Molekül

Strukturformel

C_4H_{10}
Summenformel

■ **Verzweigte Kette: Methylpropan**

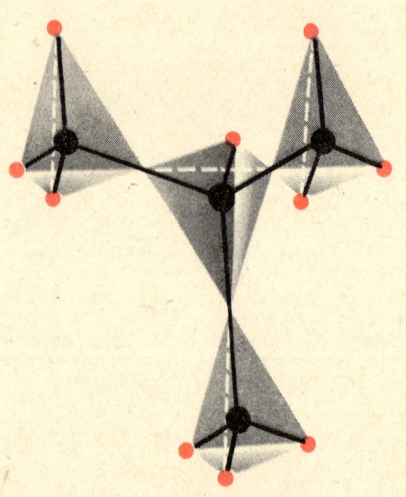

räumliche Anordnung der Atome im Molekül

Strukturformel

C_4H_{10}
Summenformel

↗ Namen S. 177

Cyclische (ringförmige) Kohlenstoffverbindungen

Verbindungen, in deren Molekülen Kohlenstoffatome und zum Teil auch andere Atome ringförmig miteinander verbunden sind:

alicyclisch	aromatisch	heterocyclisch
Cyclohexan	Benzen	Thiophen

Gesättigte Kohlenstoffverbindungen

Verbindungen, in deren Molekülen nur Einfachbindungen zwischen den Kohlenstoffatomen bestehen.

Propan   Ethanol   Butansäure

Ungesättigte Kohlenstoffverbindungen

Verbindungen, in deren Molekülen Mehrfachbindungen (Doppelbindung, Dreifachbindung) zwischen Kohlenstoffatomen oder Mehrfachbindungen und Einfachbindungen zwischen Kohlenstoffatomen bestehen.

Propen   Ethin   Buta-1,3-dien

↗ Bindungsmodelle zur Atombindung S. 44

Homologe Reihe

Reihe chemisch ähnlicher Verbindungen, bei der zwischen den Formeln zweier aufeinanderfolgender Verbindungen stets die gleiche Differenz CH_2 auftritt. Die chemischen Eigenschaften der Verbindungen einer homologen Reihe stimmen infolge der gemeinsamen Strukturmerkmale weitgehend überein. Die unterschiedliche Molekülgröße und die Struktur der Verbindungen einer homologen Reihe haben jedoch unterschiedliche physikalische Eigenschaften zur Folge. Die Verbindungen einer homologen Reihe heißen **Homologe**.

Homologe Reihe	1 Kohlenstoffatom	2 Kohlenstoffatome	3 Kohlenstoffatome
Alkane	CH_4 Methan	C_2H_6 Ethan	C_3H_8 Propan
Alkanole	CH_3OH Methanol	C_2H_5OH Ethanol	C_3H_7OH Propanol
Alkanale	$HCHO$ Methanal	CH_3CHO Ethanal	C_2H_5CHO Propanal
Alkansäuren	$HCOOH$ Methansäure	CH_3COOH Ethansäure	C_2H_5COOH Propansäure
Alkene	—	C_2H_4 Ethen	C_3H_6 Propen
Alkine	—	C_2H_2 Ethin	C_3H_4 Propin

Isomere Kohlenstoffverbindungen

Verbindungen mit gleicher Summenformel, die sich voneinander durch die Anordnung der Atome in den Molekülen unterscheiden. Die unterschiedliche Struktur der Moleküle bedingt auch unterschiedliche Eigenschaften der Verbindungen. Das Auftreten isomerer Verbindungen heißt **Isomerie**.

Unterschiedlicher Aufbau der Kohlenstoffkette: C_5H_{12}

$$CH_3-CH_2-CH_2-CH_2-CH_3$$

Pentan

$$CH_3-CH-CH_2-CH_3$$
$$| \\ CH_3$$

2-Methyl-butan

$$CH_3-\overset{CH_3}{\underset{CH_3}{C}}-CH_3$$

2,2-Dimethyl-propan

Unterschiedliche Lage von Mehrfachbindungen: C_5H_8

$CH_2=C=CH-CH_2-CH_3$ **kumulierte Doppelbindungen**
Penta-1,2-dien

$CH_2=CH-CH=CH-CH_3$ **konjugierte Doppelbindungen**
Penta-1,3-dien

$CH_2=CH-CH_2-CH=CH_2$ **isolierte Doppelbindungen**
Penta-1,4-dien

Unterschiedliche Mehrfachbindungen: C_4H_6

$CH_2=CH-CH=CH_2$ $CH\equiv C-CH_2-CH_3$
Buta-1,3-dien   But-1-in

■ **Unterschiedliche Stellung von Substituenten: $C_2H_4Br_2$, $C_6H_4(CH_3)_2$**

1,2-Dibrom-ethan   1,1-Dibrom-ethan

1,2-Dimethyl-benzen   1,3-Dimethyl-benzen   1,4-Dimethyl-benzen

↗ Struktur S. 50

Derivat

Verbindung, die sich von einer anderen Verbindung durch Substitution von gebundenen Atomen oder Atomgruppen durch andere Atome oder Atomgruppen ableitet. Dieser Austausch muß nicht unbedingt in einer chemischen Reaktion direkt realisierbar sein.

■ **Chlorderivate von Methan CH_4**

Chlormethan	CH_3Cl
Dichlormethan	CH_2Cl_2
Trichlormethan	$CHCl_3$
Tetrachlormethan	CCl_4

↗ Substitution S. 83

Funktionelle Gruppen

Atomgruppen in Molekülen, die weitgehend die chemischen Reaktionen von organischen Stoffen bestimmen.

■

Hydroxylgruppe	—OH	**Carboxylgruppe**	—COOH
Aldehydgruppe	—CHO	**Aminogruppe**	—NH_2
Oxogruppe	> CO	**Nitrogruppe**	—NO_2

Radikale

Atomgruppen, die ungepaarte Elektronen besitzen. Sie entstehen zum Beispiel durch Spaltung von Kohlenstoff-Kohlenstoff-Einfachbindungen in Molekülen und sind meist sehr instabil.
Radikale mit einem ungepaarten Elektron werden im Namen durch die Endung **yl** gekennzeichnet. Allgemeines Symbol: **·R**

Gebundene Radikale heißen **Reste**.

Alkyle: Radikale, die von Alkanmolekülen abgeleitet sind. Allgemeine Formel $\cdot C_nH_{2n+1}$

■

Methyl	$\cdot CH_3$	Methan	CH_4
Ethyl	$\cdot CH_2$—CH_3	Ethan	CH_3—CH_3
Propyl	$\cdot CH_2$—CH_2—CH_3	Propan	CH_3—CH_2—CH_3

6.2. Nomenklatur organischer Verbindungen

Systematische Namen nach den IUPAC-Regeln

Namen für organische Verbindungen, die nach den Regeln der IUPAC für den internationalen Gebrauch empfohlen werden; geben die Zusammensetzung und die Struktur der Verbindungen an. ↗ IUPAC-Regeln S. 139

Grundbestandteile der systematischen Namen sind folgende Angaben:
– Substituenten als Vorsilbe (Präfix);
– Anzahl der Kohlenstoffatome in der Hauptkette als Wortstamm:
– Bindungsverhältnisse in der Hauptkette als Endung;
– funktionelle Gruppe als Endung (Suffix).

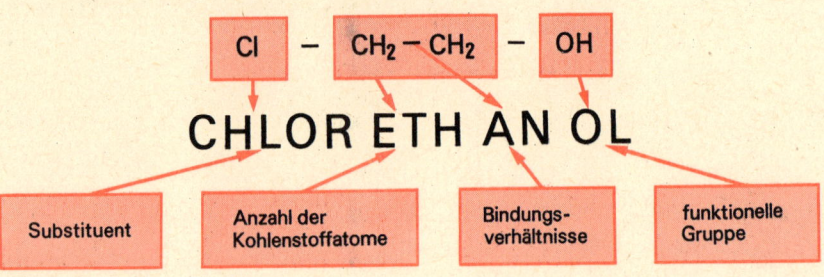

Die Anzahl von Substituenten und funktionellen Gruppen wird durch griechische Zahlwörter angegeben.

■ Di   für   2

Die Stellung von Substituenten, Mehrfachbindungen und funktionellen Gruppen wird durch arabische Ziffern angegeben.

■ 2   für   am zweiten Kohlenstoffatom

Trivialnamen

Historisch entstandene Namen; lassen in den meisten Fällen Zusammensetzung und Struktur der Verbindung nicht erkennen; werden in der Industrie und in der Wissenschaft häufig verwendet.

■ Anilin, Isopren, Chloroform

Vergleich von systematischen Namen und Trivialnamen

Vereinfachte Strukturformel	Systematischer Name		Trivialname
	IUPAC	bisher	

$CH_2=C-CH=CH_2$
       │
     CH_3
	2-Methyl-buta-1,3-dien	2-Methylbuta-dien-(1,3)	Isopren

⬡—NH_2	Aminobenzen	Aminobenzol	Anilin
$CH_2-CH-CH_2$ │ │ │ OH OH OH	Propan-1,2,3-triol	Propantriol-(1,2,3)	Glycerol, Glyzerin

Namen unverzweigter kettenförmiger Kohlenwasserstoffe

Die systematischen Namen unverzweigter kettenförmiger Kohlenwasserstoffe sind zusammengesetzt aus:

– einem Wortstamm, der die Anzahl der Kohlenstoffatome im Molekül angibt;

– arabischen Ziffern mit Bindestrichen, die die Stellung der Mehrfachbindungen angeben. (Die Kohlenstoffatome werden fortlaufend beziffert, beginnend an dem Ende der Kette, dem eine Mehrfachbindung am nächsten liegt.)

– einer Endung, die die Bindungen zwischen den Kohlenstoffatomen charakterisiert.

	Wortstamm (Anzahl der Kohlenstoffatome)	Stellung der Mehrfachbindungen	Endung (Bindungsverhältnisse)
Name der Verbindung	But	-1-	en
	But-1-en		
Angaben	unverzweigte Kette aus 4 Kohlenstoffatomen	Doppelbindung am 1. Kohlenstoffatom	ungesättigte Verbindung, 1 Doppelbindung

Strukturformel		H H H H
		   │ │ │ │
		 H—C=C—C—C—H
		        │ │
		        H H	

Wortstämme

Anzahl der Kohlenstoffatome in der Kette	Wortstamm	Anzahl der Kohlenstoffatome in der Kette	Wortstamm
1	Meth	11	Undec
2	Eth	12	Dodec
3	Prop	13	Tridec
4	But	14	Tetradec
5	Pent	15	Pentadec
6	Hex	16	Hexadec
7	Hept	17	Heptadec
8	Oct	18	Octadec
9	Non	19	Nonadec
10	Dec	20	Eikos

Endungen

Endung	Kennzeichen	Name der Reihe	■
an	gesättigt, Einfachbindungen zwischen Kohlenstoffatomen $-\overset{\vert}{\underset{\vert}{C}}-\overset{\vert}{\underset{\vert}{C}}-$	**Alkane**	$CH_3-CH_2-CH_3$ Propan
en	ungesättigt, 1 Doppelbindung zwischen zwei Kohlenstoffatomen $\overset{\diagup}{\diagdown}C=C\overset{\diagdown}{\diagup}$	**Alkene**	$CH_2=CH_2$ Ethen
(a)dien	ungesättigt, 2 Doppelbindungen zwischen je zwei Kohlenstoffatomen $C=C-C=C$	**Alkadiene**	$CH_2=CH-CH=CH_2$ Buta-1,3-dien
in	ungesättigt, 1 Dreifachbindung zwischen zwei Kohlenstoffatomen $-C\equiv C-$	**Alkine**	$CH\equiv C-CH_2-CH_2-CH_3$ Pent-1-in

Namen verzweigter kettenförmiger Kohlenwasserstoffe

Die systematischen Namen verzweigter kettenförmiger Kohlenwasserstoffe sind zusammengesetzt aus:

- arabischen Ziffern (mit Bindestrich), die die Stellung der Kohlenwasserstoffreste an den Seitenketten angeben;
- griechischen Zahlwörtern, die die Anzahl der Kohlenwasserstoffreste in den Seitenketten angeben;
- den Namen der Kohlenwasserstoffreste, die die Seitenketten bilden;
- den Namen des Kohlenwasserstoffs in der Hauptkette.

Als Hauptkette gilt bei gesättigten Verbindungen der unverzweigte Kohlenwasserstoff, der der längsten Kohlenstoffkette im Molekül entspricht, bei ungesättigten Verbindungen der unverzweigte Kohlenwasserstoff, der der Kette mit der größten Anzahl von Mehrfachbindungen entspricht.

$$CH_3-CH-CH_2-CH-CH_3$$
$$\quad\;\; CH_3 \qquad\quad CH_2$$
$$\qquad\qquad\qquad\quad CH_3$$

Hauptkette: Hexan

2,4-Dimethyl-hexan

$$CH_2=C-CH_2-CH_2-CH_2-CH_3$$
$$\quad\; CH=CH_2$$

Hauptkette: Buta-1,3-dien

2-Butyl-buta-1,3-dien

	Stellung der Kohlenwasserstoffreste	Anzahl der Kohlenwasserstoffreste	Namen der Kohlenwasserstoffreste, die Seitenketten bilden	Name des Kohlenwasserstoffs in der Hauptkette
Name der Verbindung	2,4-	Di	methyl-	pentan
	2,4-Dimethyl-pentan			
Angaben	1 Alkylrest am 2. Kohlenstoffatom; 1 Alkylrest am 4. Kohlenstoffatom	2	Methylreste	5 Kohlenstoffatome bilden im Molekül die längste Kohlenstoffkette
Vereinfachte Strukturformel	$$\overset{1}{C}H_3-\overset{2}{C}H-\overset{3}{C}H_2-\overset{4}{C}H-\overset{5}{C}H_3$$ $$\qquad\; CH_3 \qquad\quad CH_3$$			

Außer den systematischen Namen sind auch ältere Namen gebräuchlich:

Normalverbindungen (n-Verbindungen) bestehen aus unverzweigten Ketten.

■ CH_3—CH_2—CH_2—CH_2—CH_3 Pentan (n-Pentan)

Isoverbindungen bestehen aus verzweigten Ketten.

■ CH_3—CH—CH_2—CH_3 2-Methyl-butan (Isopentan)
       |
       CH_3

Namen von Verbindungen mit funktionellen Gruppen im Molekül

Die systematischen Namen der wichtigsten Verbindungen mit einer oder mehreren gleichen funktionellen Gruppen im Molekül sind zusammengesetzt aus:

- dem Namen des Kohlenwasserstoffs mit der gleichen Anzahl von Kohlenstoffatomen;
- arabischen Ziffern (mit Bindestrichen), die die Stellung der funktionellen Gruppen angeben;
- griechischen Zahlwörtern, die die Anzahl der funktionellen Gruppen angeben;
- einer Endung, die die Art der funktionellen Gruppen angibt.

	Name des Kohlenwasserstoffs	Stellung der funktionellen Gruppen	Anzahl der funktionellen Gruppen	Endung (Art der funktionellen Gruppen)
Name der Verbindung	Butan	-1-		ol
	Butan-1-ol			
Angaben	gesättigter Kohlenwasserstoff mit 4 Kohlenstoffatomen	am 1. Kohlenstoffatom	1	Hydroxylgruppe
Strukturformel		H—C—C—C—C—OH mit H H H H		

Die Numerierung der Kohlenstoffatome beginnt an dem Ende der Kette, das einer funktionellen Gruppe am nächsten ist, beziehungsweise am Kohlenstoffatom der funktionellen Gruppe.

$$CH_3-CH_2-CH-CH_3$$

$$\overset{4}{}\quad\overset{3}{}\quad\overset{2}{}\quad\overset{1}{}$$

OH

	Name des Kohlen-wasserstoffs	Stellung der funktionellen Gruppen	Anzahl der funktionellen Gruppen	Endung (Art der funktionellen Gruppen)
Name der Verbin-dung	Propan	–1,2,3–	tri	ol
	Propan-1,2,3-triol			
Angaben	gesättigter Kohlen-wasserstoff mit 3 Kohlen-stoffatomen	funktionelle Gruppen am 1., 2. und 3. Kohlenstoff-atom	3	Hydroxyl-gruppen
Verein-fachte Struktur-formel	$CH_2-CH-CH_2$ $OH\quad OH\quad OH$			

Enthält die Verbindung zwei verschiedene funktionelle Gruppen, so wird die zweite funktionelle Gruppe im Namen durch eine Vorsilbe gekennzeichnet. Den Vorsilben vorangestellte arabische Ziffern mit Bindestrich geben die Stellung, griechische Zahlwörter die Anzahl dieser funktionellen Gruppen an.

	Zweite funktionelle Gruppe		Name des Kohlenwasserstoffs	Erste funktionelle Gruppe
	Stellung	Art		
Name der Verbin-dung	2-	Amino-	ethan	säure
	2-Amino-ethansäure			
Angaben	am 2. Koh-lenstoff-atom	Amino-gruppe	gesättigter Kohlenwasserstoff mit 2 Kohlenstoff-atomen	Carboxylgruppe
Verein-fachte Struktur-formel	CH_2-COOH NH_2			

Namen der funktionellen Gruppen in Verbindungen

Funktionelle Gruppe		Name als Vorsilbe	Name als Endung
Bezeichnung	Formel		
Hydroxylgruppe	—OH	**Hydroxy**	ol
Aldehydgruppe	—C⟨=O / H	—	al
Oxogruppe	⟩C=O	**Oxo**	on
Carboxylgruppe	—C⟨=O / OH	**Carboxy** —	carbonsäure säure
Aminogruppe	—NH₂	**Amino**	amin
Nitrogruppe	—NO₂	**Nitro**	—

Namen der Derivate von Benzen

Für die Verbindungen des Benzens sind überwiegend Trivialnamen gebräuchlich.

Die systematischen Namen dieser Verbindungen sind zusammengesetzt aus:

– dem Namen des Substituenten (als Vorsilbe bzw. als Endung),

– dem Namen des Stammkohlenwasserstoffs Benzen.

	Name des Substituenten (Vorsilbe)	Name des Stammkohlen- wasserstoffs	Name des Substituenten (Endung)
Name der Verbindung	Amino	benzen	—
	Aminobenzen (Anilin)		
Angaben	1 Aminogruppe als Substituent	Stammkohlen- wasserstoff Benzen	—
Vereinfachte Strukturformel		NH₂ ⬡	

	Name des Substituenten (Vorsilbe)	Name des Stammkohlenwasserstoffs	Name des Substituenten (Endung)
Name der Verbindung	—	Benzen	carbonsäure
	Benzencarbonsäure (Benzoesäure)		
Angaben	—	Stammkohlenwasserstoff Benzen	1 Carboxylgruppe als Substituent
Vereinfachte Strukturformel	COOH		

Die Namen von Homologen und Derivaten des Benzens mit mehreren Substituenten sind zusammengesetzt aus:

- arabischen Ziffern (mit Bindestrich), die die Stellung der Substituenten angeben (vorangestellt oder nachgestellt);

- griechischen Zahlwörtern vor den Namen der Substituenten, die die Anzahl der Substituenten angeben;

- den Namen der Substituenten (vorangestellt oder nachgestellt);

- dem Namen des Stammkohlenwasserstoffs Benzen.

Stellung von Substituenten am Benzenring

1,2-Stellung (ortho-Stellung)	**1,3-Stellung** (meta-Stellung)	**1,4-Stellung** (para-Stellung)

↗ Derivat S. 175; Homologe S. 173

	Stellung der Substituenten	Anzahl der Substituenten	Name der Substituenten	Name des Stammkohlenwasserstoffs
Name der Verbindung	1,4-	Di	methyl-	benzen
	1,4-Dimethyl-benzen (p-Xylen)			
Angaben	je 1 Substituent am 1. und am 4. Kohlenstoffatom	2 gleiche Substituenten	Methylgruppen als Substituenten	Stammkohlenwasserstoff Benzen
Vereinfachte Strukturformel	CH₃ ⬡ CH₃			

	Name des Stammkohlenwasserstoffs	Stellung der Substituenten	Anzahl der Substituenten	Name der Substituenten
Name der Verbindung	Benzen	-1,2-	di	carbonsäure
	Benzen-1,2-dicarbonsäure (Phthalsäure)			
Angaben	Stammkohlenwasserstoff Benzen	je 1 Substituent am 1. und am 2. Kohlenstoffatom	2 gleiche Substituenten	Carboxylgruppen als Substituenten
Vereinfachte Strukturformel	COOH COOH			

6.3. Kohlenwasserstoffe

Charakteristik der Kohlenwasserstoffe

Verbindungen aus Kohlenstoff und Wasserstoff, die sich durch die Bindungsverhältnisse im Molekül, die Anzahl der Atome in den Molekülen sowie die
Struktur der Moleküle unterscheiden.

Name	Charakteristische Strukturmerkmale	Allgemeine Formel
Alkane (Paraffine)	kettenförmig, gesättigt; Moleküle enthalten nur Einfachbindungen zwischen den Kohlenstoffatomen sowie zwischen Kohlenstoff- und Wasserstoffatomen	C_nH_{2n+2}
Alkene (Olefine)	kettenförmig, ungesättigt; Moleküle enthalten eine Doppelbindung zwischen zwei Kohlenstoffatomen und Einfachbindungen zwischen den übrigen Atomen	C_nH_{2n}
Alkine (Acetylene)	kettenförmig, ungesättigt; Moleküle enthalten eine Dreifachbindung zwischen zwei Kohlenstoffatomen und Einfachbindungen zwischen den übrigen Atomen	C_nH_{2n-2}
Cycloalkane (Naphthene)	ringförmig, gesättigt; Moleküle enthalten nur Einfachbindungen zwischen den Kohlenstoffatomen sowie zwischen Kohlenstoff- und Wasserstoffatomen	C_nH_{2n}
Aromatische Kohlenwasserstoffe (Arene)	ringförmig, Bindungssystem des Benzens C_6H_6	—

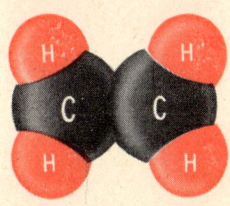

Modell des
Ethenmoleküls

$$H_2C=CH_2$$

vereinfachte
Strukturformel
des Ethens

Modell des Ethinmoleküls

$HC \equiv CH$

vereinfachte Strukturformel des Ethins

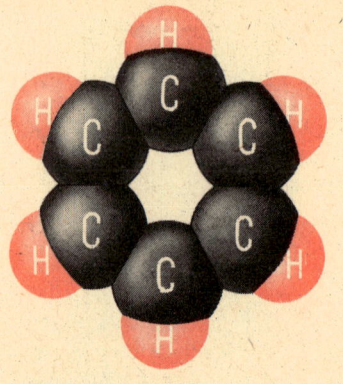

Modell des Benzenmoleküls

vereinfachte Strukturformel des Benzens

Systematischer Name	Weitere Namen	Vereinfachte Strukturformel	Summen-formel
Methan		CH_4	CH_4
Ethan		$CH_3{-}CH_3$	C_2H_6
Propan		$CH_3{-}CH_2{-}CH_3$	C_3H_8
Butan		$CH_3{-}CH_2{-}CH_2{-}CH_3$	C_4H_{10}
Ethen	Ethylen	$CH_2{=}CH_2$	C_2H_4
Propen	Propylen	$CH_2{=}CH{-}CH_3$	C_3H_6
But-1-en	Butylen	$CH_2{=}CH{-}CH_2{-}CH_3$	C_4H_8
2-Methyl-propen	Isobutylen	$CH_2{=}\underset{\underset{\textstyle CH_3}{\vert}}{C}{-}CH_3$	C_4H_8
Buta-1,3-dien	Butadien	$CH_2{=}CH{-}CH{=}CH_2$	C_4H_6
2-Methyl-buta-1,3-dien	Isopren	$CH_2{=}\underset{\underset{\textstyle CH_3}{\vert}}{C}{-}CH{=}CH_2$	C_5H_8
Ethin	Acetylen	$CH{\equiv}CH$	C_2H_2
Propin	Methyl-acetylen	$CH{\equiv}C{-}CH_3$	C_3H_4
But-1-in	Ethyl-acetylen	$CH{\equiv}C{-}CH_2{-}CH_3$	C_4H_6
But-2-in	Dimethyl-acetylen	$CH_3{-}C{\equiv}C{-}CH_3$	C_4H_6

Systematischer Name	Weitere Namen	Summen-formel	Vereinfachte Strukturformel
Cyclopropan		C_3H_6	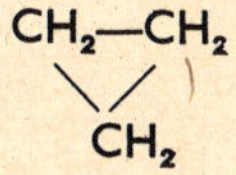 CH_2-CH_2 / CH_2
Cyclohexan		C_6H_{12}	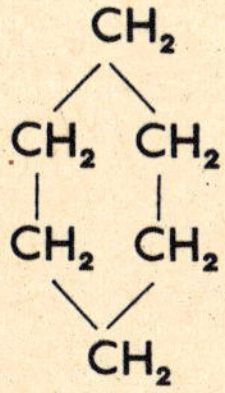 CH_2 / CH_2 CH_2 / CH_2 CH_2 / CH_2
Benzen		C_6H_6	
Methylbenzen	Toluen Toluol	C_7H_8	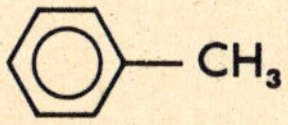 $-CH_3$
	Styren Styrol	C_8H_8	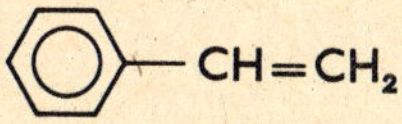 $-CH=CH_2$

Reaktionen der Kohlenwasserstoffe

Eine typische Reaktion aller Kohlenwasserstoffe ist die Oxydation. Darüber hinaus ist für Alkane und Arene die Substitution, für ungesättigte Kohlenwasserstoffe die Addition charakteristisch.

Vollständige Oxydation:

$CH_4 + 2 O_2 \longrightarrow CO_2 + 2 H_2O$
Methan

$2 C_2H_2 + 5 O_2 \longrightarrow 4 CO_2 + 2 H_2O$
Ethin

↗ Redoxreaktion S. 80

Substitution:

$CH_4 + Cl_2 \longrightarrow CH_3Cl + HCl$
Methan   Chlormethan

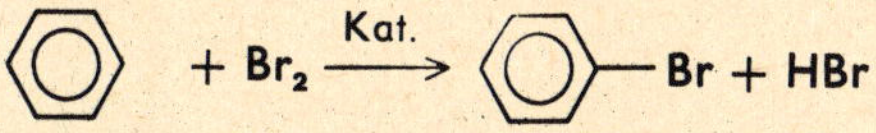

$\quad + Br_2 \xrightarrow{\text{Kat.}} \quad -Br + HBr$

Benzen   Brombenzen

↗ Substitution S. 83

■ **Addition:**

$$CH_2=CH_2 + Br_2 \longrightarrow CH_2Br-CH_2Br$$
Ethen   1,2-Dibrom-ethan

$$CH\equiv CH + HCl \xrightarrow{\text{Kat.}} CH_2=CHCl$$
Ethin   Chlorethen (Vinylchlorid)

$$n\, CH_2=CH_2 \longrightarrow \left[CH_2-CH_2 \right]_n \qquad \text{(Polymerisation)}$$
Ethen   Polyethylen

↗ Addition S. 84

Methan CH_4

Farbloses, geruchloses Gas; brennbar, bildet mit Sauerstoff oder mit Luft hochexplosive Gemische; reagiert mit Halogenen unter Bildung von Halogenderivaten und Halogenwasserstoffen (Substitution).

↗ Erdgas S. 245

Ethen (Ethylen) C_2H_4

Farbloses, süßlich riechendes Gas; brennt mit leuchtender, schwach rußender Flamme; bildet mit Sauerstoff explosive Gemische; ist durch seine Doppelbindung im Molekül sehr reaktionsfähig (Additionsreaktionen).

↗ Bindungsmodelle S. 44

Ethin (Acetylen) C_2H_2

Farbloses, fast geruchloses Gas (unangenehmer Geruch des technischen Acetylens durch Verunreinigungen); löslich in Wasser, sehr gut löslich in Propanon (Aceton); brennt mit leuchtender, stark rußender Flamme; bildet mit Sauerstoff oder Luft hochexplosive Gemische; ist durch seine Dreifachbindung im Molekül sehr reaktionsfähig (vor allem Additionsreaktionen).

↗ Bindungsmodelle S. 45; Herstellung S. 263

Benzen (Benzol) C_6H_6

Leichtbewegliche, farblose Flüssigkeit; aromatischer Geruch; in Wasser wenig löslich; gutes Lösungsmittel für Fette, Öle, Harze und andere organische Stoffe; Dichte $\varrho = 0,88$ g $\cdot$ cm^{-3}; bildet schon bei Zimmertemperatur leichtentzündliche Dämpfe; brennt mit leuchtender, stark rußender Flamme; Dämpfe sind giftig; ist bei Anwendung von Katalysatoren zur Substitution und zur Addition befähigt.

↗ Bindungsmodelle S. 45; Verwendung S. 269

6.4. Heterocyclische Kohlenstoffverbindungen

Charakteristik der heterocyclischen Kohlenstoffverbindungen

Kohlenstoffverbindungen, die außer Kohlenstoffatomen noch ein oder mehrere Atome eines anderen Elements im Ringskelett enthalten, vor allem Stickstoff, Sauerstoff oder Schwefel.

Trivialname	Vereinfachte Strukturformel	Summenformel
Furan	HC—CH HC CH O	C_4H_4O
Thiophen	HC—CH HC CH S	C_4H_4S
Pyrrol	HC—CH HC CH N H	C_4H_5N
Imidazol	HC—N HC CH N H	$C_3H_4N_2$
Pyridin	H C HC CH HC CH N	C_5H_5N

6.5. Halogenderivate der Kohlenwasserstoffe

Charakteristik der Halogenderivate

Derivate der Kohlenwasserstoffe mit mindestens einem Halogenatom als Substituent im Molekül.

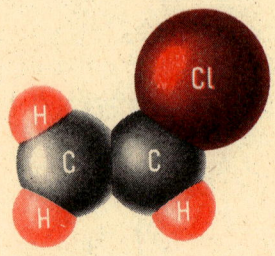

$$CH_2 = CHCl$$

Modell des
Chlorethenmoleküls

vereinfachte Strukturformel
des Chlorethens

Systematischer Name	Weitere Namen	Vereinfachte Strukturformel
Chlormethan	Methylchlorid	CH_3Cl
Dichlormethan	Methylenchlorid	CH_2Cl_2
Trichlormethan	Chloroform	$CHCl_3$
Tetrachlormethan	Tetrachlorkohlenstoff	CCl_4
Chlorethan	Ethylchlorid	C_2H_5Cl
Chlorethen	Vinylchlorid	$CH_2=CHCl$
Brommethan	Methylbromid	CH_3Br

↗ Derivat S. 175

Trichlormethan (Chloroform) $CHCl_3$

Farblose, süßlich riechende Flüssigkeit; unbrennbar; reagiert unter Einfluß von Licht und Sauerstoff langsam zu giftigem Phosgen $COCl_2$ und Chlorwasserstoff; in Wasser wenig löslich; gutes Lösungsmittel für Harze, Fette und andere Stoffe; Trichlormethandämpfe wirken betäubend.

Tetrachlormethan (Tetrachlorkohlenstoff) CCl_4

Farblose, süßlich riechende, stark lichtbrechende Flüssigkeit, unbrennbar; wirkt Flammen erstickend; in Wasser wenig löslich; gutes Lösungsmittel für Fette, Öle, Harze und Wachse; Dämpfe wirken betäubend.

Chlorethen (Vinylchlorid) $CH_2=CHCl$

Bei Zimmertemperatur farbloses Gas; in Wasser wenig löslich; läßt sich polymerisieren:

$$n\ CH_2=CHCl \longrightarrow {-\!\!-CH_2\!-\!CHCl\!-\!\!-}{\!}_n$$

Vinylchlorid · · · · · · · · · · · · Polyvinylchlorid

↗ Polymerisation S. 84

6.6. Hydroxylderivate der Kohlenwasserstoffe

Charakteristik der Hydroxylderivate

Derivate der Kohlenwasserstoffe, die eine oder mehrere Hydroxylgruppen –OH im Molekül enthalten. Die wichtigsten Hydroxylverbindungen sind Alkohole und Phenole.

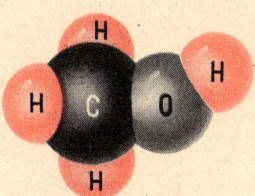

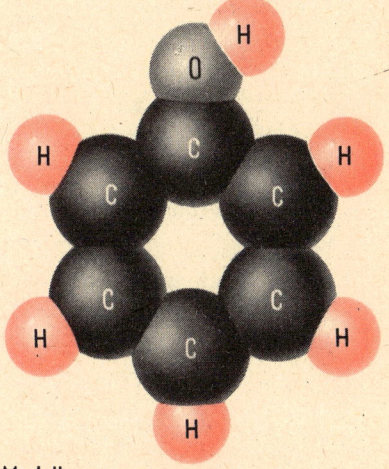

Modell
des Methanolmoleküls

CH_3—OH

Vereinfachte Strukturformel
des Methanols

↗ Derivat S. 175

Modell
des Phenolmoleküls

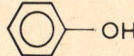 —OH

Vereinfachte Strukturformel
des Phenols

Charakteristik der Alkohole

Verbindungen, deren Hydroxylgruppen im Molekül an einen Kohlenwasserstoffrest gebunden sind.

Name	Charakteristische Strukturmerkmale
Alkanole	kettenförmig, gesättigt; 1 Hydroxylgruppe im Molekül
Alkenole	kettenförmig, ungesättigt; 1 Doppelbindung, 1 Hydroxylgruppe im Molekül
Alkandiole	kettenförmig, gesättigt; 2 Hydroxylgruppen im Molekül
Alkantriole	kettenförmig, gesättigt; 3 Hydroxylgruppen im Molekül

↗ Namen S. 180

Systematischer Name	Weitere Namen	Vereinfachte Strukturformeln	
Methanol		CH_3—OH	CH_3OH
Ethanol	Ethylalkohol	CH_3—CH_2—OH	C_2H_5OH
Propan-1-ol	Propylalkohol Propanol	CH_3—CH_2—CH_2—OH	C_3H_7OH
Prop-1-en-3-ol	Allylalkohol	CH_2=CH—CH_2—OH	C_3H_5OH
Ethan-1,2-diol	Ethylenglycol Glykol	CH_2OH—CH_2OH	$C_2H_4(OH)_2$
Propan-1,2,3-triol	Glycerol Glyzerin	CH_2OH—CH(OH)—CH_2OH	$C_3H_5(OH)_3$
	Benzylalkohol	 CH_2OH ⬡	C_6H_5—CH_2OH

Reaktionen der Alkohole

Typische chemische Reaktionen der Alkohole sind Oxydation, Eliminierung und Esterbildung.

192

Übersicht:

$$R—CH_2—OH \underset{\text{Hydrierung}}{\overset{\text{Dehydrierung}}{\rightleftharpoons}} R—\overset{\displaystyle O}{\underset{\displaystyle H}{C}} \underset{}{\overset{\text{Oxydation}}{\rightleftharpoons}} R—\overset{\displaystyle O}{\underset{\displaystyle OH}{C}}$$

Alkohol mit endständiger Hydroxyl-gruppe im Molekül (primärer Alkohol)   Aldehyd   Carbonsäure

$$R_A—\underset{\displaystyle R_B}{\underset{|}{CH}}—OH \underset{\text{Hydrierung}}{\overset{\text{Dehydrierung}}{\rightleftharpoons}} R_A—\underset{\displaystyle R_B}{\underset{|}{C}}=O$$

Alkohol mit mittelständiger Hydroxyl-gruppe im Molekül (sekundärer Alkohol)   Keton

Die Reaktionen sind bei den niedrigmolekularen Verbindungen der homologen Reihen besonders ausgeprägt.

Vollständige Oxydation:

■ $2 CH_3—OH + 3 O_2 \longrightarrow 2 CO_2 + 4 H_2O$
Methanol

$CH_3—CH_2—OH + 3 O_2 \longrightarrow 2 CO_2 + 3 H_2O$
Ethanol

↗ Redoxreaktion S. 80

Eliminierung zu Alkenen, Aldehyden oder Ketonen:

■ $CH_3—CH_2—OH \overset{\text{Kat.}}{\rightleftharpoons} CH_2=CH_2 + H_2O$
Ethanol   Ethen

↗ Eliminierung S. 85

Esterbildung:

■ $CH_3—\overset{\displaystyle O}{\overset{\|}{C}}—OH + H—O—CH_3 \rightleftharpoons CH_3—\overset{\displaystyle O}{\overset{\|}{C}}—O—CH_3 + H_2O$
Ethansäure   Methanol   Ethansäuremethylester

↗ Substitution S. 83

Methanol $CH_3—OH$

Farblose Flüssigkeit; charakteristischer Geruch; brennt mit blaßblauer Flamme; löslich in Wasser und anderen Lösungsmitteln; Lösungsmittel für Harze und andere Stoffe; sehr giftig.

↗ Herstellung S. 264; Verwendung S. 270

Ethanol (Ethylalkohol) C_2H_5—OH

Farblose Flüssigkeit; charakteristischer Geruch; leicht entzündbar; brennt mit schwach leuchtender Flamme; löslich in Wasser, Benzin und Benzen; setzt als Bestandteil von Genußmitteln schon in geringen Mengen die Empfindlichkeit der Sinnesorgane herab, wirkt gesundheitsschädigend.

↗ Herstellung S. 264; Verwendung S. 269

Glycerol (Glyzerin) $CH_2(OH)$—$CH(OH)$—$CH_2(OH)$

Systematischer Name: Propan-1,2,3-triol; farblose, viskose, geruchlose Flüssigkeit; süßer Geschmack; mit Wasser oder Ethanol in jedem Verhältnis mischbar; läßt sich mit anorganischen und organischen Säuren verestern.

↗ Fette S. 203

Charakteristik der Phenole

Verbindungen, deren Hydroxylgruppen im Molekül direkt an das Ringskelett des Benzens gebunden sind.

Systematischer Name	Weitere Namen	Vereinfachte Strukturformeln	
Phenol	Carbol-säure	(OH am Benzenring)	C_6H_5OH
4-Methyl-phenol	p-Kresol	H_3C—(Benzenring)—OH	CH_3—C_6H_4—OH
Benzen-1,2-diol 1,2-Dihydroxybenzen	Brenzcatechin	(Benzenring mit OH, OH)	$C_6H_4(OH)_2$
Benzen-1,2,3-triol 1,2,3-Trihydroxybenzen	Pyrogallol	(Benzenring mit OH, OH, OH)	$C_6H_3(OH)_3$

Phenol C_6H_5—OH

Farblose, leicht zerfließende Kristalle, die sich an der Luft nach einiger Zeit rötlich färben; eigenartiger Geruch; in Wasser wenig löslich; leicht löslich in Ethanol; giftig, wirkt ätzend; wäßrige Lösung ist sauer:

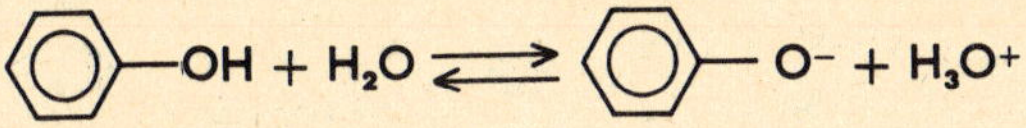

$$\langle\bigcirc\rangle\!-\!OH + H_2O \rightleftharpoons \langle\bigcirc\rangle\!-\!O^- + H_3O^+$$

↗ Verwendung S. 270

6.7. Aldehyde

Charakteristik der Aldehyde

Derivate der Kohlenwasserstoffe, die eine Aldehydgruppe —C⟨^O_H⟩ im Molekül enthalten.

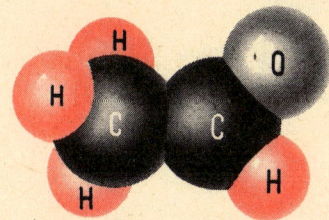

$$CH_3\!-\!C\langle^O_H$$

vereinfachte Strukturformel des Ethanals

Modell des Ethanalmoleküls

Systematischer Name	Trivialname	Vereinfachte Strukturformeln	
Methanal	Formaldehyd	H—C⟨^O_H	HCHO
Ethanal	Acetaldehyd	CH_3—C⟨^O_H	CH_3CHO
Propanal	Propionaldehyd	CH_3—CH_2—C⟨^O_H	C_2H_5CHO
Butanal	Butyraldehyd	CH_3—CH_2—CH_2—C⟨^O_H	C_3H_7CHO
	Benzaldehyd	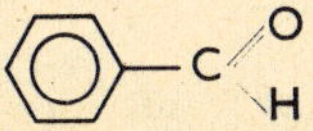 ⟨$\bigcirc$⟩—C⟨^O_H	C_6H_5CHO

Reaktionen der Aldehyde

Typische Reaktionen der Aldehyde sind Addition von Wasserstoff (Hydrierung, Reduktion) zu Alkoholen und Oxydation zu Carbonsäuren.

Addition von Wasserstoff:

■ $H-C\begin{smallmatrix}O\\H\end{smallmatrix}$ + H_2 $\xrightarrow{\text{Kat.}}$ CH_3-OH

Methanal   Methanol

$CH_3-C\begin{smallmatrix}O\\H\end{smallmatrix}$ + H_2 $\xrightarrow{\text{Kat.}}$ CH_3-CH_2-OH

Ethanal   Ethanol

↗ Addition S. 84

Vollständige Oxydation:

■ $2\,CH_3-C\begin{smallmatrix}O\\H\end{smallmatrix}$ + $5\,O_2$ $\longrightarrow$ $4\,CO_2 + 4\,H_2O$

Ethanal

↗ Redoxreaktion S. 80

Katalytische Oxydation zu Carbonsäuren:

■ $2\,H-C\begin{smallmatrix}O\\H\end{smallmatrix}$ + O_2 $\xrightarrow{\text{Kat.}}$ $2\,H-C\begin{smallmatrix}O\\OH\end{smallmatrix}$

Methanal   Methansäure

$2\,C_6H_5-C\begin{smallmatrix}O\\H\end{smallmatrix}$ + O_2 $\xrightarrow{\text{Kat.}}$ $2\,C_6H_5-C\begin{smallmatrix}O\\OH\end{smallmatrix}$

Benzaldehyd   Benzoesäure

Methanal (Formaldehyd) HCHO

Farbloses, stechend riechendes Gas; in Wasser leicht löslich, handelsübliche Lösung ist 35 ··· 40%ig; giftig; reagiert mit Eiweißen unter Bildung schwerlöslicher, oft harter Stoffe; wirkt desinfizierend; reduziert Fehlingsche Lösung und ammoniakalische Silbersalzlösung; durch seine funktionelle Gruppe im Molekül sehr reaktionsfähig:

■ **Polykondensation mit Phenol**

n ⬡OH + $n\,HCHO$ $\longrightarrow$ $\left[\text{⬡}\begin{smallmatrix}OH\\\\CH_2\end{smallmatrix}\right]_n$ + $n\,H_2O$

Phenoplast

↗ Verwendung S. 270

196

Ethanal (Acetaldehyd) CH₃—CHO

Leichtbewegliche, farblose Flüssigkeit mit eigentümlichem Geruch; Siedetemperatur $t_v = 20\,°C$; brennbar; leicht löslich in Wasser, Ethanol, Benzen; reduziert Fehlingsche Lösung und ammoniakalische Silbersalzlösung; durch seine funktionelle Gruppe im Molekül sehr reaktionsfähig.

Benzaldehyd C₆H₅—CHO

Farblose, ölige Flüssigkeit; Bittermandelgeruch; in Wasser wenig löslich; reduziert ammoniakalische Silbersalzlösung, nicht aber Fehlingsche Lösung; wird an der Luft zu Benzoesäure oxidiert; addiert Natriumhydrogensulfit unter Bildung einer schwerlöslichen kristallinen Verbindung.

6.8. Ketone

Charakteristik der Ketone

Derivate der Kohlenwasserstoffe, die eine Oxogruppe $>C=O$ im Molekül enthalten.

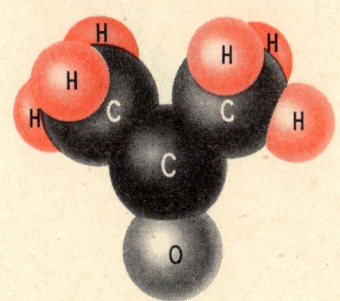

$$CH_3—CO—CH_3$$

vereinfachte Strukturformel des Propanons

Modell des Propanonmoleküls

Systematischer Name	Weitere Namen	Vereinfachte Strukturformeln	
Propanon	Aceton, Dimethylketon	CH₃—C—CH₃ $\quad$ O	CH₃—CO—CH₃
Butanon	Ethylmethylketon	CH₃—C—CH₂—CH₃ $\quad$ O	CH₃—CO—C₂H₅
Benzophenon	Diphenylketon	⬡—C—⬡ $\quad$ O	C₆H₅—CO—C₆H₅

Propanon (Aceton) CH₃—CO—CH₃

Farblose Flüssigkeit, angenehm erfrischender Geruch; verdampft leicht (Siede-temperatur t_v = 56 °C), feuergefährlich; mit Wasser, Ethanol und anderen organischen Lösungsmitteln in jedem Verhältnis mischbar; Lösungsmittel für viele organische Stoffe; verbrennt mit heller Flamme; läßt sich zu Propan-2-ol hydrieren.

6.9. Carbonsäuren

Charakteristik der Carbonsäuren

Derivate der Kohlenwasserstoffe, die eine oder mehrere Carboxylgruppen

$$—C\begin{smallmatrix}O\\OH\end{smallmatrix}$$ im Molekül enthalten.

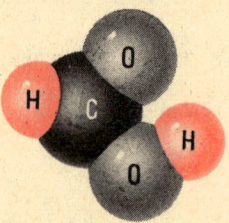

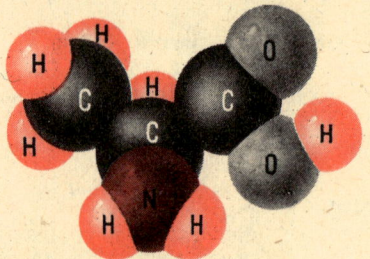

Modell des
Methansäuremoleküls

vereinfachte Strukturformel
der Methansäure

$$H—C\begin{smallmatrix}O\\OH\end{smallmatrix}$$

Modell
des Alaninmoleküls

vereinfachte Strukturformel
des Alanins

$$CH_3—CH—C\begin{smallmatrix}O\\OH\end{smallmatrix}$$
$$\quad\quad|$$
$$\quad\quad NH_2$$

Name	Charakteristische Strukturmerkmale
Monocarbonsäuren	1 Carboxylgruppe im Molekül
Dicarbonsäuren	2 Carboxylgruppen im Molekül
Hydroxycarbonsäuren	mindestens 1 Carboxylgruppe und mindestens 1 Hydroxylgruppe im Molekül
Aminocarbonsäuren	mindestens 1 Carboxylgruppe und mindestens 1 Aminogruppe im Molekül

Systematischer Name	Trivialname	Vereinfachte Strukturformel
Methansäure	Ameisensäure	$H-C\stackrel{O}{\diagdown}OH$
Ethansäure	Essigsäure	$CH_3-C\stackrel{O}{\diagdown}OH$
Butansäure	Buttersäure	$CH_3-CH_2-CH_2-C\stackrel{O}{\diagdown}OH$
Hexadecansäure	Palmitinsäure	$CH_3-(CH_2)_{14}-C\stackrel{O}{\diagdown}OH$
Octadecansäure	Stearinsäure	$CH_3-(CH_2)_{16}-C\stackrel{O}{\diagdown}OH$
Propensäure	Acrylsäure	$CH_2=CH-C\stackrel{O}{\diagdown}OH$
Benzencarbon-säure	Benzoesäure	$\bigcirc\!\!-C\stackrel{O}{\diagdown}OH$
Ethandisäure	Oxalsäure	$HOOC-COOH$
Benzen-1,2-dicarbonsäure	Phthalsäure	$\bigcirc\!\!<\stackrel{COOH}{COOH}$
Benzen-1,4-dicarbonsäure	Terephthalsäure	$HOOC-\bigcirc\!\!-COOH$
2-Hydroxy-propansäure	Milchsäure	$CH_3-\underset{OH}{CH}-C\stackrel{O}{\diagdown}OH$
2-Amino-ethan-säure	Glycin Glycokoll	$\underset{NH_2}{CH_2}-C\stackrel{O}{\diagdown}OH$
2-Amino-propan-säure	Alanin	$CH_3-\underset{NH_2}{CH}-C\stackrel{O}{\diagdown}OH$

↗ 2-Aminosäuren S. 208; Wiss Bio S. 191

Reaktionen der Carbonsäuren

Salzbildung:

$2\,H^+ + 2\,HCOO^- + Zn \longrightarrow Zn^{2+} + 2\,HCOO^- + H_2$

Methansäure   Zinkformiat

$Ca^{2+} + (OOC\text{—}COO)^{2-} \longrightarrow (COO)_2Ca$

      Oxalat-Ion   Calciumoxalat

Esterbildung:

$CH_3\text{—}COOH + HO\text{—}C_2H_5 \rightleftharpoons CH_3\text{—}CO\text{—}O\text{—}C_2H_5 + H_2O$

Ethansäure   Ethanol   Ethansäureethylester

$n\,HOOC \text{—}\langle\bigcirc\rangle\text{—} COOH + n\,HO\text{—}CH_2\text{—}CH_2\text{—}OH \longrightarrow$

Terephthalsäure   Ethylenglycol (Ethan-1,2-diol)

$\left[OC\text{—}\langle\bigcirc\rangle\text{—}CO\text{—}O\text{—}CH_2\text{—}CH_2\text{—}O\right]_n + 2\,n\,H_2O$

Polyester

Methansäure (Ameisensäure) HCOOH

Leichtbewegliche, farblose Flüssigkeit; stechender Geruch; mit Wasser und Ethanol in jedem Verhältnis mischbar; stark ätzend, erzeugt auf der Haut Blasen; bildet Salze: **Formiate**; wirkt reduzierend, da auch die Aldehydgruppe enthalten ist.

$$H\text{—}C\big\langle{}^{O}_{OH} \qquad H\text{—}C\big\langle{}^{O}_{OH}$$

	konz. H_2SO_4	
Zersetzung $HCOOH \xrightarrow{\text{konz. } H_2SO_4} CO + H_2O$

Oxydation $2\,HCOOH + O_2 \longrightarrow 2\,H_2O + 2\,CO_2$

↗ Verwendung S. 270

Ethansäure (Essigsäure) $CH_3\text{—}COOH$.

Klare, farblose Flüssigkeit; stechender Geruch; unterhalb der Schmelztemperatur $t_s = 16{,}6\,°C$ eisartige Masse (konzentrierte Ethansäure wird deshalb auch als Eisessig bezeichnet); löslich in Wasser, Ethanol; 10%ige wäßrige Lösung als Speiseessig, 40%ige als Essigessenz im Handel; stark ätzend; bildet Salze: **Acetate**.

↗ Herstellung S. 264; Verwendung S. 270

Oxalsäure HOOC—COOH

Systematischer Name: Ethandisäure; bei Zimmertemperatur weiße Kristalle; geruchlos; giftig; in Wasser löslich; wirkt reduzierend und wird dabei zu Kohlendioxid und Wasser oxydiert; bildet Salze: **Oxalate.**

Terephthalsäure $C_6H_4(COOH)_2$

Systematischer Name: Benzen-1,4-dicarbonsäure; farblose, nadelförmige Kristalle; in Wasser und Ethanol schwer löslich; dissoziiert; bildet Salze: **Terephthalate**; reagiert mit Alkandiolen zu Polyestern.

6.10. Amine, Säureamide, Nitroverbindungen

Charakteristik der Amine

Stickstoffhaltige organische Verbindungen, die vom Ammoniak abgeleitet sind; ein oder mehrere Wasserstoffatome des Ammoniakmoleküls sind durch Kohlenwasserstoffreste substituiert.

Charakteristik der Säureamide

Derivate der Carbonsäuren, bei denen im Molekül die Hydroxylgruppe der Carboxylgruppe durch die Aminogruppe substituiert ist.

Charakteristik der Nitroverbindungen

Derivate der Kohlenwasserstoffe, die eine oder mehrere Nitrogruppen im Molekül enthalten.

Name	Vereinfachte Strukturformeln	
Aminomethan (Methylamin)	$CH_3—NH_2$	CH_3NH_2
Aminobenzen (Anilin)	⬡—NH_2	$C_6H_5NH_2$
Harnstoff (Kohlensäurediamid)	$O=C\begin{smallmatrix}NH_2\\NH_2\end{smallmatrix}$	$CO(NH_2)_2$
ε-Caprolactam	$H_2C\begin{smallmatrix}CH_2—CH_2—NH\\ \mid \\ CH_2—CH_2—C=O\end{smallmatrix}$	$(CH_2)_5\begin{smallmatrix}NH\\ \mid \\ CO\end{smallmatrix}$
Nitrobenzen	⬡—NO_2	$C_6H_5NO_2$

Aminobenzen (Anilin) $C_6H_5-NH_2$

Farblose, leicht viskose Flüssigkeit, die sich an der Luft schnell bräunt; Schmelz-temperatur $t_s = -6,2\,°C$; eigenartiger Geruch; in Wasser wenig löslich, mit vielen organischen Lösungsmitteln unbegrenzt mischbar; giftig.

Harnstoff (Kohlensäurediamid) $CO(NH_2)_2$

Prismenförmige Kristalle; in Wasser und Ethanol leicht löslich; äußerst schwache Base, reagiert mit Säuren unter Salzbildung; wird beim Erhitzen mit Alkali-metallhydroxidlösungen gespalten; beim trockenen Erhitzen entstehen Ammo-niak und Biuret.

Spaltung $\quad CO(NH_2)_2 + 2\,NaOH \xrightarrow{\text{Erhitzen}} Na_2CO_3 + 2\,NH_3$

Zersetzung $\quad 2\,CO(NH_2)_2 \xrightarrow{\text{Erhitzen}} \underset{\text{Biuret}}{H_2N-CO-NH-CO-NH_2} + NH_3$

↗ Verwendung S. 270

ε-Caprolactam $(CH_2)_5{<}\begin{smallmatrix}NH\\|\\CO\end{smallmatrix}$

Weiße Substanz: in Wasser löslich; reagiert bei Anwesenheit von Katalysatoren zu Polycaprolactam mit kettenförmigen Makromolekülen.

↗ Polyamide S. 215

Nitrobenzen (Nitrobenzol) $C_6H_5-NO_2$

Gelbliche Flüssigkeit; bittermandelähnlicher Geruch; in Wasser nur spurenweise löslich; löslich in Ethanol und Benzen; giftig; wird von Wasserstoff zu Amino-benzen reduziert.

Reduktion $\quad C_6H_5-NO_2 + 6\,H \longrightarrow \underset{\text{Aminobenzen}}{C_6H_5-NH_2} + 2\,H_2O$

6.11. Ester – Fette

Charakteristik der Ester

$$CH_3-CO-O-CH_2-CH_3$$

vereinfachte Strukturformel
des Ethansäureethylesters

Modell des Ethansäureethylestermoleküls

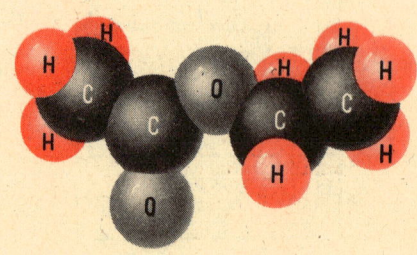

Stoffe, die unter Wasseraustritt aus Säuren und Alkoholen entstehen (chemisches Gleichgewicht).

↗ Kondensation S. 84

Charakteristik der Fette

Gruppe von Naturstoffen, die aus Estern des Glycerols mit Monocarbonsäuren (vor allem Alkansäuren und Alkensäuren) bestehen. Sie sind wasserunlösliche Reservestoffe der Pflanzen- und Tierzelle und spielen eine wichtige Rolle im Stoffwechsel.

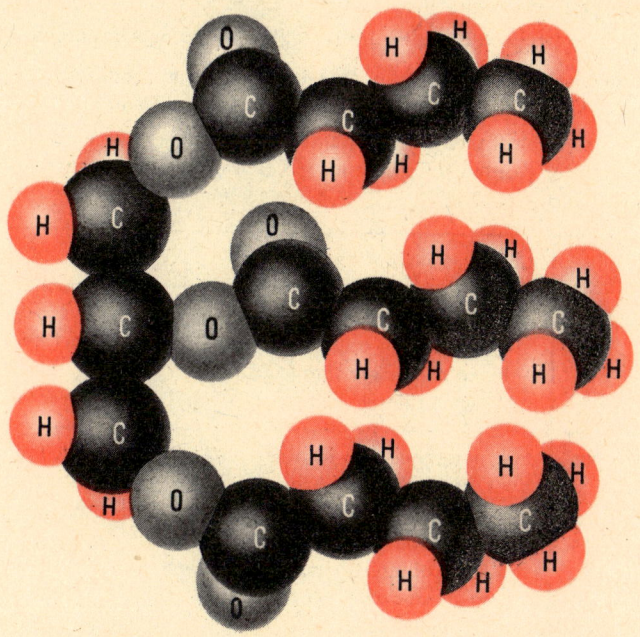

Modell des
Estermoleküls
aus Butansäure
und Glycerol

$$CH_2—O—OC—R_A$$
$$CH—O—OC—R_B$$
$$CH_2—O—OC—R_C$$ vereinfachte Strukturformel eines Esters

Bei Zimmertemperatur flüssige Fette werden als **fette Öle** bezeichnet. Sie unterscheiden sich in Struktur und Eigenschaften von den Mineralölen (Kohlenwasserstoffen).

Am häufigsten sind in den Fetten
Hexadecansäure $C_{15}H_{31}$—COOH, Octadecansäure $C_{17}H_{35}$—COOH und Octadecensäure $C_{17}H_{33}$—COOH verestert.

↗ Verwendung S. 247; Wiss Bio S. 193

6.12. Kohlenhydrate

Charakteristik der Kohlenhydrate

Gruppe von Naturstoffen der allgemeinen Formel $C_n(H_2O)_m$, die eine Aldehydgruppe oder eine Oxogruppe sowie mehrere Hydroxylgruppen im Molekül enthalten. Kohlenhydrate kommen vielfach makromolekular vor. Sie haben im pflanzlichen und tierischen Organismus vielseitige Funktionen als Reserve- und Stützsubstanzen sowie als energieliefernde Substanzen.
Nach der Art der funktionellen Gruppe werden die Kohlenhydrate unterteilt in

Aldosen (Aldehydgruppe im Molekül);
Ketosen (Oxogruppe im Molekül).

Nach der Anzahl der Kohlenstoffatome im Molekül sind zu unterscheiden:

Triosen (3 Kohlenstoffatome),   **Pentosen** (5 Kohlenstoffatome),
Tetrosen (4 Kohlenstoffatome),   **Hexosen** (6 Kohlenstoffatome).

Beide Bezeichnungsweisen lassen sich kombinieren, wenn Art der funktionellen Gruppe und Anzahl der Kohlenstoffatome im Molekül angegeben werden sollen (z. B. Aldohexose, Ketotetrose).

Name	Charakteristische Merkmale	■
Monosaccharide	einfachste Kohlenhydrate (vor allem Pentosen und Hexosen); werden durch verdünnte Säuren nicht gespalten	Glucose Fructose
Oligosaccharide	zusammengesetzte Kohlenhydrate, deren Moleküle aus zwei bis zehn Monosaccharidbausteinen bestehen (Kohlenhydrate, deren Moleküle aus zwei Monosaccharidbausteinen bestehen, heißen Disaccharide); werden durch verdünnte Säuren in Monosaccharide gespalten	Lactose Maltose Saccharose
Polysaccharide	zusammengesetzte Kohlenhydrate, deren Moleküle aus bis 10000 Monosaccharidbausteinen bestehen; werden durch verdünnte Säuren in Monosaccharide oder Oligosaccharide gespalten	Stärke Cellulose

↗ Wiss Bio S. 186

Glucose (Traubenzucker) $C_6H_{12}O_6$

Monosaccharid (Aldohexose); weißes Pulver; geruchlos; süßer Geschmack; in Wasser leicht, in Ethanol nur wenig löslich; Moleküle treten als Ketten- oder Ringform (in Lösung im Gleichgewicht stehend) auf.

Strukturformeln

| Ringform (α-Glucose) | Kettenform (Aldehydform) | Ringform (β-Glucose) |

Strukturformeln in perspektivischer Darstellung:

| Ringform (α-Glucose) | Kettenform (Aldehydform) | Ringform (β-Glucose) |

Glucose wird beim Erhitzen in eine schwarzbraune, bitterschmeckende Masse umgewandelt (Zuckerfarbe); Glucose wirkt reduzierend, dabei entstehen je nach Reaktionsbedingungen verschiedene Carbonsäuren.

Fructose (Fruchtzucker) $C_6H_{12}O_6$

Monosaccharid (Ketohexose); weißes Pulver; geruchlos; süßer Geschmack; in Wasser und Ethanol leicht löslich; Moleküle sind ketten- oder ringförmig gebaut.

Ribose $C_5H_{10}O_5$

Monosaccharid (Aldopentose); weiße, hygroskopische Blättchen; in Wasser leicht löslich; nicht vergärbar; Moleküle sind ketten- oder ringförmig gebaut.

Saccharose (Rohrzucker) $C_{12}H_{22}O_{11}$

Disaccharid; große, farblose Kristalle (Kandiszucker) oder weißes, kristallines Pulver (Kristallzucker); sehr süßer Geschmack; in Wasser leicht, in Ethanol nur wenig löslich; wirkt nicht reduzierend; bildet bei vorsichtigem Erhitzen eine braune, angenehm schmeckende Masse (Karamelzucker); wird beim Sieden in verdünnten Säuren in Glucose und Fructose (Fruchtzucker) zerlegt.

Hydrolyse $C_{12}H_{22}O_{11} + H_2O \longrightarrow C_6H_{12}O_6 + C_6H_{12}O_6$
Glucose   Fructose

Maltose (Malzzucker) $C_{12}H_{22}O_{11}$

Disaccharid; feine farblose Kristalle; süßer Geschmack; in Wasser leicht, in Ethanol nur wenig löslich; wirkt reduzierend; wird durch Säuren in Glucose zerlegt.

Hydrolyse $C_{12}H_{22}O_{11} + H_2O \longrightarrow 2\ C_6H_{12}O_6$
Glucose

Lactose (Milchzucker) $C_{12}H_{22}O_{11}$

Disaccharid; weißes, kristallines Pulver; schwach süßer Geschmack; in Wasser leicht, in Ethanol unlöslich; wirkt reduzierend; wird durch Säuren in Galactose und Glucose zerlegt.

Hydrolyse $C_{12}H_{22}O_{11} + H_2O \longrightarrow C_6H_{12}O_6 + C_6H_{12}O_6$
Galactose   Glucose

Stärke $(C_6H_{10}O_5)_n$

Polysaccharid; feines, weißes Pulver; geruchlos und geschmackfrei; in kaltem Wasser schwer löslich; teilweise löslich und quellfähig in 60 $\cdots$ 80 °C heißem Wasser (Stärkekleister); chemisch nicht einheitlich zusammengesetzt; besteht aus den makromolekularen Stoffen Amylose und Amylopektin.
Die Moleküle der Amylose bestehen aus α-Glucosebausteinen, die in 1,4-Stellung durch Sauerstoffbrücken schraubenförmig verbunden sind.

Strukturformel der Amylose

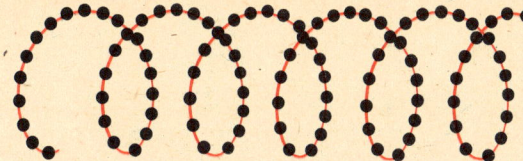

Struktur des Amylosemoleküls

Die Moleküle des Amylopektins bestehen aus α-Glucosebausteinen, die durch Sauerstoffbrücken zu verzweigten Ketten verbunden sind; in der Hauptkette ist die Verbindung in 1,4-Stellung, in den Seitenketten in 1,6-Stellung.

Strukturformel des Amylopektins

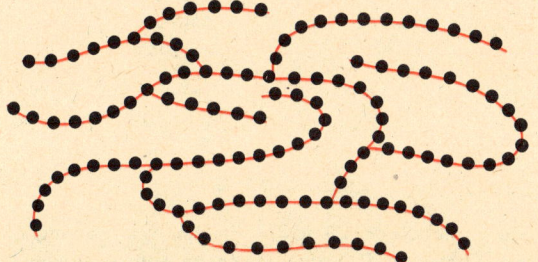

Struktur des Amylopektinmoleküls

Lösung wirkt nicht reduzierend; wird durch Enzyme oder durch Erhitzen in verdünnten Säuren in Maltose und Glucose umgewandelt.

Hydrolyse $(C_6H_{10}O_5)_n + n\,H_2O \longrightarrow n\,C_6H_{12}O_6$

Cellulose $(C_6H_{10}O_5)_n$

Polysaccharid; weißer, fester Stoff; geruchlos und geschmackfrei; auch in siedendem Wasser schwer löslich;

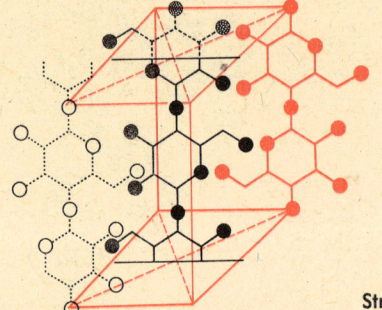

Strukturformel der Cellulose

Struktur eines Cellulosemikrokristalls

β-Glucosebausteine in den Molekülen sind durch Sauerstoffbrücken in 1,4-Stellung verbunden; bildet Fasern, die aus längs der Faserachse angeordneten Mikrokristallen bestehen.

Cellulose ist gegen verdünnte Alkalimetallhydroxidlösungen beständig; kann durch kombinierte Behandlung mit konzentrierten und verdünnten anorganischen Säuren abgebaut werden; reagiert mit konzentrierten, wasserfreien Säuren unter Esterbildung (Salpetersäureester, Ethansäureester).

↗ Vorkommen S. 247

6.13. Eiweiße

Charakteristik der Eiweiße

Makromolekulare Stoffe komplizierter Struktur, die im wesentlichen aus Polypeptiden aufgebaut sind; können in 2-Aminosäuren gespalten werden. Eiweiße bilden die Grundsubstanz des Protoplasmas und haben an allen Lebensvorgängen entscheidenden Anteil.

2-Aminosäuren

Carbonsäuren, die im Molekül mindestens eine Carboxylgruppe und eine Aminogruppe an dem Kohlenstoffatom enthalten, das der Carboxylgruppe benachbart ist: 2-Aminosäuren existieren in zwei Stoffen mit unterschiedlicher räumlicher Struktur der Moleküle: L-Aminosäuren und D-Aminosäuren.

↗ Anhydrit S. 245

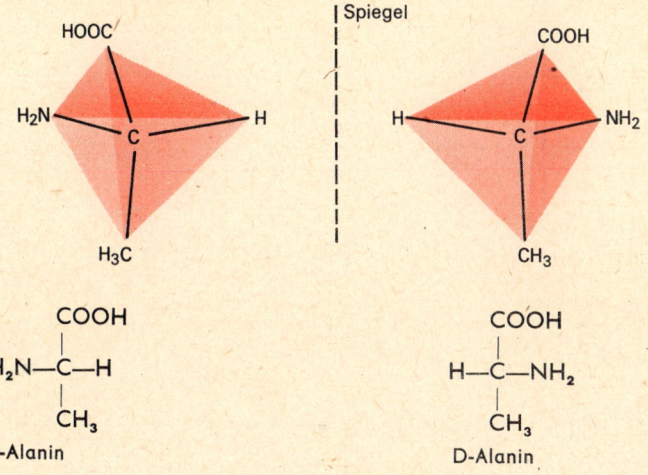

| Spiegel

L-Alanin

D-Alanin

Arten von 2-Aminosäuren

Art	Name	Abkürzung	Vereinfachte Strukturformel
Monoamino-mono-carbonsäuren	Glycin (Glycokoll)	Gly	$H_2N-\overset{\overset{\displaystyle H}{\mid}}{\underset{\underset{\displaystyle H}{\mid}}{C}}-COOH$
Hydroxy-mono-amino-monocarbonsäuren	Serin	Ser	$CH_2OH-\overset{}{\underset{\underset{\displaystyle NH_2}{\mid}}{CH}}-COOH$
Schwefelhaltige Monoamino-monocarbonsäuren	Cystein	Cys	$\overset{}{\underset{\underset{\displaystyle SH}{\mid}}{CH_2}}-\overset{}{\underset{\underset{\displaystyle NH_2}{\mid}}{CH}}-COOH$
Monoamino-dicarbonsäuren	Glutaminsäure	Glu	$HOOC-(CH_2)_2-\overset{}{\underset{\underset{\displaystyle NH_2}{\mid}}{CH}}-COOH$
Diaminomono-carbonsäuren	Asparagin	AsN	$H_2N-\overset{\overset{}{}}{\underset{\underset{\displaystyle O}{\parallel}}{C}}-CH_2-\overset{}{\underset{\underset{\displaystyle NH_2}{\mid}}{CH}}-COOH$

14

Art	Name	Abkür-zung	Vereinfachte Strukturformel
Aromatische Aminosäuren	Phenylalanin	Phe	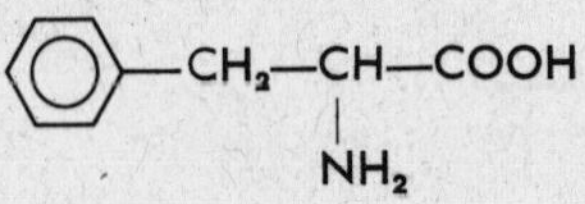 $\bigcirc$—CH_2—CH—$COOH$ NH_2

Heterocyclische Aminosäuren	Histidin	His	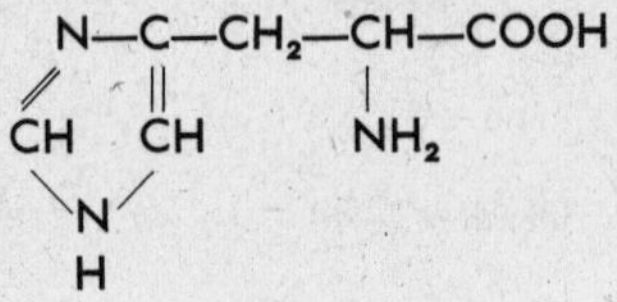 N—C—CH_2—CH—$COOH$
			CH CH NH_2
			   N
			   H

Reaktionen der 2-Aminosäuren

in neutraler Lösung

$$H_2C\text{—}COOH \rightleftharpoons H_2C\text{—}COO^-$$
$$\quad|\qquad\qquad\qquad |$$
$$NH_2 \qquad\qquad\quad NH_3^+$$
$$\qquad\qquad\qquad\quad \text{Zwitterion}$$

in basischer Lösung

$$H_2C\text{—}COOH + OH^- \rightleftharpoons H_2C\text{—}COO^- + H_2O$$
$$\quad|\qquad\qquad\qquad\qquad\qquad |$$
$$NH_2 \qquad\qquad\qquad\qquad\quad NH_2$$
$$\qquad\qquad\qquad\qquad\qquad\quad \text{Anion}$$

in saurer Lösung

$$H_2C\text{—}COOH + H_3O^+ \rightleftharpoons H_2C\text{—}COOH + H_2O$$
$$\quad|\qquad\qquad\qquad\qquad\qquad\quad |$$
$$NH_2 \qquad\qquad\qquad\qquad\qquad NH_3^+$$
$$\qquad\qquad\qquad\qquad\qquad\quad \text{Kation}$$

Peptidbildung (Substitution):

vereinfachtes Beispiel

$$H_2N\text{—}CH_2\text{—}COOH + H\text{—}NH\text{—}CH_2\text{—}COOH \longrightarrow$$

$$H_2N\text{—}CH_2\text{—}CO\text{—}NH\text{—}CH_2\text{—}COOH + H_2O$$
$$\text{Dipeptid}$$

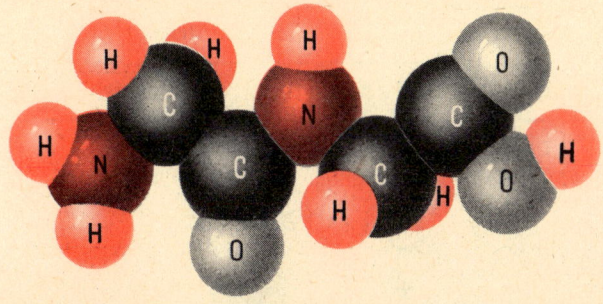

Modell eines Dipeptidmoleküls

↗ Substitution S. 83; Zwitterion S. 40

Proteine

Einfache Eiweiße, deren Makromoleküle als Grundbausteine nur L-2-Aminosäuren enthalten, die über Peptidbindungen miteinander verbunden sind:

Einteilung der Proteine

Name	Charakteristische Merkmale
Fibrilläre Proteine (Skleroproteine)	Polypeptidketten fadenförmig, schraubenförmig oder gefaltet angeordnet; meist in Wasser schwer löslich
Globuläre Proteine (Sphäroproteine)	Polypeptidketten annähernd zur Kugel geknäult; meist wasserlöslich

Bei der Beschreibung der Struktur von Proteinen unterscheidet man drei Strukturen:

Primärstruktur: Reihenfolge (Sequenz) der L-2-Aminosäure-Bausteine in der Polypeptidkette.

Sekundärstruktur: Räumliche Anordnung innerhalb einer Polypeptidkette (fadenförmig, geknäult, schraubenförmig, gefaltet); Helixstrukturen und Faltblattstrukturen kommen durch Ausbildung von Wasserstoffbrückenbindungen innerhalb eines Makromoleküls oder zwischen verschiedenen Makromolekülen zustande.

↗ Wasserstoffbrückenbindung S. 49

Primärstruktur	Sekundärstruktur	
	Helix	Faltblatt

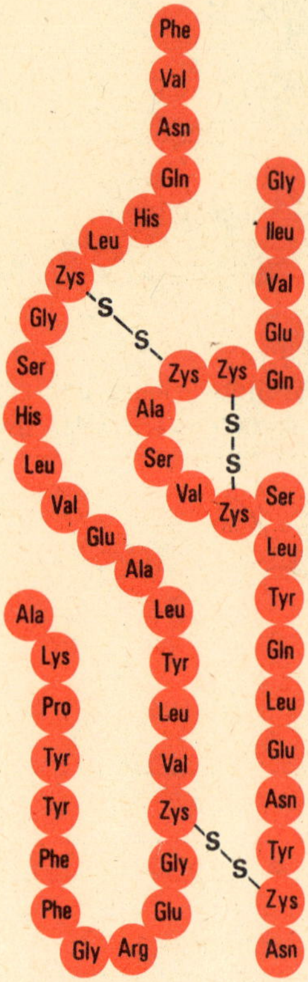

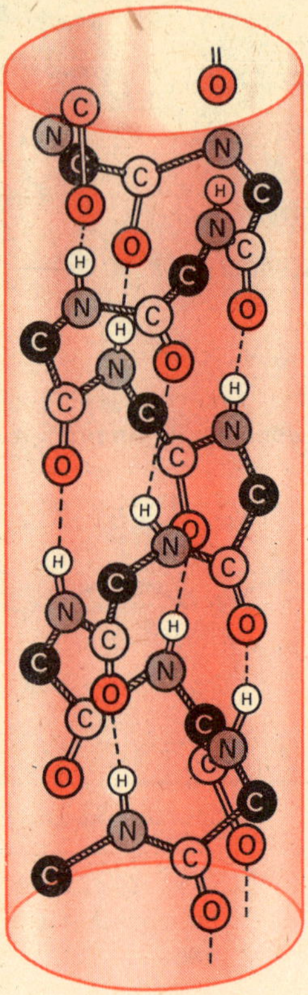

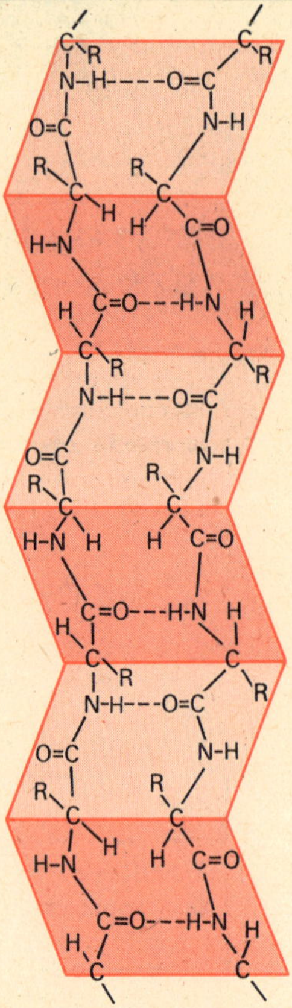

Primärstruktur amino acid chains:

Phe, Val, Asn, Gln, His, Leu, Zys, Gly, Ser, His, Leu, Val, Glu, Ala, Ala, Lys, Pro, Tyr, Tyr, Phe, Phe, Gly, Arg

Gly, Ileu, Val, Glu, Gln, Ser, Leu, Tyr, Gln, Leu, Glu, Asn, Tyr, Zys, Asn

Ala, Ser, Val, Zys, Gly, Glu

S—S, Zys—S—S—Zys, Zys—S—S—Zys

Tertiärstruktur: Räumliche Anordnung aller Molekülteile innerhalb eines Proteinmoleküls; ist auf Wechselwirkungen der Seitenketten eines oder mehrerer Makromoleküle zurückzuführen.

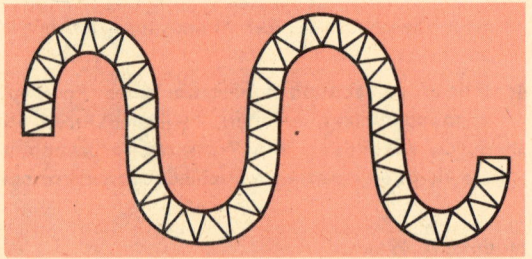

Ebene Faltung
einer Helix

Proteide

Zusammengesetzte Eiweiße, die außer einem Protein noch einen peptidfremden Anteil im Makromolekül enthalten; werden nach der Art des peptidfremden Bestandteils in Untergruppen eingeteilt.

Einteilung der Proteide

Name des Proteids	Peptidfremder Anteil	Beispiele und Vorkommen
Phosphoproteide	Phosphorsäure	Kasein der Milch Phosvitin des Eidotters
Chromoproteide	Farbstoffe	Hämoglobin, Myoglobin
Nukleoproteide	Nukleinsäuren	Bausteine der Zellkerne und des Zellplasmas
Glycoproteide	Kohlenhydrate	Schleimstoffe, Bausteine des Stütz- und Bindegewebes
Lipoproteide	Lipoide (Fettbegleitstoffe)	im Blutplasma, als Zellbestandteile, im Eidotter

6.14. Makromolekulare Werkstoffe

Plaste

Überwiegend synthetisch hergestellte makromolekulare Werkstoffe, die sich durch Urformen oder Umformen plastisch verarbeiten lassen.

Thermoplaste: Plaste, die sich durch Erwärmen beliebig oft plastisch umformen lassen.

Polyvinylchlorid, Polyethen, Polystyren

Duroplaste: Plaste, die beim Urformen plastisch sind, durch thermische oder andere Weiterbehandlung jedoch bleibend hart und unschmelzbar werden.

Phenoplaste, Aminoplaste

↗ Verwendung S. 270

Elaste

In der Natur vorkommende oder synthetisch hergestellte makromolekulare Werkstoffe, die gummiähnliche elastische Eigenschaften besitzen.

Naturkautschuk, Bunakautschuk, Gummi

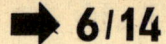

Struktur und Eigenschaften von Plasten und Elasten

Werkstoff	Struktur der Makromoleküle	Eigenschaft
Thermoplast	linear oder schwach verzweigt	meist hohe Zugfestigkeit
Elast	schwach vernetzt	hohe Elastizität
Duroplast	stark vernetzt	meist hohe Druckfestigkeit und Formbeständigkeit bei höheren Temperaturen

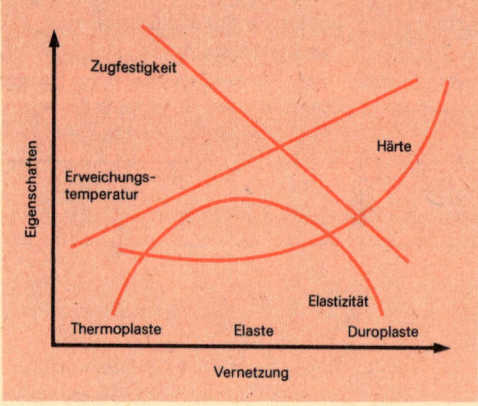

Qualitativer Verlauf von Eigenschaftswerten und der Vernetzung bei Polyurethanen

↗ makromolekulare Stoffe S. 14; Polymerisation S. 84; Polykondensation S. 84; Polyaddition S. 85

Chemiefaserstoffe.

Überwiegend synthetisch hergestellte makromolekulare Werkstoffe, die sich als textile Faserstoffe verarbeiten lassen. Es wird unterschieden in

Chemiefäden: endlose Fäden, die zur Herstellung seidenartiger Textilien dienen, und

Chemiespinnfasern: auf Stapellängen geschnittene Fäden, die zu baumwoll- und wollähnlichen Textilien verarbeitet werden.

■ Polyacrylnitrilfaserstoffe (Wolpryla, Dralon, Orlon, Nitron)
Polyamidfaserstoffe (Dederon, Nylon, Perlon, Kapron)
Polyesterfaserstoffe (Grisuten, Elana, Trevira, Terylene)

Polyethen (Polyethylen)

Thermoplaste; weiße bis gelbliche Stoffe; geruch- und geschmackfrei, physiologisch unbedenklich; beständig gegen Wasser, Basen, Säuren (außer Salpetersäure) und Salzlösungen, Fette und fette Öle; nicht beständig gegen Halogene, organische Lösungsmittel und Mineralöle; schlechte Wärmeleitfähigkeit und elektrische Leitfähigkeit; Dichte $\varrho = 0,92 \cdots 0,97 \, g \cdot cm^{-3}$; Zugfestigkeit $18 \cdots 28$ $N \cdot mm^{-2}$; paraffinartiger Griff; elastisch; entflammbar; Erweichungstemperatur $110 \cdots 135 \, °C$; Eigenschaften je nach Herstellungsverfahren abweichend; können durch Zusatz von Farbstoffen verändert werden.

↗ Herstellung S. 265; Verwendung S. 270

Polyvinylchlorid (PVC)

Thermoplaste; je nach Grad der Polymerisation weiße bis rotbraune Stoffe; geruch- und geschmackfrei, physiologisch unbedenklich; beständig gegen Wasser, schwache Basen und Säuren, sowie viele organische Lösungsmittel; schlechte Wärmeleitfähigkeit und elektrische Leitfähigkeit; zersetzt sich langsam bei Lichteinwirkung; Dichte $\varrho = 1,38 \, g \cdot cm^{-3}$; Zugfestigkeit $55 \, N \cdot mm^{-2}$, Druckfestigkeit $70 \, N \cdot mm^{-2}$; schwer entflammbar; Erweichungstemperatur $75 \cdots 80 \, °C$. Eigenschaften können durch Zusatz von Weichmachern, Treibmitteln, Farbstoffen, anderen Polymerisaten und Stabilisatoren wesentlich verändert werden.

↗ Herstellung S. 265; Verwendung S. 270

Polyamide (PA)

Thermoplaste; farblose bis gelbliche Stoffe, durchsichtig bis undurchsichtig, geruch- und geschmackfrei, physiologisch einwandfrei; beständig gegen Wasser, verdünnte Säuren sowie organische Lösungsmittel; schlechte Wärmeleitfähigkeit und elektrische Leitfähigkeit; Dichte $\varrho = 1,13 \, g \cdot cm^{-3}$; Zugfestigkeit $50 \cdots 80 \, N \cdot mm^{-2}$, Druckfestigkeit $110 \, N \cdot mm^{-2}$; elastisch, entflammbar; Erweichungstemperatur $215 \cdots 250 \, °C$, zu Fäden ausziehbar.

↗ Verwendung S. 270

Polystyren (Polystyrol) (PS)

Thermoplaste; farblose, durchsichtige Stoffe; geruch- und geschmackfrei, physiologisch einwandfrei; beständig gegen Wasser, Basen, Säuren und organische Lösungsmittel; schlechte Wärmeleitfähigkeit und elektrische Leitfähigkeit; Dichte $\varrho = 1,08 \cdots 1,09 \, g \cdot cm^{-3}$; Zugfestigkeit $30 \, N \cdot mm^{-2}$, Druckfestigkeit $100 \, N \cdot mm^{-2}$; spröde, entflammbar; Erweichungstemperatur $75 \, °C$; Eigenschaften können durch Zusatz von anderen Plasten (z. B. Polyacrylnitril), Treibmitteln, Weichmachern und Farbstoffen verändert werden.

↗ Verwendung S. 270

Polyurethane (PUR)

Thermoplaste, Elaste oder Duroplaste; farblose bis bräunliche Stoffe; geruch-
und geschmackfrei, physiologisch einwandfrei; beständig gegen Wasser, verdünnte Basen und Säuren, Öle, Fette, Benzin; bei Einwirkung aromatischer
Kohlenwasserstoffe tritt Quellung ein; schlechte Wärmeleitfähigkeit und elektrische Leitfähigkeit; bis etwa 100 °C thermisch stabil; Eigenschaften können
durch Zusatz von Katalysatoren, Treibmitteln, Flammschutzmitteln, Füllstoffen und
Farbstoffen variiert werden; Dichte, Festigkeit und andere Eigenschaften sind
je nach Art und Anteil der Zusatzstoffe unterschiedlich.

↗ Verwendung S. 270

Phenoplaste

Duroplaste; je nach Grad der Polykondensation farblose bis braune oder rotbraune Stoffe, geruch- und geschmackfrei, jedoch durch enthaltene freie Phenole
nicht physiologisch unbedenklich; beständig gegen Wasser, schwache Basen
und Säuren, organische Lösungsmittel; schlechte Wärmeleitfähigkeit und elek-
trische Leitfähigkeit; Dichte $\varrho = 1{,}25\ \mathrm{g \cdot cm^{-3}}$; Zugfestigkeit $50\ \mathrm{N \cdot mm^{-2}}$,
Druckfestigkeit $300\ \mathrm{N \cdot mm^{-2}}$; nicht entflammbar, verkohlen beim Erhitzen;
Eigenschaften können durch Zusatz von Farbstoffen und Füllstoffen verändert
werden.

↗ Herstellung S. 265; Verwendung S. 270

7.1. Experimente als Mittel zur Erkenntnisgewinnung

Beobachten

Zielgerichtete aktive Tätigkeit, die als Erkenntnismethode zu sinnlichen Wahrnehmungen führt (in der Chemie z. B. über Erscheinungen von Stoffen und chemischen Reaktionen, über technologische Abläufe und Bedingungen ihrer Anwendung), erstreckt sich auf Sehen, Hören, Riechen und andere sinnliche Wahrnehmungen eines Objekts in seiner äußeren Erscheinung. Beobachten ist eine notwendige Ergänzung eines Experiments.

Messen

Spezifische Erkenntnismethode, bei der mit Hilfe von Meßgeräten eine Größe mit einer anderen, als Einheit dienenden Größe gleicher Art, verglichen wird; quantitative Form des Beobachtens.

■ Bestimmen der Masse durch Wägen
Bestimmen des Volumens im Meßzylinder, mit Pipette, Bürette u. a.
Bestimmen der Temperatur mit dem Thermometer

↗ Physikalische Größen S. 101

Beschreiben

Möglichst erschöpfendes, geordnetes, systematisches und eindeutiges Darstellen von Sachverhalten und charakteristischen Merkmalen durch Worte, Zeichen, Ziffern oder Abbildungen.

↗ Protokoll eines Experiments S. 219

Experiment

Grundlegendes Mittel der Erkenntnis und der Veränderung der Wirklichkeit; dabei wird durch geistige und manuelle Handlungen und unter Anwendung von Hilfsmitteln ein Vorgang planmäßig ausgelöst, beeinflußt und beendet.

Merkmale eines Experiments

- Die experimentellen Bedingungen werden bewußt geschaffen.
- Die experimentellen Bedingungen können verändert werden.

- Die experimentellen Bedingungen sind kontrollierbar.
- Veränderungen sind beobachtbar und gegebenenfalls auch meßbar.
- Das Experiment ist wiederholbar.
- Nebensächliche oder störende Einflüsse können beim Experiment weitgehend ausgeschlossen werden.
- Experimente können auch unter natürlichen Bedingungen ablaufen.

Experimentelle Methode

Wissenschaftliche Erkenntnismethode mit dem Ziel, durch den Einsatz von Experimenten Hypothesen oder Voraussagen zu bestätigen, zu widerlegen oder zu präzisieren.
Die experimentelle Methode umfaßt folgende Hauptschritte:

- Ableiten von experimentell überprüfbaren Folgerungen aus einer Hypothese oder Voraussage;
- Planen und Durchführen der Experimente; Beobachten und Beschreiben der Ergebnisse;
- Vergleichen der Ergebnisse mit den zu prüfenden Folgerungen;
  Schließen auf den Wahrheitswert der Hypothese oder Voraussage.

7.2. Allgemeine Experimentierregeln

Vorbereiten eines Experiments

1. Durchdenken der Aufgabe, bis diese vollständig erkannt ist; Überlegen, welches Ziel mit dem Experiment verfolgt wird.
2. Überlegen, in welcher Weise die Aufgabe gelöst werden kann.
3. Überlegen, welche Gesetzmäßigkeiten unter den gewählten Bedingungen wirken.
4. Überlegen, welche Gefahren bei dem Experiment auftreten können und welche Vorsichtsmaßnahmen getroffen werden müssen.

   ↗ Unfallverhütung S. 220

5. Auswählen einer zweckmäßigen Apparatur und Anfertigen einer Skizze.
6. Bereitstellen der erforderlichen Geräte und Chemikalien.
7. Zusammenbauen und Überprüfen der Apparatur.
8. Überlegen, in welchen Teilschritten das Experiment durchzuführen ist und was dabei beachtet werden muß.

Durchführen und Auswerten eines Experiments

1. Durchführen des Experiments und Beobachten des Ablaufs.
2. Stillegen der Apparatur und unfallsichere Aufbewahrung aller Reaktionsprodukte.

3. Festhalten des Beobachtungsergebnisses, bei quantitativen Experimenten auch der Meßwerte, in einem Protokoll.

   ↗ Protokoll S. 219

4. Deuten beziehungsweise Auswerten des Experiments: Formulieren der abgelaufenen Reaktionen, Auswerten der Meßgrößen, Schließen von einzelnen Sachverhalten auf allgemeine Zusammenhänge.
5. Aufräumen des Arbeitsplatzes, Reinigen der benutzten Geräte, danach Reinigen der Hände.

Protokoll eines Experiments

Aufgabe	Literatur
Vorüberlegung Fachliche Grundlagen des Experiments Hypothese oder Voraussage und experimentell überprüfbare Folgerung Plan zur Durchführung Gefahrenquellen, Arbeitsschutzvorschriften	
Vorbereitung Geräte und Chemikalien Skizze der Geräteanordnung bzw. Apparatur Vorsichtsmaßnahmen	
Durchführung Ausgeführte Tätigkeiten	**Beobachtung** Beobachtungsergebnisse Meßwerte
Auswertung Vergleich der Beobachtungsergebnisse mit Hypothese oder Voraussage und Folgerung Chemische Gleichungen Rechnerische Auswertung der Meßgrößen Fehlerquellen Neue Aufgaben- und Problemstellungen	

7.3. Unfallverhütung

Allgemeine Regeln

Schülerexperimente erfordern besondere Aufmerksamkeit und Sorgfalt. Vor allem sollten folgende Regeln beachtet werden:
- Für Ordnung und Sauberkeit am Arbeitsplatz sorgen!
- Alle Geräte sorgsam und pfleglich behandeln! Beschädigungen und Verluste sind unverzüglich dem Lehrer zu melden!
- Diszipliniert verhalten und aufmerksam die Erläuterungen des Lehrers verfolgen und die Hinweise in schriftlichen Anleitungen beachten! Bei Unklarheiten Fragen stellen!
- Rechtzeitig über die Gefährlichkeit der verwendeten Stoffe und über Gefahren, die bei einem Experiment auftreten können, Informationen einholen!
- Auf sparsamen Verbrauch von Chemikalien achten, nur die angegebenen Massen oder Volumen von Ausgangsstoffen verwenden!
- Chemikalienreste nur in die bereitgestellten Gefäße geben, niemals zurück in die Vorratsflasche!
- Das Experiment erst beginnen, wenn Gewißheit besteht, was zu tun und wie vorzugehen ist!
- Kleidung durch eine Schürze oder einen Kittel schützen!
- Auch weitere vorgeschriebene Schutzvorrichtungen (Schutzbrille, Abzug, Schutzscheibe usw.) verwenden!
- Alle Verletzungen sofort dem Lehrer melden!
- Bei irgendwelchen außergewöhnlichen Zwischenfällen die Ruhe bewahren und die Anordnungen des Lehrers befolgen!
- Informationen einholen, wo sich die Feuerlöschgeräte und der Kasten für die Erste Hilfe befinden!
- Die Vorschriften für den Umgang mit Chemikalien, insbesondere mit Giften, feuergefährlichen und explosiblen Stoffen, einhalten!

Chemikalien

Stoffe, Stoffgemische oder deren Lösungen, die bei chemischen Experimenten Verwendung finden.

Folgende **Reinheitsgrade** sind zu unterscheiden:

reinst, zur Analyse	Verunreinigungen nur in Spuren
reinst	sehr rein, nur unwesentliche Verunreinigungen
rein	kaum Verunreinigungen
technisch	entspricht den Reinheitsforderungen für technische Zwecke; enthält meist noch viele Verunreinigungen

Vorsichtsmaßnahmen für den Umgang mit Chemikalien

- Chemikalien nicht in Flaschen oder Gläser füllen, die auch für Lebensmittel verwendet werden (z. B. Bierflaschen, Marmeladengläser)!
- Vorratsgefäße, in denen Chemikalien aufbewahrt werden, sind entsprechend den Vorschriften zu kennzeichnen.

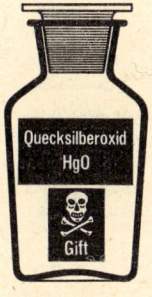

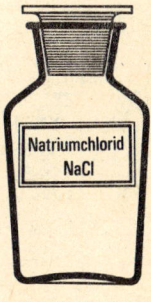

| Gifte der Abteilung 1 | Gifte der Abteilung 2 | Feuergefährliche Stoffe | alle übrigen Stoffe |

- Chemikalien möglichst nicht mit den Händen berühren! Nach dem Experimentieren sind die Hände gründlich zu säubern!
- Im Arbeitsraum keine Speisen und Getränke einnehmen! Laborgeräte nicht für Nahrungsmittel verwenden!
- Nicht den Geschmack der Chemikalien prüfen!
- Geruchsproben nur durch Zufächeln mit der Hand durchführen!
- Die Einwirkung gesundheitsschädigender Gase auf den menschlichen Organismus verhindern. Am besten unter dem Abzug arbeiten!
- Beim Arbeiten mit feuergefährlichen Stoffen dürfen sich in der Nähe keine zündfähigen Wärmequellen (offene Flammen, in Betrieb befindliche Heizplatten) befinden!
- Vorratsgefäße mit feuergefährlichen Stoffen sofort nach Benutzung verschließen und wegstellen!

Erste Hilfe bei Schädigungen durch Chemikalien und Verbrennungen

Auf jeden Fall ist für den Geschädigten nach der Ersten Hilfe ärztliche Behandlung zu sichern!

Schädigung	Erste Hilfe
Verätzungen der Haut	Mit viel Wasser spülen!
Verätzungen der Augen	Mit viel Wasser spülen!

Schädigung	Erste Hilfe
Verätzungen des Mundes und der Verdauungsorgane	Mundhöhle wiederholt mit Wasser ausspülen! Sofort reichlich Milch oder Wasser trinken lassen! Verätzungen durch Säuren: Magnesiumoxidaufschlämmung trinken lassen! Verätzungen durch Basen: Zitronenwasser oder stark verdünntes Essigwasser trinken lassen!
Vergiftungen durch feste oder flüssige Stoffe	Erbrechen hervorrufen, z. B. durch Trinken warmer konzentrierter Natriumsulfatlösung!
Vergiftungen durch Gase	Betroffene Person sofort an die frische Luft bringen!
Brandwunden	Mit kaltem Wasser bis zur Schmerzlinderung kühlen! Brandblasen nicht öffnen! Angeklebte Kleidungsstücke nicht abreißen!

Gifte

Stoffe, die den lebenden Organismus schon in verhältnismäßig kleinen Mengen vorübergehend oder bleibend schädigen oder den Tod herbeiführen. Sie können äußerlich wirken oder über Verdauungsorgane, Atmungsorgane, Wunden oder die Haut in den Körper gelangen. Aber auch andere Chemikalien, die nicht zu den Giften zählen, haben gesundheitsschädigende Wirkungen.
Gifte werden entsprechend ihrer Wirkung in die Abteilung 1 (Verwendung in Schulen nicht gestattet) und die Abteilung 2 eingestuft.

Einige Gifte

Einteilung	Wichtige Vertreter
Abteilung 1	Acrylnitril Arsen und Verbindungen Bleitetraethyl Cadmiumverbindungen Cyanwasserstoffsäure und Verbindungen Fluorwasserstoffsäure ab 50% Quecksilberverbindungen, ausgenommen Quecksilbersulfid und Quecksilber(I)-chlorid
Abteilung 2	Aminobenzen (Anilin) Ammoniaklösung ab 10%ig

Abteilung 2	Bariumverbindungen, lösliche Benzen (Benzol) Bleiverbindungen, lösliche Brom Bromwasserstoffsäure Chlor Chlorethen (Vinylchlorid) Chlorwasserstoffsäure (Salzsäure) ab 15%ig Chromium(III)- und Chromium(VI)-Verbindungen, lösliche Ethansäure (Essigsäure) ab 80%ig Fluoride, lösliche Kaliumhydroxid Kaliumhydroxidlösung ab 5%ig Kohlendisulfid (Schwefelkohlenstoff) Kupferverbindungen, lösliche Methanal (Formaldehyd) Methanol Methansäure (Ameisensäure) ab 50%ig Natriumhydroxid Natriumhydroxidlösung ab 5%ig Nitrite Nitrobenzen (Nitrobenzol) Oxalsäure und Verbindungen Phenol Phosphorsäure ab 50%ig Quecksilber(I)-chlorid Salpetersäure ab 15%ig Schwefelsäure ab 15%ig Silberverbindungen, lösliche Strontiumverbindungen, lösliche Sulfide, lösliche Tetrachlormethan (Tetrachlorkohlenstoff) Tribrommethan (Bromoform) Trichlorethen (Trichlorethylen) Trichlormethan (Chloroform) Zinkverbindungen, lösliche Zinnverbindungen, lösliche

Einige giftige Gase

Ammoniak Chlor Chlorwasserstoff Fluor	Kohlenmonoxid Phosgen Schwefeldioxid	Schwefelwasserstoff Stickstoffdioxid Stickstoffmonoxid

Feuergefährliche Stoffe

Substanzen, die einen niedrigen Flammpunkt besitzen; werden in **Gefahrklassen** eingeteilt:

A   mit Wasser nicht oder nur teilweise mischbar
B   mit Wasser in beliebigem Verhältnis mischbar
I   Flammpunkt $<$ 21 °C
II Flammpunkt   21 °C ⋯ 55 °C
III Flammpunkt   55 °C ⋯ 100 °C

Stoff	Gefahrklasse
Benzen (Benzol)	A I
Diethylether	A I
Kohlendisulfid (Schwefelkohlenstoff)	A I
Leichtbenzin	A I
Toluen (Methylbenzen)	A I
Butan-1-ol (Butylalkohol)	A II
Leuchtpetroleum	A II
Terpentinöl	A II
Aminobenzen (Anilin)	A III
Benzaldehyd	A III
Nitrobenzen (Nitrobenzol)	A III
Ethanal (Acetaldehyd)	B I
Ethanol (Ethylalkohol)	B I
Methanol	B I
Propan-1-ol (Propylalkohol)	B I
Propanon (Aceton)	B I
Ethansäure (Essigsäure)	B II

Explosible Stoffe

Stoffgemische, die leicht durch Explosion reagieren.

Gasgemische	Wasserstoff mit Luft oder Sauerstoff, Chlor mit Wasserstoff, Methan mit Luft oder Sauerstoff, Kohlenmonoxid mit Luft oder Sauerstoff, Propan mit Luft oder Sauerstoff, Schwefelwasserstoff mit Luft oder Sauerstoff, Stadtgas mit Luft oder Sauerstoff, Ethin mit Luft oder Sauerstoff,

Gasgemische	Dämpfe feuergefährlicher Stoffe mit Luft oder Sauerstoff
Gemische fester Stoffe	Chlorate mit brennbaren Stoffen, Nitrate mit brennbaren Stoffen, Natrium oder Kalium auf Wasser

7.4. Apparaturen und Arbeitstechniken für Experimente

7.4.1. Grundbegriffe

Geräte

Einzelteile aus Glas, Keramik, Metall, Gummi oder Holz, die zur Durchführung einfacher chemischer Experimente benutzt, häufig aber zu Apparaten und Apparaturen kombiniert werden.

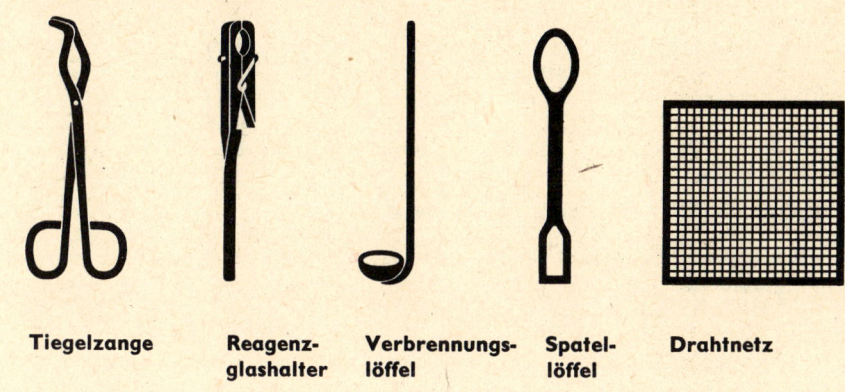

Tiegelzange   **Reagenzglashalter**   **Verbrennungslöffel**   **Spatellöffel**   **Drahtnetz**

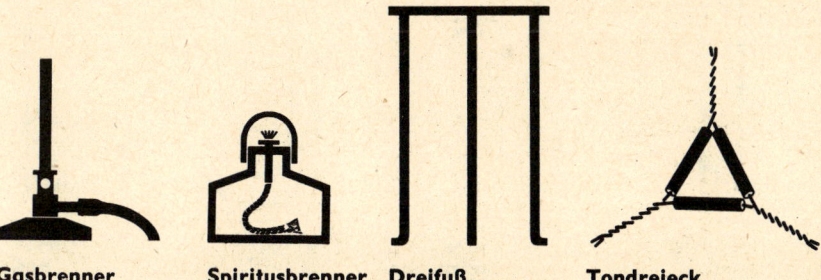

Gasbrenner   **Spiritusbrenner**   **Dreifuß**   **Tondreieck**

Reagenzglasgestell

Reagenzglas-ständer

Gestell für Halbmikro-Kochglas

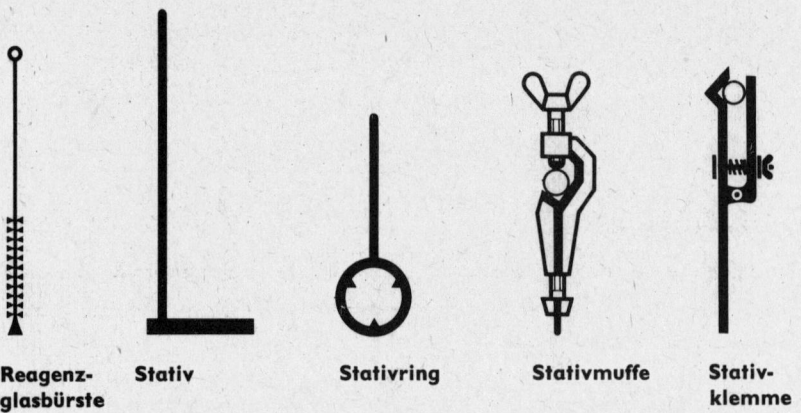

Reagenz-glasbürste **Stativ** **Stativring** **Stativmuffe** **Stativ-klemme**

Reagenz-glas

Reagenzglas mit Seitenrohr

U-Rohr

Becher (Becherglas)

Rundkolben

Stehkolben

**Halbmikro-
Kochglas**

**Konischer
Kolben**

Pneumatische Wanne

Meßzylinder

Standzylinder

**Spritz-
flasche**

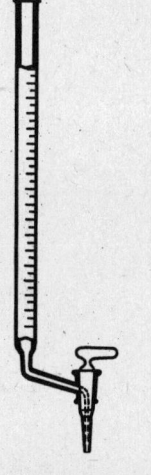

Bürette

Meßkolben

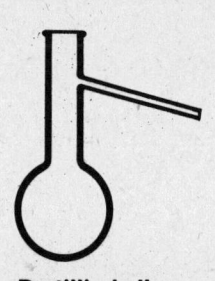

Destillierkolben

Kühler

Gaswaschflasche

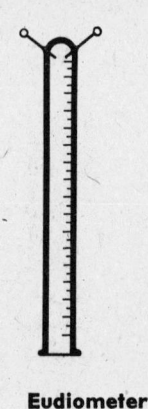

Eudiometer

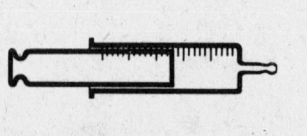

Kolbenprober

**Trocken-
rohr**

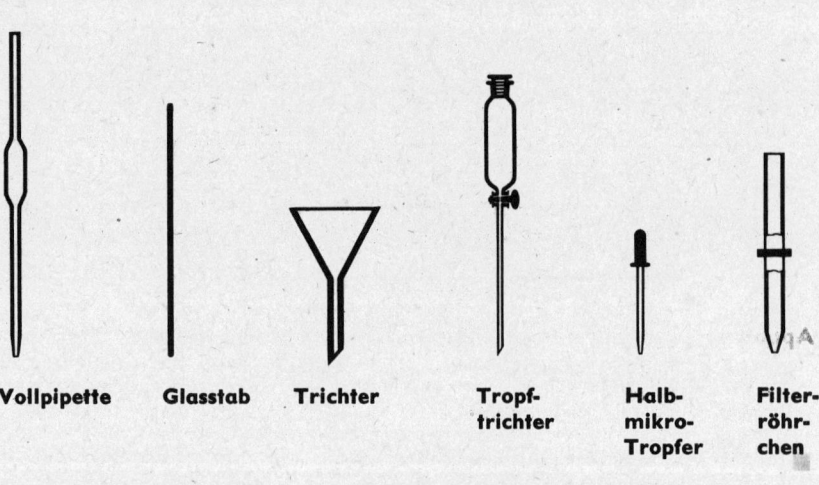

Vollpipette   **Glasstab**   **Trichter**   **Tropf-
trichter**   **Halb-
mikro-
Tropfer**   **Filter-
röhr-
chen**

**Reibschale
mit Pistill**

Abdampfschale

**Kristallisier-
schale**

**Porzellan-
tiegel mit
Deckel**

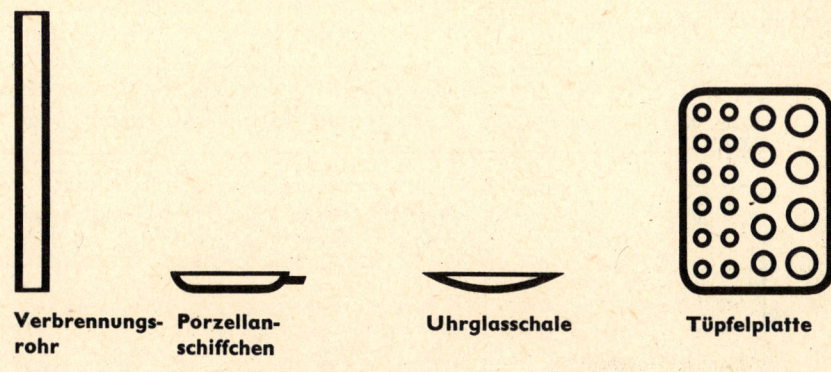

| Verbrennungs-rohr | Porzellan-schiffchen | Uhrglasschale | Tüpfelplatte |

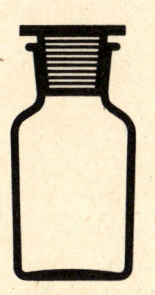
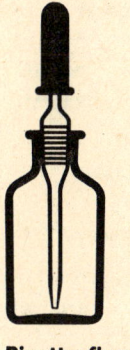

| Enghalsflasche | Weithalsflasche | Pipettenflasche | Labor-thermo-meter |

Apparat

Kombination von zwei oder mehreren Geräten für Experimente, in der im allgemeinen ein Vorgang abläuft.

■ Der Apparat zum Destillieren besteht aus Destillierkolben, Gummistopfen und Laborthermometer (Vorgang: Trennen von Flüssigkeiten).

↗ Destillieren S. 231

Apparatur

Kombination aus Geräten und Apparaten für Experimente, in der mehrere Teilvorgänge ablaufen.

■ Die Destillationsapparatur besteht aus Destillierapparat, Kühler und Vorlage (Teilvorgänge: Trennen von Flüssigkeiten, Kühlen von Gasen und Auffangen von Flüssigkeiten).

↗ Destillieren S. 231

Arbeitstechniken

Techniken zur Durchführung chemischer Experimente, die sich unter anderem durch den Einsatz unterschiedlicher Massen und Volumen von Chemikalien sowie durch die Verwendung spezifischer Geräte, Apparate und Apparaturen unterscheiden.

Technik	Eingesetzte Massen in mg	Eingesetzte Volumen in ml
Makrotechnik	> 100	> 5
Halbmikrotechnik	100 ⋯ 10	5 ⋯ 0,5
Mikrotechnik	10 ⋯ 0,1	0,5 ⋯ 0,05
Ultramikrotechnik	< 0,1	< 0,05

7.4.2. Stofftrennung

Eindampfen einer wäßrigen Lösung

Die Abdampfschale wird höchstens bis zur Hälfte mit der Lösung gefüllt. Unter ständigem Umrühren mit einem Glasstab ist mit kleiner Flamme zu erwärmen. Der Brenner wird entfernt, nachdem das Lösungsmittel bis auf geringe Reste verdampft ist. Die Reste verdampfen schnell in der noch heißen Abdampfschale.

Filtrieren

Ein gefaltetes Filter wird in einen entsprechend großen Trichter eingelegt, an die Trichterwand gedrückt und mit destilliertem Wasser befeuchtet. Die Flüssigkeit ist an einem Glasstab in das Filter zu gießen. Das Filter wird nur bis 1 cm unterhalb des Filterrands gefüllt. Nachgegossen wird erst, wenn die Flüssigkeit aus dem Filter abgelaufen ist. Das schräge Ende des Trichterrohrs soll an der Wand des Auffanggefäßes anliegen.

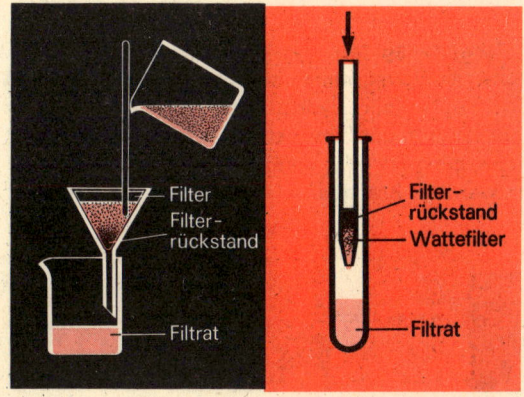

(Rechtes Bild:
Apparat für
Schülerexperimente)

Destillieren

Der Destillierkolben darf höchstens bis zur Hälfte gefüllt sein. Bevor die Flüssigkeit im Destillierkolben erhitzt wird, ist der Kühlwasserzufluß zu öffnen. Das Kühlwasser muß im allgemeinen im Gegenstrom fließen. Die zu erwartende Temperatur im Destillierkolben wird mit einem Laborthermometer (Meßbereich beachten!) gemessen, dessen Ende bis kurz unter das Ansatzrohr reichen muß. Der Kolben ist zunächst vorsichtig mit größerer Flamme, beim Sieden jedoch mit kleinerer Flamme zu erwärmen. Siedeverzug wird durch Zugabe von Siedesteinen vermieden. Bei der fraktionierten Destillation ist bei Überschreiten der jeweiligen Siedebereiche die Vorlage zu wechseln. Brennbare Lösungsmittel dürfen nicht mit offener Flamme erwärmt werden!

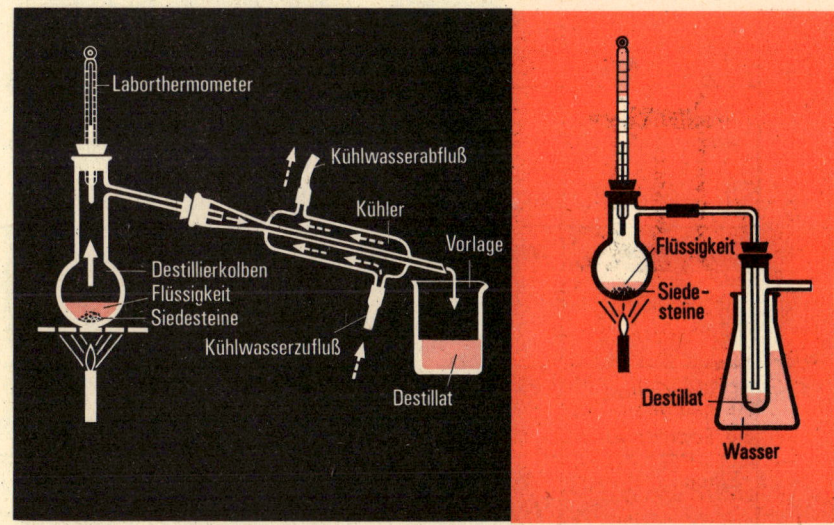

(Rechtes Bild: Apparatur für Schülerexperimente)

Reinigen und Trocknen von Gasen

Gase werden vor der Verwendung meist gereinigt oder getrocknet. Flüssige Trocken- beziehungsweise Reinigungsmittel sind in Gaswaschflaschen oder Reagenzgläsern, feste in Trockenrohren einzusetzen. Das Gas wird bei Verwendung von Gaswaschflaschen in das Rohr geführt, das in die Waschflüssigkeit taucht. Überschüssige Gase, die giftig oder gefährlich sind, müssen in den Abzug geleitet oder absorbiert werden. Brennbare Gase dürfen nicht in den Abzug geleitet werden.

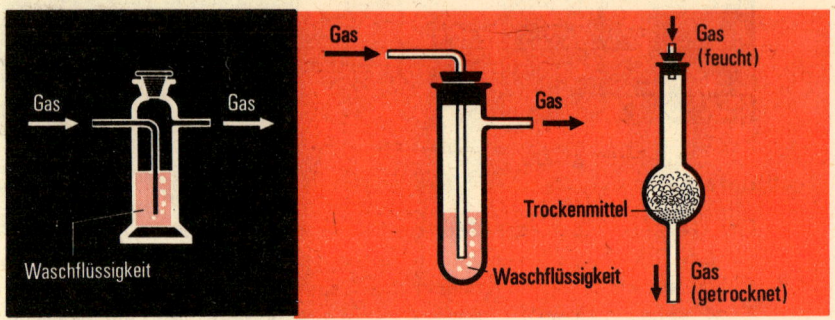

(Rechtes Bild: Apparate für Schülerexperimente)

Gas	Waschflüssigkeit	Trockenmittel	Beseitigung
Chlor	Wasser	konzentrierte Schwefelsäure oder Calciumchlorid	Durchleiten durch Natronkalk
Chlorwasserstoff		konzentrierte Schwefelsäure oder Calciumchlorid	Einleiten in Wasser
Disauerstoff	Wasser	konzentrierte Schwefelsäure oder Calciumchlorid	
Diwasserstoff	Kaliumhydroxidlösung	konzentrierte Schwefelsäure	Verbrennen (Knallgasprobe!)
Ethen	Wasser, Natriumhydroxidlösung		Verbrennen (Knallgasprobe!)

Ethin	Natrium-hydroxidlösung		Verbrennen (Knallgasprobe!)
Kohlendioxid	Wasser	konzentrierte Schwefelsäure oder Calcium-chlorid	wenn nötig: Durchleiten durch Natronkalk
Kohlen-monoxid	Natrium-hydroxidlösung	konzentrierte Schwefelsäure oder Calcium-chlorid	Verbrennen (Knallgasprobe!)
Schwefeldioxid		konzentrierte Schwefelsäure oder Calcium-chlorid	Durchleiten durch Natron-kalk

7.4.3. Auffangen von Gasen

Auffangen von Gasen durch Luftverdrängung

Bei Gasen mit kleinerer Dichte als Luft muß die Öffnung des Auffanggefäßes nach unten, bei größerer Dichte nach oben gerichtet sein. Das Gas ist genügend lange in das Auffanggefäß zu leiten. Bei giftigen Gasen muß unter dem Abzug gearbeitet werden.

↗ giftige Gase S. 233

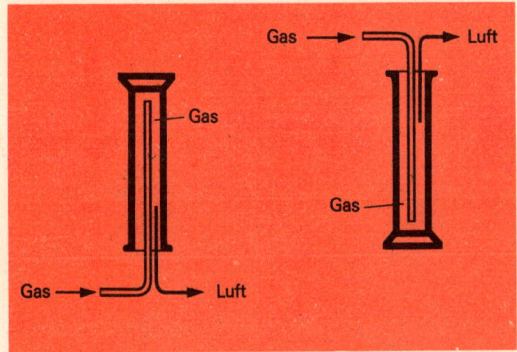

Gas	Dichte ϱ in $g \cdot l^{-1}$
Ammoniak	0,77
Diwasserstoff	0,089

Gas	Dichte ϱ in $g \cdot l^{-1}$
Chlorwasserstoff	1,639
Kohlendioxid	1,977
Schwefeldioxid	2,926
Dichlor	3,214

Pneumatisches Auffangen von Gasen

Das Auffanggefäß für das Gas muß vollständig mit Sperrflüssigkeit gefüllt sein. Das Flüssigkeitsvolumen in der pneumatischen Wanne ist so zu bemessen, daß die aus dem Auffanggerät herausgedrückte Sperrflüssigkeit noch aufgenommen wird. Nachdem das pneumatische Auffangen beendet ist, wird das Ableitungsrohr aus der Sperrflüssigkeit genommen, damit diese nicht in das Reaktionsgefäß zurückdringen kann. Als Sperrflüssigkeiten sind nur Stoffe geeignet, in denen die Löslichkeit der betreffenden Gase gering ist.

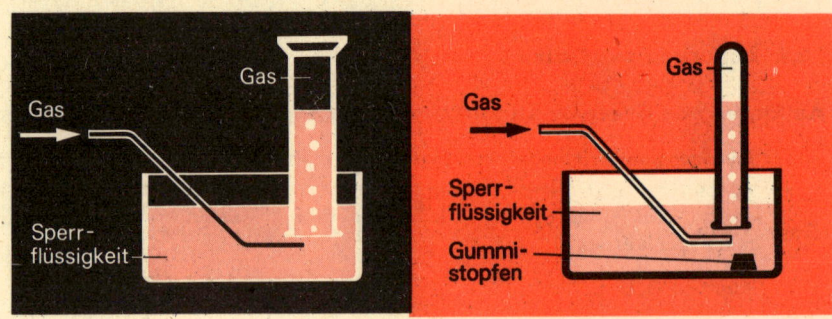

(Rechtes Bild: Apparat für Schülerexperimente)

Aufzufangendes Gas	Sperrflüssigkeit
Disauerstoff, Distickstoff, Diwasserstoff, Ethin, Ethen, Kohlenmonoxid, Methan, Stickstoffmonoxid	Wasser
Dichlor, Kohlendioxid, Schwefelwasserstoff	konzentrierte Natriumchloridlösung

7.4.4. Durchführen von chemischen Reaktionen

Gasentwicklung durch Erhitzen von Stoffen

Feste Ausgangsstoffe werden im Reagenzglas und flüssige meistens im Rund-kolben erhitzt. Bei Flüssigkeiten soll die Temperatur nicht zu hoch gewählt werden, damit sich nicht übermäßig Dampf entwickelt.

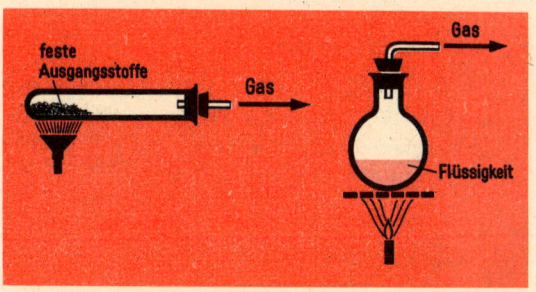

- $MgCO_3$ ⟶ MgO + CO_2
  Magnesiumcarbonat   Magnesiumoxid   Kohlendioxid

  NH_4NO_2 ⟶ N_2 + $2 H_2O$
  Ammoniumnitrit   Distickstoff   Wasser

Gasentwicklung durch Reaktion fester und flüssiger Stoffe

Die Flüssigkeit wird langsam auf den festen Stoff getropft. Wenn an die Apparatur Gaswaschflaschen anzuschließen sind, sollte ein Gasentwickler mit Druckaus-gleich verwendet werden. Dadurch kann Gas nicht durch den Hahn des Tropf-trichters austreten.

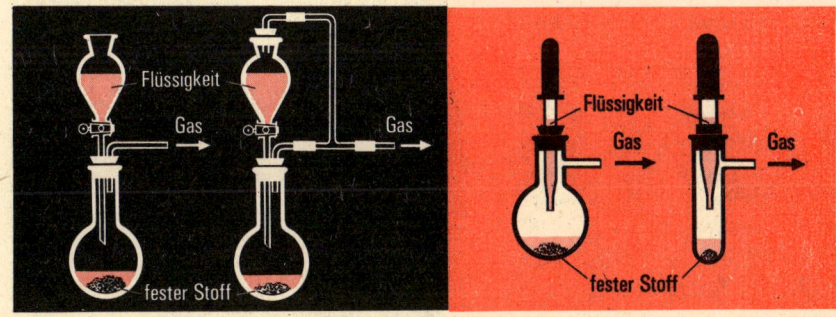

(Rechtes Bild: Apparate für Schülerexperimente)

- Zn + $2 H^+ + 2 Cl^-$ ⟶ $Zn^{2+} + 2 Cl^-$ + H_2
  Zink   Chlorwasser-   Zinkchlorid   Diwasserstoff
  stoffsäure

CaC_2	$+ 2 H_2O$	$\longrightarrow Ca(OH)_2$	$+ C_2H_2$
Calcium-carbid	Wasser	Calcium-hydroxid	Ethin

FeS	$+ 2 H^+ + 2 Cl^-$	$\longrightarrow Fe^{2+} + 2 Cl^-$	$+ H_2S$
Eisen(II)-sulfid	Chlorwasser-stoffsäure	Eisen(II)-chlorid	Schwefelwasser-stoff

Reaktion gasförmiger Stoffe mit flüssigen Stoffen

Der gasförmige Stoff wird durch ein Glasrohr in die Flüssigkeit eingeleitet. Das Glasrohr soll möglichst tief eintauchen, damit der gasförmige Stoff beim Durchperlen durch die Flüssigkeit reagieren kann. Bei Gasen, die von der Flüssigkeit stark absorbiert werden, darf das Rohr nicht eintauchen.

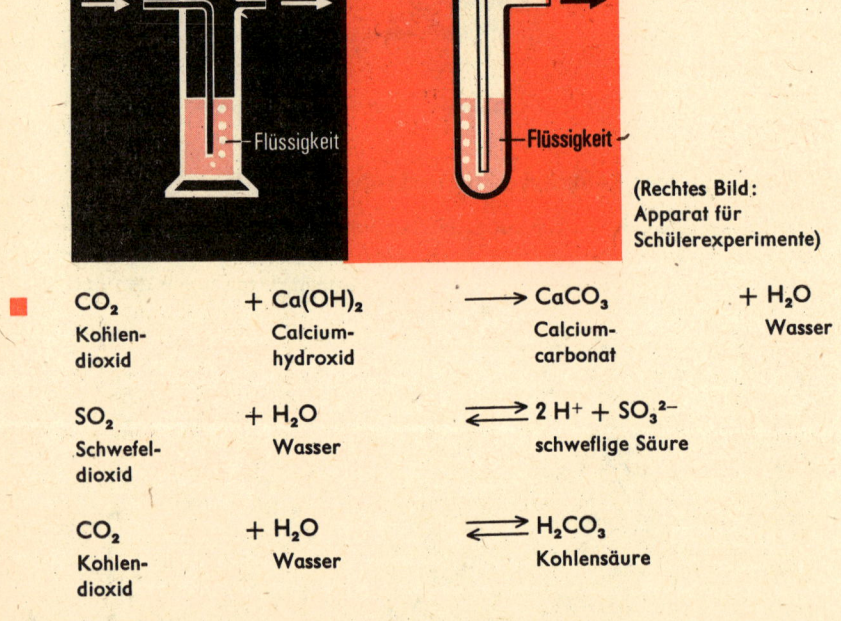

(Rechtes Bild: Apparat für Schülerexperimente)

CO_2	$+ Ca(OH)_2$	$\longrightarrow CaCO_3$	$+ H_2O$
Kohlen-dioxid	Calcium-hydroxid	Calcium-carbonat	Wasser

SO_2	$+ H_2O$	$\rightleftharpoons 2 H^+ + SO_3^{2-}$	
Schwefel-dioxid	Wasser	schweflige Säure	

CO_2	$+ H_2O$	$\rightleftharpoons H_2CO_3$	
Kohlen-dioxid	Wasser	Kohlensäure	

Reaktion gasförmiger Stoffe mit festen Stoffen

Gasförmige Stoffe werden in einem Verbrennungsrohr über den festen Stoff geleitet. Die festen Stoffe sind im Verbrennungsrohr entweder als Häufchen, in einem Porzellanschiffchen oder in einer (oft durch Glaswolle festgehaltenen) Schicht angeordnet. Sie müssen meist erhitzt werden.

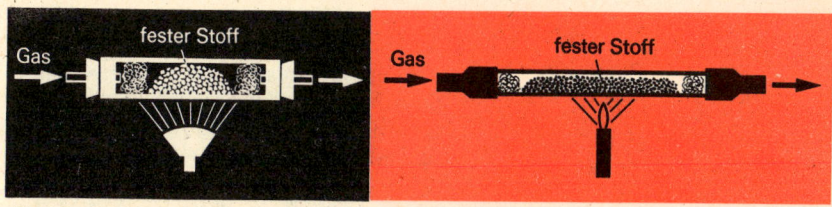

(Rechtes Bild: Apparat für Schülerexperimente)

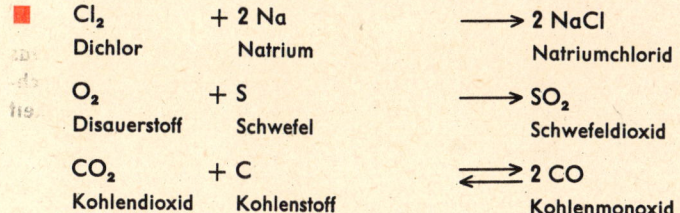

Cl_2	$+ 2\,Na$	$\longrightarrow 2\,NaCl$	
Dichlor	Natrium	Natriumchlorid	
O_2	$+ S$	$\longrightarrow SO_2$	
Disauerstoff	Schwefel	Schwefeldioxid	
CO_2	$+ C$	$\rightleftarrows 2\,CO$	
Kohlendioxid	Kohlenstoff	Kohlenmonoxid	

Elektrolyse einer Lösung

In die Lösung tauchen zwei Elektroden, die mit einer Spannungsquelle verbunden sind. In den Stromkreis kann ein Strommeßgerät oder eine Glühlampe geschaltet werden. Sollen gasförmige Elektrolyseprodukte aufgefangen werden, so ist zweckmäßig ein U-Rohr mit Seitenrohren zu verwenden.

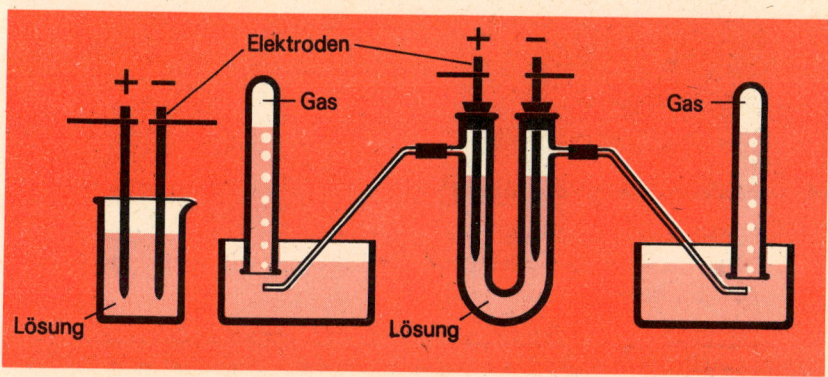

Neutralisationstitration

Maßanalytisches Verfahren, bei dem die Konzentration einer Säure oder einer Hydroxidlösung durch Zugabe einer Maßlösung quantitativ bestimmt werden kann.
Ein bestimmtes Volumen (etwa 10 ml) der Analysenlösung ist in einen Erlenmeyerkolben zu geben und mit einigen Tropfen Indikatorlösung zu versetzen. Dann wird langsam die Maßlösung aus einer Bürette in die Flüssigkeit getropft, bis der Farbumschlag des Indikators anzeigt, daß die Reaktion beendet ist. Der Erlenmeyerkolben wird dabei ständig geschwenkt, damit sich die Flüssigkeit

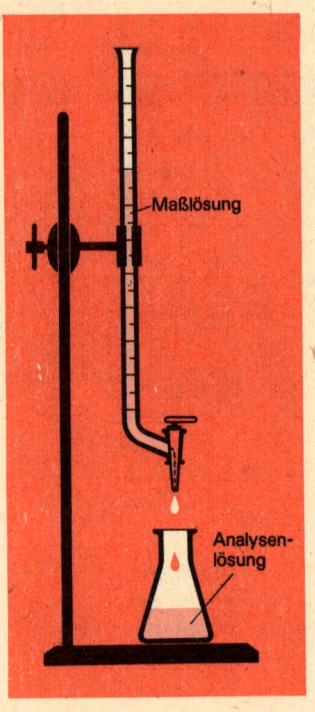

Maßlösung

Analysen-
lösung

verteilt. Nach Beendigung der Reaktion ist sofort der Hahn der Bürette zu schließen. An der Skale ist das verbrauchte Flüssigkeitsvolumen abzulesen. Aus dem Verbrauch an Maßlösung läßt sich die Stoffmenge und die Masse der zu bestimmenden Substanz berechnen.

↗ Berechnungen S. 126

7.5. Nachweisreaktionen

Flammenfärbungen (Vorproben)

Färben der entleuchteten Flamme eines Gasbrenners durch verdampfende Stoffe, nachdem die Substanz in die Flamme mit Hilfe eines ausgeglühten Magnesiastäbchens eingebracht wurde.

Metall	Lithium	Natrium	Kalium	Calcium	Barium	Kupfer
Flammen-färbung	rot	gelb	violett	ziegel-rot	gelb-grün	grün

Eindeutige Bestimmungen sind nur mit Hilfe des Spektroskops zu erreichen.

Fällungsreaktionen

Chemische Reaktionen, bei denen meist Ionen eines schwerlöslichen Salzes in der Lösung zusammentreten, so daß dieses Salz als Niederschlag ausfällt.

Nachweis für	Reagens	Reaktionsmerkmal
Blei(II)-Ionen	Schwefel-wasserstoff	Fällung: schwarzes Blei(II)-sulfid $Pb^{2+} + S^{2-} \rightleftharpoons PbS$
Bromid-Ionen	Silbernitratlö-sung, angesäuert mit verdünnter Salpetersäure	Fällung: gelbliches Silberbromid $Ag^+ + Br^- \rightleftharpoons AgBr$ löslich in konzentrierter Ammoniaklösung
Chlorid-Ionen	Silbernitratlö-sung, angesäuert mit verdünnter Salpetersäure	Fällung: weißes Silberchlorid $Ag^+ + Cl^- \rightleftharpoons AgCl$ löslich in verdünnter Ammoniaklösung
Eisen(III)-Ionen	Kalium-hexa-cyanoferrat(II)-lösung	Fällung: intensiv blaues Eisen(III)-hexacyanoferrat(II) $4\ Fe^{3+} + 3\ [Fe(CN)_6]^{4-} \longrightarrow Fe_4[Fe(CN)_6]_3$
Iodid-Ionen	Silbernitratlö-sung, angesäuert mit verdünnter Salpetersäure	Fällung: gelbes Silberiodid $Ag^+ + I^- \rightleftharpoons AgI$ schwer löslich in Ammoniaklösung
Kohlen-dioxid	Calcium-hydroxidlösung	Fällung: weißes Calciumcarbonat $Ca^{2+} + CO_2 + 2\ OH^- \rightleftharpoons CaCO_3 + H_2O$
	Bariumhydroxid-lösung	Fällung: weißes Bariumcarbonat $Ba^{2+} + CO_2 + 2\ OH^- \rightleftharpoons BaCO_3 + H_2O$
Kupfer(II)-Ionen	Kalium-hexa-cyanoferrat(II)-lösung	Fällung: braunes Kupfer(II)-hexacyanoferrat(II) $2\ Cu^{2+} + [Fe(CN)_6]^{4-} \longrightarrow Cu_2[Fe(CN)_6]$
Sulfat-Ionen	Bariumchloridlö-sung, angesäuert mit verdünnter Chlorwasserstoff-säure	Fällung: weißes Bariumsulfat $Ba^{2+} + SO_4^{2-} \rightleftharpoons BaSO_4$
Sulfid-Ionen	Blei(II)-acetat-lösung Blei(II)-nitrat-lösung	Fällung: schwarzes Blei(II)-sulfid $Pb^{2+} + S^{2-} \rightleftharpoons PbS$

Farbreaktionen

Chemische Reaktionen, bei denen durch Zusammengießen von Lösungen (bzw. Eintauchen von Indikatorpapieren) eine typische Farbänderung auftritt.

Nachweis für	Reagens	Reaktionsmerkmal
Hydroxid-Ionen im Über-schuß	Lackmus Phenolphthalein Methylrot Unitest-Papier	Färbung: blau Färbung: rot Färbung: gelb Färbung: Feststellung des pH-Wertes durch Vergleich mit Farbskale
Hydro-nium-Ionen im Über-schuß	Lackmus Methylorange Unitest-Papier	Färbung: rot Färbung: rot Färbung: Feststellung des pH-Wertes durch Vergleich mit Farbskale
Nitrat-Ionen	verdünnte Schwefelsäure, Eisen(II)-sulfat; konzentrierte Schwefelsäure	Violette bis braune Färbung von Nitrosoeisen(II)-sulfat $Fe(NO)SO_4$
Eisen(III)-Ionen	Ammonium-thiocyanatlösung	Blutrote Färbung von Eisen(III)-thiocyanat $Fe^{3+} + 3\,SCN^- \rightleftarrows Fe(SCN)_3$
Kupfer(II)-Ionen	Ammoniaklösung	Bläulicher Niederschlag, der sich bei weiterer Zugabe von Ammoniaklösung mit tiefblauer Farbe löst: Bildung von Tetramminkupfer(II)-Ionen $Cu(OH)_2 + 4\,NH_3 \rightleftarrows$ $[Cu(NH_3)_4]^{2+} + 2\,OH^-$

Umschlagbereiche von Indikatoren

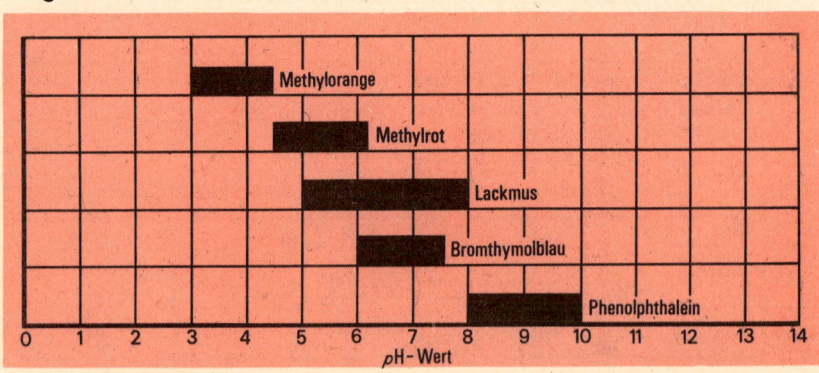

Nachweis von Ammoniak und Ammonium-Ionen

Nachweis für	Reagens	Reaktionsmerkmal
Ammoniak	Chlorwasserstoff	Weißer Rauch von Ammoniumchlorid $NH_3 + HCl \longrightarrow NH_4Cl$
Ammo-nium-Ionen	Hydroxid-Ionen	Ammoniak entweicht, Prüfen mit Indikatorpapier

Qualitative Elementaranalyse

Qualitativer Nachweis von Elementen in einem Stoff durch
- Nachweisreaktionen für vorhandene Ionen (bei anorganischen Stoffen) oder für gebildete Ionen (bei anorganischen und organischen Stoffen);
- Reaktionen der Stoffe unter Bildung gasförmiger Reaktionsprodukte, die nachgewiesen werden können (bei anorganischen und organischen Stoffen).

Element	Nachweis als	Durchführung	Reaktions-merkmal
Kohlen-stoff	Kohlen-dioxid	Substanz und Chlorwasserstoff-säure, entweichendes Gas in Bariumhydroxidlösung einleiten	weißer Niederschlag
	Kohlen-dioxid	Substanz mit Kupfer(II)-oxid überschichten, erhitzen, entweichendes Gas in Barium-hydroxidlösung einleiten	weißer Niederschlag
Wasser-stoff	Wasser-stoff-Ionen	Substanzlösung mit Indikatorlösung versetzen	Farbänderung
	Wasser	Substanz mit Kupfer(II)-oxid überschichten, erhitzen. Zu Flüssigkeitstropfen entwässertes Kupfer(II)-sulfat geben	Blaufärbung
Chlor	Chlorid-Ionen	Substanzlösung mit verdünnter Salpetersäure ansäuern, Zugabe von Silber-nitratlösung	Weißer Niederschlag
	Kup-fer(II)-chlorid	Mit Substanz behafteten (glühenden) Kupferdraht in entleuchtete Brennerflamme halten	Grüne Flamme

16

Element	Nachweis als	Durchführung	Reaktions-merkmal
Stick-stoff	Ammo-niak	Substanz und konzentrierte Natriumhydroxidlösung erhitzen, Gas auf feuchtes Unitestpapier leiten oder mit Chlorwasserstoff reagieren lassen	Typischer Geruch, Blaufärbung, weißer Rauch
Schwefel	Sulfid-Ionen	Substanzlösung und Blei(II)-acetatlösung	Schwarzer Niederschlag
	Schwefel-wasser-stoff	Substanz erhitzen, Gas auf feuchtes Blei(II)-acetatpapier leiten	Schwarze Färbung
	Sulfat-Ionen	Substanzlösung mit verdünnter Chlorwasserstoffsäure ansäuern, Zugabe von Bariumchloridlösung	Weißer Niederschlag
	Sulfat-Ionen	Substanz und Kaliumnitrat erhitzen, Schmelze in destilliertem Wasser lösen, Lösung filtrieren, ansäuern mit verdünnter Chlorwasserstoffsäure, Zugeben von Bariumchloridlösung	Weißer Niederschlag

Identifizierungsreaktionen für organische Stoffe

Nachweis für	Reagens	Reaktionsmerkmal
Stoffe mit Mehrfachbin-dungen im Molekül	Brom	Entfärbung infolge Addition von Brom
	Bayers Reagens	Ausflockung: braunes Mangan(IV)-oxidhydrat
Hydroxylgrup-pen bei Alka-nolen mit 2···10 Kohlenstoffatomen im Molekül	Borsäure	Bildung von Borsäureestern, die mit grün gefärbtem Flammensaum verbrennen

Nachweis für	Reagens	Reaktionsmerkmal
Hydroxylgruppe in Alkanolmolekülen	Alkansäuren mit 2 ··· 5 Kohlenstoffatomen im Molekül	Bildung charakteristisch riechender Ester
	Natrium	Bildung von Wasserstoff (Knallgasprobe)
Aldehydgruppen im Molekül	fuchsinschweflige Säure	Färbung: rotviolett (Bildung einer Additionsverbindung)
Stoffe mit Reduktionswirkung	Fehlingsche Lösung	Beim Erhitzen zunächst Verfärbung; dann ziegelroter Niederschlag, der Kupfer(I)-oxid enthält
	frische ammoniakalische Silbersalzlösung	Beim Erwärmen Schwarzfärbung durch Ausscheidung von feinverteiltem Silber; Silberspiegel an der Gefäßwand
Carboxylgruppe in Alkansäuremolekülen	Alkanole mit 1 ··· 5 Kohlenstoffatomen im Molekül	Bildung von charakteristisch riechenden Estern
	unedles Metall	Bildung von Wasserstoff (Knallgasprobe)
Stärke	Iod-Kalium-iodid-Lösung	Färbung: blau
Cellulose	Chlorzinkiodlösung	Färbung: blau
Eiweiße	konzentrierte Salpetersäure	Färbung: gelb; bei Zusatz basischer Lösungen: orange (Xanthoprotein-Reaktion)
Eiweißlösung	Kaliumhydroxidlösung, Kupfer(II)-sulfatlösung	Färbung: rotviolett (Biuret-Reaktion)

7.6. Quantitative Analyseverfahren

Quantitative Analyse

Bestimmen der Stoffmengenverhältnisse der Bestandteile eines Stoffes. Dazu werden chemische, elektrochemische, optische und chromatografische Verfahren eingesetzt.

Volumetrie (Maßanalyse)

Teilgebiet der quantitativen Analyse, bei der einer zu bestimmenden Lösung so lange eine Lösung bekannter Konzentration (Maßlösung) zugegeben wird, bis eine vollständige Umsetzung erfolgt ist.
Die Bestimmung heißt **Titration**.

Verfahren	Art der Bestimmung
Neutralisations-titration	Hydronium-Ionen reagieren mit Hydroxid-Ionen zu undissoziierten Wassermolekülen
Komplexometrie	Metall-Ionen einer Salzlösung reagieren mit komplexen Anionen
Argentometrie	Silber-Ionen reagieren mit Halogenid-Ionen zu undissoziierten Silberhalogeniden (Fällung)
Manganometrie	Permanganat-Ionen reagieren mit reduzierend wirkenden Ionen (Redoxreaktion)

↗ Neutralisationstitration S. 237; Berechnungen S. 126

Gravimetrie

Teilgebiet der quantitativen Analyse, bei der ein zu bestimmendes Ion in eine schwerlösliche, wägbare Verbindung konstanter Zusammensetzung übergeführt wird.

Kolorimetrie

Teilgebiet der quantitativen Analyse, bei dem Farbunterschiede einer zu bestimmenden Lösung und einer gleichartigen Lösung bekannter Konzentration (Vergleichslösung) verglichen werden.

8.1. Rohstoffe für die chemische Produktion

Bergbauprodukte

Rohstoff [1]	Zusammensetzung	Verwendung
Anhydrit (Gips)	Calciumsulfat $CaSO_4$ ($CaSO_4 \cdot 2\,H_2O$)	Ausgangsstoff für die Herstellung von Schwefelsäure und Ammoniumsulfat
Apatit	Phosphatmineral, enthält Tricalciumphosphat $Ca_3(PO_4)_2$, etwa 42% Phosphorpentoxid	Ausgangsstoff für die Herstellung von Phosphat-düngemitteln, Phosphorsäure und Phosphor
Bauxit	Aluminiumerz, 45 ⋯ 60% Aluminiumoxid, enthält an Aluminiumverbindungen unter anderem Aluminiumhydroxid $Al(OH)_3$ und Aluminiumoxid-hydroxid $AlO(OH)$, Verunreinigungen: Eisen(III)-oxid, Siliciumdioxid	Ausgangsstoff für die Erzeugung von Aluminium
Bleiglanz	Bleierz, etwa 86% Blei, besteht im wesentlichen aus Blei(II)-sulfid PbS	Ausgangsstoff für die Erzeugung von Blei und Schwefeldioxid
Braun-kohle	Mineralkohle, enthält in der wasserfreien Kohle etwa 68% Kohlenstoff und 5% Wasserstoff; etwa 55% Wasser; etwa 40% brennbare Substanz	Ausgangsstoff für die Vergasung, Verkokung und andere chemisch-technische Verfahren; Brennstoff
Erdgas	Gemisch gasförmiger Stoffe, Hauptbestandteil meist Methan, bis zu 95% Methan	Heizgas; Ausgangsstoff für die Petrolchemie

[1] alphabetisch geordnet

Rohstoff	Zusammensetzung	Verwendung
Erdöl	Gemisch kettenförmiger und ringförmiger Kohlenwasserstoffe; 80 ··· 87% Kohlenstoff, 9 ··· 14% Wasserstoff im Rohöl	Ausgangsstoff für die Herstellung von Kraftstoffen, Schmierstoffen, Heizölen, Paraffin, Bitumen und Grundchemikalien für die Petrolchemie
Kalisalze	Kalium- und Magnesiummineralien der Salzlagerstätten; enthalten Kaliumchlorid, Magnesiumchlorid, Natriumchlorid, Magnesiumsulfat, geringer Anteil Bromide	Düngemittel; Ausgangsstoff für die Herstellung von Kaliumhydroxid, Kaliumcarbonat, Explosivstoffen, anderen Kaliumverbindungen und Brom
Kalkstein	Calciumcarbonat $CaCO_3$; durch Ton, Eisenoxide, Siliciumdioxid und andere Stoffe verunreinigt	Ausgangsstoff für die Erzeugung von Branntkalk, Zement, Glas, Calciumcarbid; Zuschlagstoff bei der Roheisen- und Stahlerzeugung; Düngemittel, Hilfsstoff für die Gewinnung von Zellstoff
Kupferschiefer	bitumenhaltiger, schiefriger Mergel, 0,6 ··· 3% Kupfer, enthält sulfidische Kupfererze (Cu_3FeS_3, $CuFeS_2$, Cu_2S), die Sulfide anderer Metalle (Eisen, Zink, Blei, Silber) und andere Verbindungen	Ausgangsstoff für die Erzeugung von Kupfer, wobei zahlreiche Nebenprodukte anfallen, zum Beispiel Schwefelsäure, Silber, Blei, Germanium, Selen
Magneteisenstein	oxidisches Eisenerz, 50 ··· 70% Eisen, enthält Eisen(II, III)-oxid Fe_3O_4	Ausgangsstoff für die Erzeugung von Roheisen; Zuschlagstoff bei der Stahlherstellung (Herdfrischen)
Pyrit	sulfidisches Eisenerz, 33 ··· 45% Eisen, 32 ··· 48% Schwefel, enthält Eisen(II)-disulfid FeS_2	Ausgangsstoff für die Erzeugung von Schwefeldioxid und Roheisen
Quarzsand	Siliciumdioxid SiO_2	Ausgangsstoff für die Herstellung von Glas; zur Herstellung von Mörtel
Roteisenstein	oxidisches Eisenerz, 35 ··· 60% Eisen, enthält Eisen(III)-oxid Fe_2O_3	Ausgangsstoff für die Erzeugung von Roheisen

Rohstoff	Zusammensetzung	Verwendung
Stein-kohle	Mineralkohle, enthält in der wasserfreien Kohle etwa 83% Kohlenstoff und 5% Wasserstoff, 2 ··· 20% Wasser; etwa 90% brennbare Substanz	Ausgangsstoff für die Vergasung und Verkokung; Brennstoff
Steinsalz	Mineral der Salzlagerstätten, besteht aus Natriumchlorid $NaCl$	Ausgangsstoff für die Erzeugung von Natriumcarbonat, Natriumhydroxid, Chlor, Chlorwasserstoffsäure und anderen Chemikalien; Hilfsstoff bei der Seifenherstellung; Zusatz zur Nahrung; Konservierungsmittel
Zink-blende	Zinkerz, besteht aus Zinksulfid ZnS und Beimengungen von Eisensulfid	Ausgangsstoff für die Erzeugung von Zink und Schwefeldioxid

↗ chemisch-technische Verfahren S. 255

Landwirtschaftliche Produkte

Rohstoff	Zusammensetzung	Verwendung
Fette	Gemische von Glycerolestern kettenförmiger Carbonsäuren	Nahrungsmittel; Ausgangsstoff für die Herstellung von Seifen, Anstrichmitteln, Kosmetika, Glycerol
Holz	pflanzliches Zellgewebe; wasserfreies Holz enthält Cellulose (bis 50%), weitere Polysaccharide und andere Substanzen	Ausgangsstoff für die Herstellung von Holzkohle, Zellstoff, Papier, Ethanol, Klebstoffen, Appreturmitteln, Pech
Getreide, Kartoffeln, Zuckerrüben, Früchte	hoher Anteil an Stärke, Saccharose sowie anderen Disacchariden oder Monosacchariden	Nahrungsmittel; Ausgangsstoffe für die Herstellung von Stärke, Zuckerarten und für die Gärungsindustrie

↗ Fette S. 202; Kohlenhydrate S. 204

Stoffe der Luft- und Wasserhülle

Rohstoff	Zusammensetzung	Verwendung
Wasser	H_2O; enthält meist anorganische Salze und einige Gase gelöst	Reinigungsmittel, Lösungsmittel, Wärmeüberträger (Dampf), Kühlmittel; Ausgangsstoff für die Erzeugung von Löschkalk, Synthesegasen, Ethin, Ethanal; für die Spaltung von Fetten und Kohlenhydraten
Luft	Hauptbestandteile: Stickstoff, Sauerstoff, Volumenanteil Stickstoff 78,1%, Volumenanteil Sauerstoff 20,9%	Ausgangsstoff für Reaktionen mit Sauerstoff und Stickstoff; Kühlmittel

Sekundärrohstoffe

Produkte, die ihren ursprünglichen Gebrauchswert verloren haben, deren stoffliche Zusammensetzung jedoch weitgehend erhalten ist, oder Nebenprodukte von Produktionsverfahren.

Sekundärrohstoffe werden gesammelt, aufbereitet und erneut als Rohstoffe eingesetzt (Recycling).

Altstoffe	Altpapier, Alttextilien, Metallschrott, Glasbruch, Thermoplastabfälle
Produktions-abfälle	Späne, Stanz- und Preßabfälle aus Metallen, Plasten, Holz
Abprodukte	Schlacken, Aschen, Abgase, Industriehalden

8.2. Verfahrensprinzipien, Arbeitsmethoden und Apparate

Kontinuierliche Arbeitsweise

Arbeitsweise bei chemisch-technischen Verfahren, bei der die Ausgangsstoffe fortlaufend den Reaktionsapparaten zugeführt werden, das Stoffgemisch unter gleichbleibenden Bedingungen ununterbrochen chemisch reagiert und die Reaktionsprodukte fortlaufend abgeführt werden.

Diskontinuierliche (periodische) Arbeitsweise

Arbeitsweise chemisch-technischer Verfahren, bei der Beschickung mit Ausgangsstoffen, chemische Reaktion und Entnahme der Reaktionsprodukte nacheinander in sich ständig wiederholendem Arbeitsrhythmus vorgenommen werden.

↗ Chemisch-technische Verfahren S. 255

Gegenstromprinzip

Prinzip chemisch-technischer Verfahren, bei dem verschiedene Stoffe einander entgegenströmen. Gegenstrom wird angewendet, damit sich Stoffe oder Energie unter optimalen Bedingungen austauschen.

↗ Schwefelsäure-Kontaktverfahren S. 258; Ammoniaksynthese S. 259

Kreislaufprinzip

Prinzip chemisch-technischer Verfahren, bei dem nichtumgesetzte und zurückgewonnene Anteile der Ausgangsstoffe beziehungsweise Hilfsstoffe den Apparaten erneut zugeführt werden. Das Kreislaufprinzip dient zur rationellen Stoffausnutzung. Es wird häufig bei kontinuierlichen Verfahren angewendet.

↗ Ammoniaksynthese S. 259

Wirbelschichtverfahren

Arbeitsweise bei chemisch-technischen Verfahren, bei der gasförmige Ausgangsstoffe durch Düsen in den Reaktionsapparat eingeblasen und die festen Ausgangsstoffe dadurch aufgewirbelt und in der Schwebe gehalten werden. Die Reaktionen laufen in der Wirbelschicht ab.

↗ Schwefeldioxidherstellung S. 257; Vergasung der Kohle S. 261

Regenerativprinzip

Prinzip chemisch-technischer Verfahren, nach dem die Abgaswärme aus Reaktionsapparaten in Regeneratoren gespeichert und zum Vorwärmen von gasförmigen Reaktionspartnern oder Heizgasen ausgenutzt wird; dient zur rationellen Energieumsetzung.

➡ 8/2

Reaktionsapparate

Apparate zur chemischen Umsetzung der Ausgangsstoffe zu Zwischen- oder Endprodukten.

Druck, Temperatur	$\leqq 98,1$ kPa, $\leqq 400\,°C$	$\leqq 98,1$ kPa, $> 400\,°C$	$> 98,1$ kPa $\leqq 400\,°C$ bzw. $> 400\,°C$
rohrförmig	Reaktionsturm	Reaktionsofen	Druckrohr
wannenförmig	Reaktionskessel	Gefäßofen	Autoklav

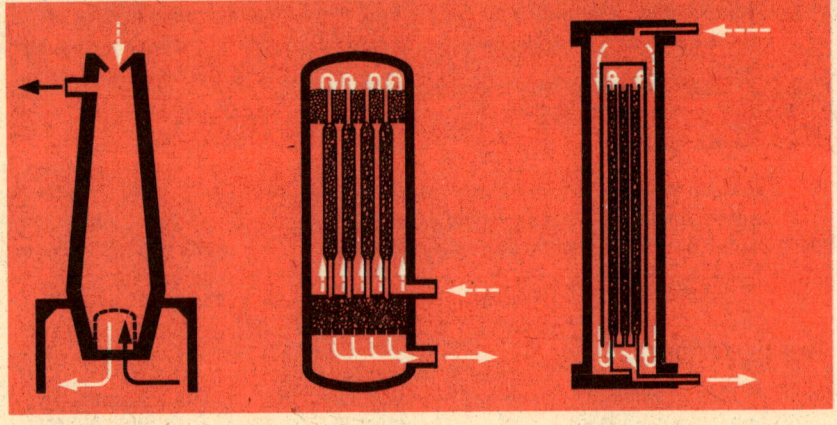

Schachtofen
rohrförmig
Typ: Reaktionsofen

Kontaktofen
rohrförmig
Typ: Reaktionsofen

Kontaktofen
rohrförmig
Typ: Druckrohr

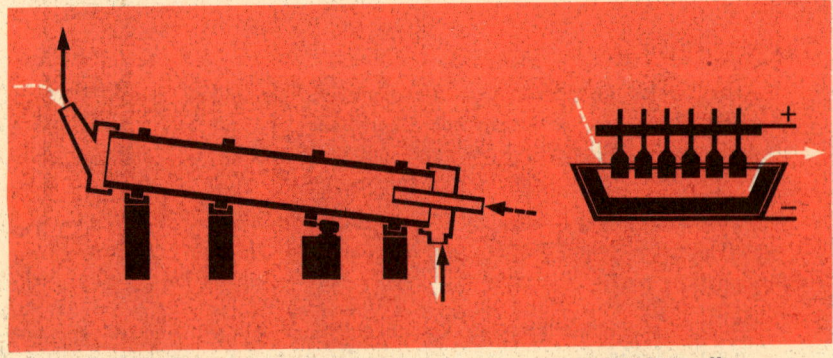

Drehrohrofen
rohrförmig
Typ: Reaktionsofen

Elektrolysezelle
wannenförmig

Apparate zur Aufbereitung und Aufarbeitung

Apparate, in denen vorwiegend die physikalischen Bearbeitungsprozesse zur Aufbereitung der Ausgangsstoffe für die chemische Umsetzung und zur Aufarbeitung des Rohprodukts zum Endprodukt durchgeführt werden.

Dabei werden folgende **Grundoperationen** unterschieden:

Grund-operation	Aggregatzustand der zu bearbeitenden Stoffe	Operationen
Trennen	fest/fest	Sieben, Schlämmen, Magnetscheiden
	fest/flüssig	Zentrifugieren, Dekantieren, Filtrieren, Auspressen, Trocknen, Extrahieren, Absetzen
	fest/gasförmig und flüssig/gasförmig	Waschen, Elektroreinigen, Absetzen
	flüssig/flüssig	Destillieren, Rektifizieren, Extrahieren
	gasförmig/gasförmig	Adsorbieren, Absorbieren, Kondensieren

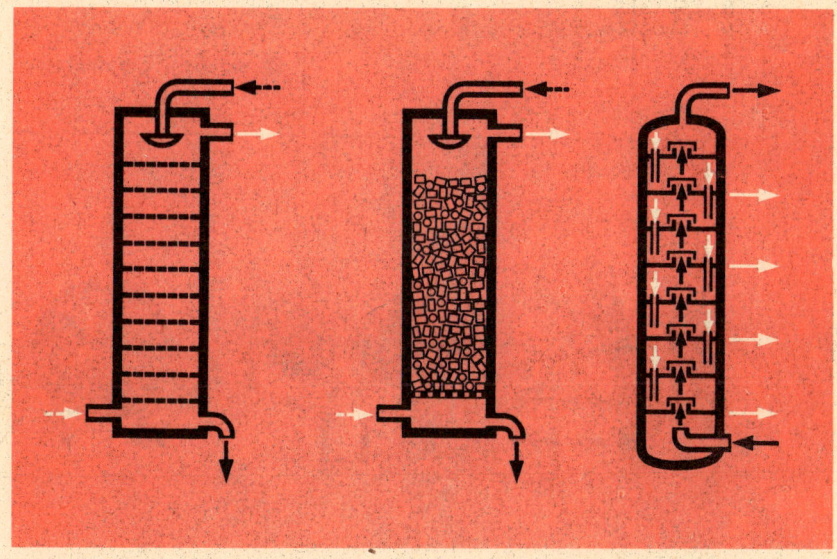

Siebbodenwäscher
Trennen:
flüssig/gasförmig

Füllkörperwäscher
Trennen:
flüssig/gasförmig

Glockenbodenkolonne
Trennen:
flüssig/flüssig

Filterpresse
Trennen:
fest/flüssig

Drehfilter
Trennen:
fest/flüssig

Elektrofilter
Trennen:
fest/gasförmig

Grund-operation	Aggregatzustand der zu bearbeitenden Stoffe	Operationen
Zer-teilen	fest (Hartzerkleinerung)	Brechen, Schroten, Mahlen
	fest (Weichzerkleinerung)	Schneiden, Schnitzeln
	flüssig	Zerstäuben, Tropfenbilden, Verschäumen

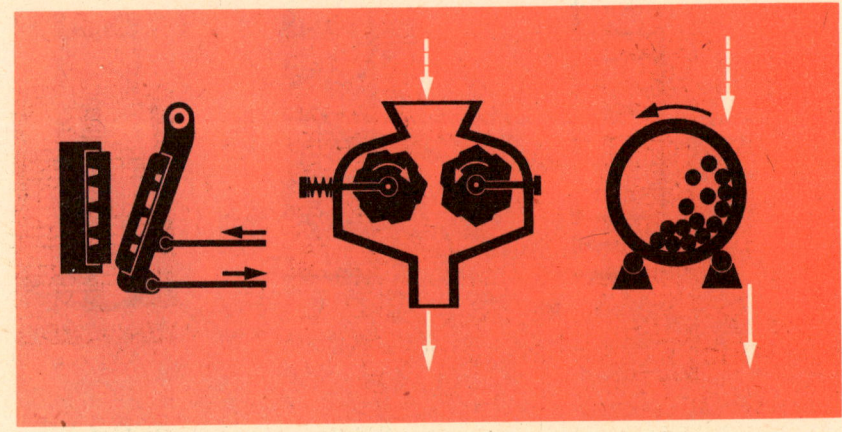

Backenbrecher
Zerteilen: fest

Walzenbrecher
Zerteilen: fest

Rohrmühle
Zerteilen: fest

Grund-operation	Aggregatzustand der zu bearbeitenden Stoffe	Operationen
Vereinigen	fest/fest	Vermengen, Zusammen-schmelzen, Sintern
	fest/flüssig	Lösen, Suspendieren, Kneten
	flüssig/flüssig	Lösen
	flüssig/gasförmig	Adsorbieren
Agglomerieren	fest	Sintern, Pressen, Granulieren
Urformen	fest	Walzen, Pressen, Kalandrieren
	flüssig	Gießen, Filmbilden, Spinnen, Spritzgießen
Wärme-übertragen	—	Erwärmen, Schmelzen, Verdampfen
		Abkühlen, Kondensieren, Gefrieren

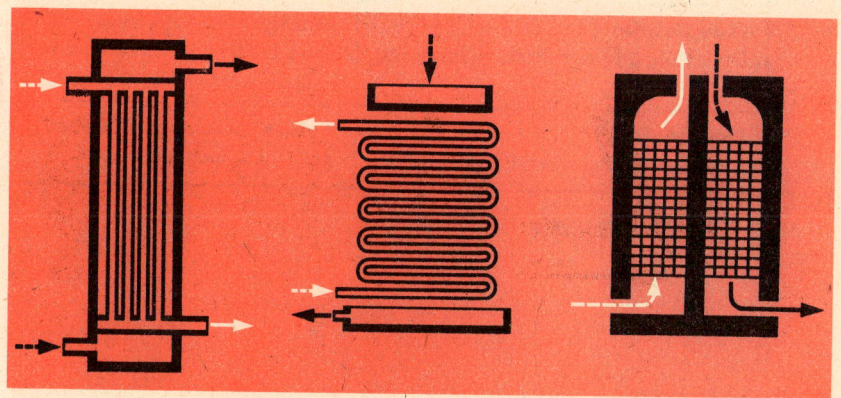

Röhren-wärmeaustauscher
Wärmeübertragen

Rieselkühler
Wärmeübertragen

Regenerator
Wärmeübertragen

Grund-operation	Aggregatzustand der zu bearbeitenden Stoffe	Operationen
Fördern	fest	Fördern durch Schwerkraft; mechanische, pneumatische, hydraulische Förderung
	flüssig	Fördern durch Schwerkraft; mechanische, pneumatische Förderung
	gasförmig	Fördern durch Auftrieb, mechanische Förderung
Lagern	fest	Lagern auf Halden, in Stapeln, Behältern
	flüssig	Lagern in Behältern
	gasförmig	Lagern in Behältern

Grundstruktur chemisch-technischer Verfahren

Einteilung chemisch-technischer Verfahren in drei zeitlich aufeinanderfolgende technologische Abschnitte, die **Verfahrensstufen**.

Verfahrensstufe	■ Herstellung von Calciumcarbid
Vorstufe: Vorbereitung der Ausgangsstoffe auf die chemische Reaktion	Brechen, Sieben und Mischen der Ausgangsstoffe Branntkalk und Koks
Hauptstufe: Durchführung der Stoffumwandlung	Reaktion der Ausgangsstoffe bei etwa 2000 °C im Elektroofen zu Calciumcarbid und Kohlenmonoxid
Nachstufe: Aufarbeitung der Reaktionsprodukte	Kühlen, Brechen und Sieben des Calciumcarbids

↗ Carbidherstellung S. 263

8.3. Chemisch-technische Verfahren

8.3.1. Verfahren zur Herstellung von Metallen

Roheisenherstellung

Ausgangsstoffe: Eisenerze
Hilfsstoffe: Koks, Luft, Zuschläge
Chemische Reaktion: Die Eisenoxide in den Erzen werden durch Kohlenmonoxid reduziert:

$$Fe_2O_3 + 3\,CO \longrightarrow 2\,Fe + 3\,CO_2 \qquad \Delta_R H = -33,5\ kJ \cdot mol^{-1}$$

Koks verbrennt zu Kohlendioxid; dabei entsteht die notwendige Wärme für das Schmelzen des Eisens, der Schlacke und für die chemischen Reaktionen.

$$C + O_2 \longrightarrow CO_2 \qquad \Delta_R H = -393,6\ kJ \cdot mol^{-1}$$

Kohlendioxid wird zu Kohlenmonoxid reduziert:

$$CO_2 + C \rightleftharpoons 2\,CO \qquad \Delta_R H = +172,5\ kJ \cdot mol^{-1}$$

Reaktionsapparat: Hochofen

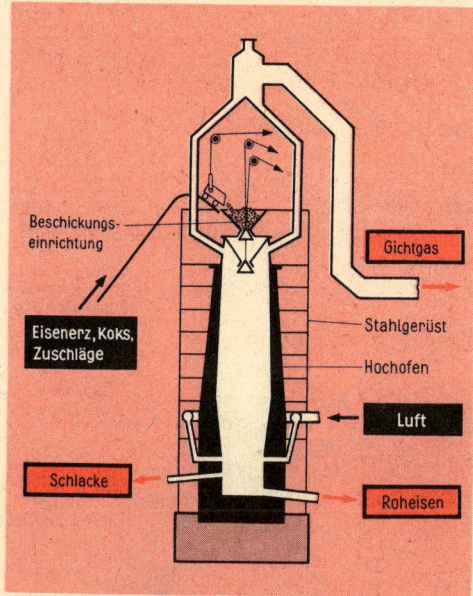

Beschickungs-einrichtung

Eisenerz, Koks, Zuschläge

Schlacke

Gichtgas

Stahlgerüst

Hochofen

Luft

Roheisen

Allgemeine Prinzipien: kontinuierliche Arbeitsweise (Beschickung und Abstich jedoch diskontinuierlich), Gegenstrom
Hauptprodukt: Roheisen
Nebenprodukte: Schlacke, Gichtgas

↗ Verwendung S. 267

Stahlherstellung

Ausgangsstoffe: flüssiges Roheisen und Luft beziehungsweise Eisenoxide und Schrott
Hilfsstoffe: Zuschläge (z. B. Branntkalk)
Chemische Reaktion: In dem flüssigen Roheisen werden die Begleitelemente, vor allem Kohlenstoff, durch eingeleiteten Sauerstoff (oder Luft) beziehungsweise durch zugesetzte Oxide oxydiert oder verschlackt.
Reaktionsapparate: Siemens-Martin-Ofen; Konverter; Elektrostahlofen
Hauptprodukt: Stahl
Nebenprodukte: Schlacke, Abgase

↗ Verwendung S. 267

Aluminothermisches Verfahren

Ausgangsstoffe: Eisenoxide, Aluminiumgrieß
Hilfsstoff: Zündmischung
Chemische Reaktion: Ein Eisenoxid-Aluminiumgrieß-Gemisch wird in Tontiegeln gezündet und zur Reaktion gebracht:

$$3\ Fe_3O_4 + 8\ Al \longrightarrow 9\ Fe + 4\ Al_2O_3 \qquad \Delta_R H = -3\ 396\ kJ \cdot mol^{-1}$$

Hauptprodukt: flüssiges Eisen
Nebenprodukt: Schlacke

Aluminiumherstellung durch Schmelzflußelektrolyse

Ausgangsstoff: Aluminiumoxid
Hilfsstoffe: Kryolith, Kohleelektroden
Chemische Reaktion: Das in einer Kryolithschmelze gelöste Aluminiumoxid wird in der Elektrolysezelle elektrolytisch zersetzt:

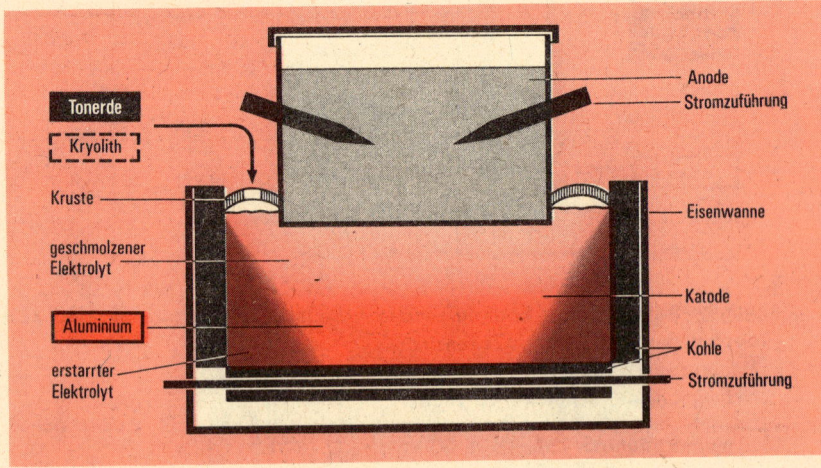

Katode: $2 Al^{3+} + 6 e^- \longrightarrow 2 Al$

Anode: $3 O^{2-} + 2 C \longrightarrow CO + CO_2 + 6 e^-$

$$Al_2O_3 + 2 C \longrightarrow 2 Al + CO + CO_2$$

Reaktionsapparat: Elektrolysezelle
Hauptprodukt: Aluminium
Nebenprodukt: Abgase

↗ Eigenschaften S. 153; Verwendung S. 268

Kupferherstellung (trockenes Verfahren)

Ausgangsstoffe: Kupferschiefer
Hilfsstoffe: Luft, Zuschläge (Koks und Quarz), Kupfer(II)-sulfat, Schwefelsäure
Chemische Reaktionen: Das angereicherte Erz wird in Etagenöfen abgeröstet und im Schachtofen in Kupferstein und Schlacke getrennt. Kupferstein wird im Trommelkonverter verblasen, wobei Rohkupfer und schwefeldioxidhaltige Abgase entstehen:

$$2 Cu_2S + 3 O_2 \longrightarrow 2 Cu_2O + 2 SO_2 \qquad \Delta_R H = -389{,}4 \text{ kJ} \cdot \text{mol}^{-1}$$

$$2 Cu_2O + Cu_2S \longrightarrow 6 Cu + SO_2 \qquad \Delta_R H = +125{,}6 \text{ kJ} \cdot \text{mol}^{-1}$$

Rohkupfer wird elektrolytisch raffiniert.
Hauptprodukt: Elektrolytkupfer
Nebenprodukte: schwefeldioxidhaltige Gase, Flugstaub (enthält Blei, Zink, Rhenium), Gichtgas, Schlacke, Anodenschlamm (enthält Selen, Silber, Gold)

↗ Eigenschaften S. 167; Verwendung S. 268

Zinkherstellung (nasses Verfahren)

Ausgangsstoffe: Zinkblende
Hilfsstoffe: Luft, Schwefelsäure, Zinkstaub, Zinksulfat
Chemische Reaktionen: Zinkblende wird abgeröstet. Das Röstgut wird mit Schwefelsäure umgesetzt. Es entsteht Zinksulfatlösung, die von Begleitelementen gereinigt und dann elektrolysiert wird.
Hauptprodukt: Elektrolytzink
Nebenprodukte: schwefeldioxidhaltige Gase, Rückstände (enthalten Kupfer, Cobalt, Cadmium, Indium)

↗ Eigenschaften S. 168; Verwendung S. 268

8.3.2. Verfahren zur Herstellung anorganischer Grundchemikalien

Schwefeldioxidherstellung aus sulfidischen Erzen

Ausgangsstoffe: sulfidische Erze (z. B. Pyrit), Luft
Chemische Reaktion: Sulfidische Erze werden in einem Reaktionsapparat (z. B.

17

Drehrohrröstofen, Wirbelschichtofen) bei etwa 650 °C oxidiert:

$$4\,FeS_2 + 11\,O_2 \longrightarrow 2\,Fe_2O_3 + 8\,SO_2 \qquad \Delta_R H = -3\,442\;kJ \cdot mol^{-1}$$

Produkte: schwefeldioxidhaltige Röstgase, Abbrände (z. B. Eisenoxide)

↗ Eigenschaften S. 162

Schwefeldioxidherstellung aus Anhydrit

Ausgangsstoffe: Anhydrit oder Gips, Sand, Ton, Kohle
Hilfsstoffe: Koks, Luft
Chemische Reaktion: Die Ausgangsstoffe werden im Drehrohrofen auf 1 200 °C erhitzt. Dabei reagiert Calciumsulfat mit Kohlenstoff:

$$2\,CaSO_4 + C \longrightarrow 2\,CaO + 2\,SO_2 + CO_2 \qquad \Delta_R H = +544,3\;kJ \cdot mol^{-1}$$

Aus Calciumoxid, Ton und Sand entstehen Zementklinker.
Produkte: schwefeldioxidhaltige Gase, Zementklinker

↗ Anhydrit S. 245

Schwefelsäure-Kontaktverfahren

Ausgangsstoffe: schwefeldioxidhaltige Gase, Luft
Hilfsstoffe: Wasser, Schwefelsäure, Katalysatoren
Chemische Reaktion: Die gereinigten und getrockneten schwefeldioxidhaltigen Gase werden zusammen mit Luft im Reaktionsapparat bei 450 °C an Vanadium-mischkatalysatoren zur Reaktion gebracht:

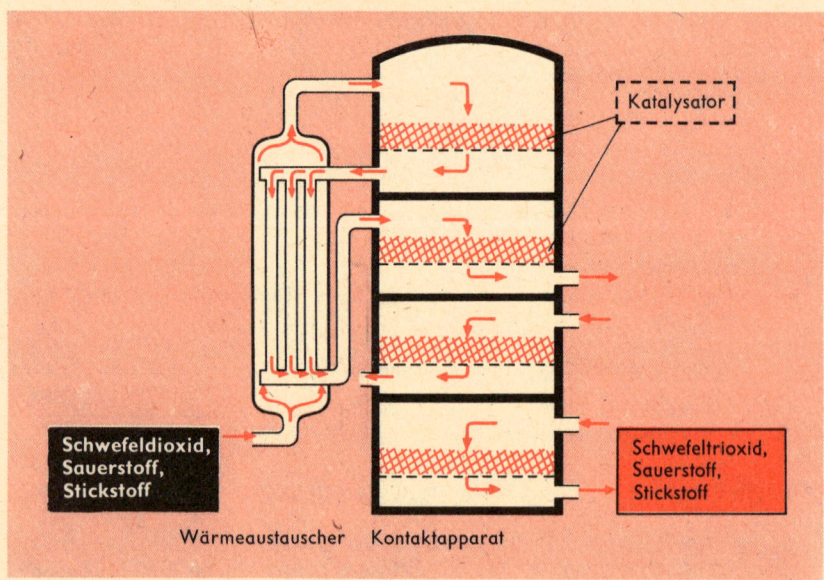

Katalysator

Schwefeldioxid,
Sauerstoff,
Stickstoff

Schwefeltrioxid,
Sauerstoff,
Stickstoff

Wärmeaustauscher   Kontaktapparat

$$2\,SO_2 + O_2 \underset{\text{Kat. 450 °C}}{\rightleftharpoons} 2\,SO_3 \qquad\qquad \Delta_R H = -189{,}2\ kJ \cdot mol^{-1}$$

Schwefeltrioxid wird in konzentrierte Schwefelsäure eingeleitet. Durch Zusatz von Wasser entsteht Schwefelsäure.

Reaktionsapparat: Kontaktofen mit Wärmeaustauscher
Allgemeine Prinzipien: kontinuierliche Arbeitsweise, Gegenstrom
Hauptprodukt: Schwefelsäure

↗ Eigenschaften S. 163; Verwendung S. 266

Ammoniaksynthese

Ausgangsstoff: Stickstoff-Wasserstoff-Gemisch
Hilfsstoffe: Katalysatoren
Chemische Reaktion: Das Gasgemisch reagiert katalytisch zu Ammoniak:

$$N_2 + 3\,H_2 \underset{\text{Kat. 500 °C 20 MPa}}{\rightleftharpoons} 2\,NH_3 \qquad\qquad \Delta_R H = -92{,}1\ kJ \cdot mol^{-1}$$

Reaktionsapparat: Kontaktofen
Allgemeine Prinzipien: kontinuierliche Arbeitsweise, Wärmeaustausch, Kreislaufprinzip
Hauptprodukt: Ammoniak

↗ Eigenschaften S. 159; Verwendung S. 266

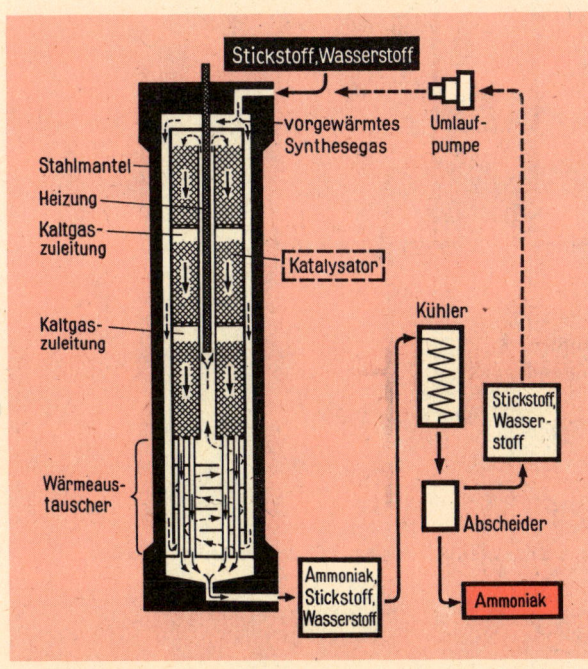

17*

Kalkbrennen

Ausgangsstoff: Kalkstein
Hilfsstoffe: Koks, Luft
Chemische Reaktion: Kalkstein wird im Schachtofen bei etwa 1000 °C thermisch zersetzt. Die dazu notwendige Wärme entsteht durch die Verbrennung von Koks:

$$CaCO_3 \longrightarrow CaO + CO_2 \qquad \Delta_R H = +178,8 \text{ kJ} \cdot \text{mol}^{-1}$$

$$C + O_2 \longrightarrow CO_2 \qquad \Delta_R H = -393,6 \text{ kJ} \cdot \text{mol}^{-1}$$

Allgemeine Prinzipien: kontinuierliche Arbeitsweise (Beschickung und Entnahme jedoch diskontinuierlich), Gegenstrom
Reaktionsapparat: Schachtofen

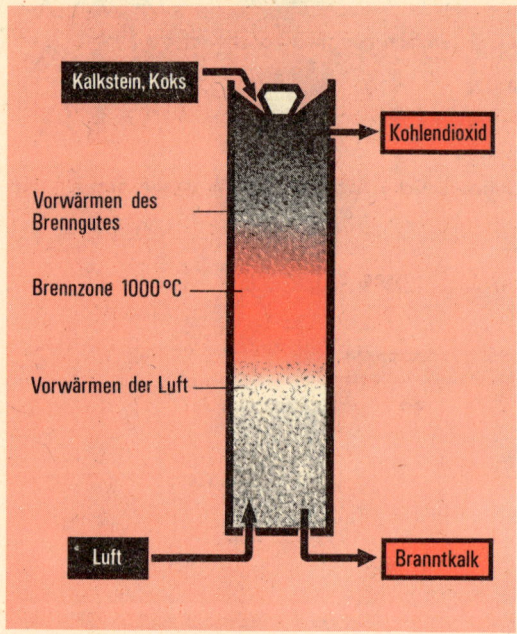

Hauptprodukt: Branntkalk
Nebenprodukt: Kohlendioxid

↗ Eigenschaften S. 152; Verwendung S. 266

Kalklöschen

Ausgangsstoffe: Branntkalk, Wasser
Chemische Reaktion: Branntkalk reagiert in Löschsilos mit Wasser:

$$CaO + H_2O \longrightarrow Ca(OH)_2 \qquad \Delta_R H = -62,8 \text{ kJ} \cdot \text{mol}^{-1}$$

Produkt: Löschkalk

8.3.3. Veredlung von Kohle und Erdöl

Carbochemie

Hauptgebiet der technischen Chemie, das die Verfahren zur Verarbeitung von Braunkohle und Steinkohle umfaßt und die Veredlung der Kohlen und die Weiterverarbeitung der daraus erzeugten Produkte zum Ziel hat.

■ Verkokung, Vergasung, Schwelung, Hochdruckhydrierung

Petrolchemie

Hauptgebiet der technischen Chemie, das die Verfahren zur Verarbeitung von Erdöl und Erdgas umfaßt.

■ Herstellung von Plasten, Chemiefaserstoffen, Düngemitteln, Waschrohstoffen.

Verkokung der Kohle

Ausgangsstoff: Kohle
Hilfsstoffe: Heizgase, Luft
Chemische Reaktion: Erhitzen der Kohle unter Luftabschluß, dabei thermische Zersetzung und chemische Umwandlung.
Hauptprodukte: Koks, Heizgas
Nebenprodukte: Teer, Ammoniakwasser, Benzen

↗ Verwendung S. 272

Vergasung der Kohle (Mischgasherstellung)

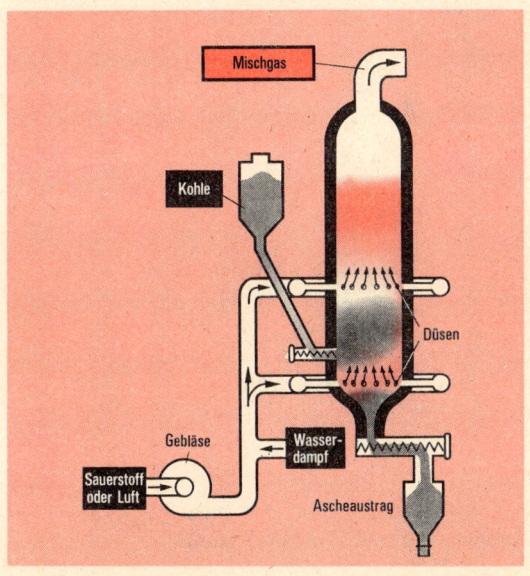

Ausgangsstoffe: Kohle oder Koks, Luft, Wasser, Sauerstoff
Chemische Reaktion: Wasserdampf, Sauerstoff und glühender Brennstoff reagieren:

$$C + O_2 \longrightarrow CO_2 \qquad\qquad \Delta_R H = -393{,}6 \text{ kJ} \cdot \text{mol}^{-1}$$

$$CO_2 + C \rightleftharpoons 2\,CO \qquad\qquad \Delta_R H = +172{,}5 \text{ kJ} \cdot \text{mol}^{-1}$$

$$C + H_2O \longrightarrow CO + H_2 \qquad \Delta_R H = +131{,}5 \text{ kJ} \cdot \text{mol}^{-1}$$

Reaktionsapparat: Winkler-Generator
Allgemeine Prinzipien: kontinuierliche Arbeitsweise, Wirbelschicht
Hauptprodukt: Mischgas

↗ Verwendung S. 272

Aufarbeitung von Erdöl

Ausgangsstoff: Erdöl
Verfahren: Begleitstoffe (Sand, Wasser) und gasförmige Alkane werden aus dem Erdöl entfernt. Im Röhrenofen wird das gereinigte Erdöl erhitzt und anschließend in Fraktioniertürmen durch Destillation beziehungsweise Vakuumdestillation in Destillate unterschiedlicher Siedebereiche getrennt.

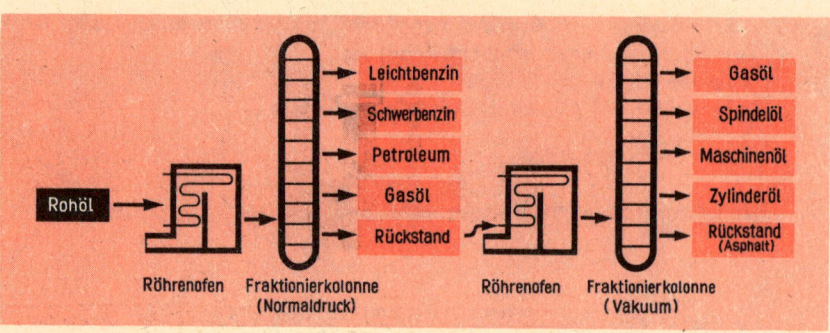

Produkte: Leichtbenzin, Schwerbenzin, Petroleum, Gasöl, Schmieröle, Asphalt

Cracken von Erdölfraktionen

Ausgangsstoffe: höhersiedende Erdölfraktionen
Hilfsstoffe: Katalysatoren
Chemische Reaktion: Moleküle von Kohlenwasserstoffen werden bei etwa 500 °C und unter 0,5 ··· 8 MPa Druck (katalytisch, thermisch) in kleinere gespalten:

$$C_8H_{18} \longrightarrow C_3H_8 \qquad\qquad\qquad + C_2H_4 + C_3H_6$$

$$C_{14}H_{30} \longrightarrow C_7H_{16} \qquad\qquad\qquad + 2\,C_2H_4 + C_3H_6$$

$$C_{10}H_{22} \longrightarrow C_4H_{10} + CH_4 \qquad\qquad + 2\,C_2H_4 \qquad + C$$

Alkan   Alkane   Alkene   Kohlenstoff

Produkte: Gemisch von Kohlenwasserstoffen mit niedriger Siedetemperatur (Kraftstoffe) und BTX-Aromaten (Benzen, Toluen, Xylen).

Pyrolyse-Verfahren

Ausgangsstoffe: niedrigsiedende Erdölfraktionen (Benzine), Wasserdampf.
Chemische Reaktion: Thermische Spaltung der Benzinfraktionen bei etwa 900 °C und 0,2 MPa und Verweilzeiten von 0,25 bis 1 s.
Produkte: Olefine (Ethen, Propen, Buta-1,3-dien) und BTX-Aromaten (Benzen, Toluen, Xylen).

8.3.4. Verfahren zur Herstellung organischer Grundchemikalien

Carbidherstellung

Ausgangsstoffe: Branntkalk, Koks
Chemische Reaktion: Die Ausgangsstoffe Branntkalk und Koks reagieren bei etwa 2 000 °C zu Calciumcarbid und Kohlenmonoxid:

$$CaO + 3\,C \rightleftharpoons CaC_2 + CO \qquad\qquad \Delta_R H = +\,468,9\ kJ \cdot mol^{-1}$$

Reaktionsapparat: Elektroofen
Allgemeine Prinzipien: kontinuierliche Arbeitsweise

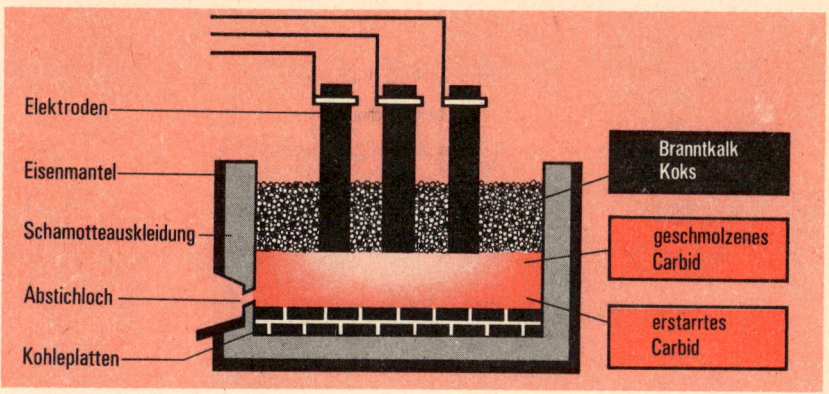

Hauptprodukt: Calciumcarbid
Nebenprodukt: Kohlenmonoxid

↗ Eigenschaften S. 152; Verwendung S. 269

Herstellung von Ethin (Acetylen)

Ausgangsstoffe: Calciumcarbid, Wasser
Chemische Reaktion: Calciumcarbid wird in geschlossenen Behältern mit Wasser zur Reaktion gebracht:

$$CaC_2 + 2\,H_2O \longrightarrow Ca(OH)_2 + C_2H_2 \qquad\qquad \Delta_R H = -\,142,4\ kJ \cdot mol^{-1}$$

Hauptprodukt: Ethin
Nebenprodukt: Calciumhydroxid

Methanolsynthese

Ausgangsstoffe: Kohlenmonoxid, Wasserstoff
Hilfsstoffe: Katalysatoren
Chemische Reaktion: Synthesegas wird bei etwa 370 °C und unter 20 MPa Druck katalytisch (Zinkoxid-Chromiumoxid-Katalysatoren) zu Methanol umgesetzt:

$$CO + 2\,H_2 \underset{}{\overset{Kat.}{\rightleftharpoons}} CH_3 - OH \qquad \Delta_R H = -\,90,9\ kJ \cdot mol^{-1}$$

Hauptprodukt: Methanol

↗ Eigenschaften S. 193; Verwendung S. 269

Ethanolgärung (alkoholische Gärung)

Ausgangsstoffe: Stärke, Cellulose, Zucker, Fruchtsäfte oder Ablaugen der Zellstoffgewinnung
Hilfsstoffe: Enzyme der Hefe, Wasser
Reaktionen: Die Ausgangsstoffe werden in vergärbare Zucker übergeführt. Die zuckerhaltigen Flüssigkeiten gären in Gärkesseln unter Zusatz von Hefe bei 25 °C:

$$C_6H_{12}O_6 \overset{Kat.}{\longrightarrow} 2\,C_2H_5 - OH + 2\,CO_2$$

Aus der gewonnenen ethanolhaltigen Lösung wird Ethanol durch Destillation abgetrennt.
Hauptprodukt: Ethanol
Nebenprodukte: Hefe, Kohlendioxid, höhermolekulare Alkanole

Ethanolsynthese

Ausgangsstoffe: Ethen, Wasser
Hilfsstoffe: Katalysatoren
Chemische Reaktion: An Ethen wird katalytisch Wasser angelagert:

$$CH_2{=}CH_2 + H_2O \underset{}{\overset{Kat.}{\rightleftharpoons}} CH_3{-}CH_2{-}OH$$

Hauptprodukt: Ethanol

↗ Eigenschaften S. 194; Verwendung S. 269

Ethansäuregärung (Essiggärung)

Ausgangsstoffe: ethanolhaltige Flüssigkeiten (Weine, vergorene Früchte), Sauerstoff (Luft)
Hilfsstoffe: Enzyme der Essigbakterien
Chemische Reaktion: Ethanol wird biokatalytisch zu Ethansäure (Essigsäure) oxidiert:

$$CH_3{-}CH_2{-}OH + O_2 \overset{Kat.}{\longrightarrow} CH_3{-}COOH + H_2O$$

Hauptprodukt: Ethansäure

↗ Eigenschaften S. 200; Verwendung S. 269

Zellstoffgewinnung (Sulfitverfahren)

Ausgangsstoffe: Holz, Calciumhydrogensulfit
Hilfsstoff: Wasser
Chemische Reaktionen: Zerkleinertes Holz und Kochsäure (Calciumhydrogen-sulfitlösung) werden in Kochern unter 0,3 MPa Druck auf etwa 130.°C erhitzt. Dann wird der Zellstoffbrei von der Kochsäure getrennt, gereinigt, gebleicht und entwässert.
Hauptprodukt: Zellstoff
Nebenprodukt: Sulfitablauge

↗ Verwendung S. 269

8.3.5. Verfahren zur Herstellung von makromolekularen Werkstoffen

Herstellung von PVC

Ausgangsstoffe: Ethin, Chlorwasserstoff
Hilfsstoffe: Katalysatoren
Chemische Reaktion: Ethin reagiert katalytisch mit Chlorwasserstoff zu Mono-chlorethen (Vinylchlorid):

$$HC{\equiv}CH + HCl \xrightarrow{\text{Kat.}} CH_2{=}CHCl$$
$$\text{Vinylchlorid}$$

Monochlorethen wird katalytisch polymerisiert:

$$n\,CH_2{=}CHCl \xrightarrow{\text{Kat.}} {-}[CH_2{-}CHCl]{-}_n$$
$$\text{Polyvinylchlorid}$$

Aus der Emulsion entsteht durch Zerstäubungstrocknung PVC-Pulver.
Hauptprodukt: PVC-Pulver

↗ Eigenschaften S. 215; Verwendung S. 270

Herstellung von Polyethen (Polyethylen)

Ausgangsstoff: Ethen
Hilfsstoffe: Katalysatoren
Chemische Reaktion: Ethen wird katalytisch polymerisiert:

$$n\,CH_2{=}CH_2 \xrightarrow{\text{Kat.}} {-}[CH_2{-}CH_2]{-}_n$$
$$\text{Polyethen}$$

Hauptprodukt: Polyethen

↗ Eigenschaften S. 215; Verwendung S. 270; Olefinproduktion S. 278

Herstellung von Phenoplasten

Ausgangsstoffe: Phenol, Methanal
Hilfsstoffe: Katalysatoren
Chemische Reaktion: Ausgangsstoffe und Katalysatoren werden gemischt und um-

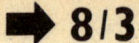

gesetzt, bis die Kondensation einsetzt. In der 1. Kondensationsstufe entstehen kettenförmige Makromoleküle (Resole); in der 2. Kondensationsstufe entstehen Produkte mit räumlicher Vernetzung (Resitole).

Hauptprodukt: Phenolharze (härten bei weiterer Verarbeitung aus: Resite).

↗ Eigenschaften S. 216; Verwendung S. 270

Kautschuksynthese

Ausgangsstoffe: verschiedene Kohlenwasserstoffe und andere Stoffe

Hilfsstoffe: Katalysatoren

Chemische Reaktion: Aus den Ausgangsstoffen wird über mehrere Zwischenprodukte Buta-1,3-dien hergestellt, das dann zu einem synthetischen Kautschuk polymerisiert wird:

$$n \; CH_2{=}CH{-}CH{=}CH_2 \xrightarrow{\text{Polymerisation}} \left[CH_2{-}CH{=}CH{-}CH_2 \right]_n$$

Polybutadien

Buta-1,3-dien wird auch mit anderen Stoffen, wie Styren, Acrylnitril, zu Mischpolymerisaten verarbeitet.

Hauptprodukt: Synthesekautschuk

8.4. Industrieprodukte

Anorganische Grundchemikalien

Anorganische Stoffe, die industriell hergestellt und vorzugsweise als Ausgangsstoffe für chemisch-technische Verfahren verwendet werden.

Name	Zusammensetzung	Verwendung
Ammoniak	NH_3	Herstellung von Salpetersäure, Düngemitteln, Soda; Kühlmittel
Ätznatron	Natriumhydroxid $NaOH$	Herstellung von Seifen und Chemikalien; Hilfsstoff zur Zellstoffherstellung und zur Reinigung von Fetten und Mineralölen
Branntkalk	Calciumoxid CaO	Zuschlagstoff bei der Stahlerzeugung; Hilfsstoff bei der Zuckergewinnung und für die Sodaerzeugung; zur Herstellung von Löschkalk und Calciumcarbid; Düngemittel
Chlor	Cl_2	Herstellung von Plasten, Farbstoffen, Arzneimitteln, Schädlingsbekämpfungsmitteln; Desinfektions- und Bleichmittel

Name	Zusammen-setzung	Verwendung
Salpetersäure	HNO_3	Herstellung von Düngemitteln, Farbstoffen, Lacken, Plasten, Arzneimitteln, Explosiv-stoffen, Chemiefaserstoffen
Schwefel	S	Herstellung von Schwefeldioxid, Kohlen-disulfid, Farbstoffen, Arzneimitteln, Des-infektionsmitteln, Schädlingsbekämpfungs-mitteln; Vulkanisation von Kautschuk
Schwefelsäure	H_2SO_4	Herstellung von Düngemitteln, Farbstoffen, Chemiefaserstoffen, Plasten, Arzneimit-teln; Aufbereitung von Erzen; Reinigung von Erdöl; Trockenmittel
Soda	Natriumcarbonat Na_2CO_3	Herstellung von Seifen, Glas, Natriumverbindungen, Düngemitteln
Wasserstoff	H_2	Synthese von Ammoniak, Kohlenwasserstof-fen, Methanol, Chlorwasserstoffsäure; autogenes Schweißen und Schneiden

Metalle und Metallegierungen

Eisenmetalle

Name	Zusammen-setzung	Verwendung
Roheisen	Eisen-Kohlenstoff-Legierung mit etwa 4% Kohlen-stoff; **graues Roheisen** **weißes Roheisen**	Gußeisen Ausgangsstoff für die Stahlerzeugung
Kohlenstoff-stähle	Eisen-Kohlenstoff-Legierungen; bis 1,7% Kohlenstoff	Herstellung von Stahlerzeugnissen durch Gießen, Walzen, Ziehen, Schmieden
Legierte Stähle	Eisenlegierungen mit Metallen und Kohlenstoff Legierungs-zusätze: **Mangan** bis 14% (Verschleiß-festigkeit)	Eisenbahnschienen

Name	Zusammen-setzung	Verwendung
Legierte Stähle	**Chromium** über 13% (Härte, Rost-beständigkeit)	Werkzeuge und Kugellager
	Nickel etwa 25 bis 36% (Zähigkeit, fast keine Ausdehnung beim Erwärmen)	Bau von Meßinstrumenten
	Chromium und Nickel (Härte, Zähigkeit, chemische Wider-standsfähigkeit)	Kurbelwellen, Achsen, Bau chemisch-technischer Apparate
	Wolfram 15 bis 18% (Wärme, Festig-keit)	Zerspanungswerkzeuge

Nichteisenmetalle

Name	Verwendung
Aluminium	Leiterwerkstoff für die Elektroindustrie; Herstellung von Haushalt-geräten, Behältern, Profilen, Formteilen; Folie für Verpackungs-zwecke; aluminothermische Verfahren; Legierungsmetall; Bau-stoff
Blei	Legierungsmetall; Material zum Schutz gegen radioaktive Strahlen; Herstellung von Kabeln und Rohren; für Bleiakkumula-toren
Kupfer	Leiterwerkstoff für die Elektroindustrie; Herstellung von Rohren für Heizungs- und Kältetechnik, Apparaten für die chemische Industrie; Legierungsmetall
Nickel	Legierungsmetall; als Überzug für andere Metalle (Verschleiß- und Korrosionsschutz), Akkumulatorplatten
Silber	Legierungsmetall; Herstellung von Schmuck, Geräten, Spiegel-belägen, Schaltkontakten, Silberverbindungen für fotografische Zwecke
Zink	Oberflächenschutzmittel für Bleche, Rohre, Drähte, Nägel aus Eisenlegierungen; Herstellung von Blechen, Taschenlampen-batterien; Legierungsmetall
Zinn	Legierungsmetall; Oberflächenschutzmittel für Stahlbleche (Weißblech)

Legierungen der Nichteisenmetalle

Name	Zusammensetzung	Verwendung
Bronzen	70 ··· 96% **Kupfer**, 30 ··· 4% **Zinn**	Herstellung von hochbeanspruchten Maschinenteilen, Armaturen
Konstantan	60% **Kupfer**, 40% **Nickel**	elektrisches Widerstandsmaterial
Messinge	54 ··· 90% **Kupfer**, 46 ··· 10% **Zink**	Herstellung von Drähten, Blechen, Profilen; Armaturen
Neusilber	60% **Kupfer**, 18% **Zink**, 22% **Nickel**	Material für feinmechanische und medizinische Geräte
Rotguß	86% **Kupfer**, 4% **Zink**, 10% **Zinn**	Herstellung von Maschinenteilen

Organische Grundchemikalien

Organische Stoffe, die industriell hergestellt und vorzugsweise für chemisch-technische Verfahren verwendet werden.

Name	Zusammensetzung	Verwendung
Benzen (Benzol)	C_6H_6	Lösungsmittel; Zusatz für Kraftstoffe; Herstellung von Schädlingsbekämpfungsmitteln, Chemiefaserstoffen, Farbstoffen, Arzneimitteln, Waschmitteln, synthetischem Kautschuk
Calciumcarbid	CaC_2	Herstellung von Kalkstickstoff, Plasten, synthetischem Kautschuk, Chemiefaserstoffen, Lösungsmitteln, Arzneimitteln, Ethanol, Ethansäure
Ethanal (Acetaldehyd)	CH_3CHO	Zwischenprodukt zur Herstellung von synthetischem Kautschuk, Ethanol, Ethansäure, Farbstoffen, Arzneimitteln
Ethanol (Ethylalkohol)	C_2H_5OH	Lösungsmittel, Brennstoff, Raketentreibstoff; Ausgangsstoff für chemisch-technische Verfahren

Name	Zusammensetzung	Verwendung
Ethansäure (Essigsäure)	CH_3COOH	Herstellung von Chemiefaserstoffen, Sicherheitsfilmen, Farbstoffen, Arzneimitteln, Riechstoffen, Lösungsmitteln; Speisewürze und Konservierungsmittel
Harnstoff	$CO(NH_2)_2$	Herstellung von Aminoplasten, Medikamenten; Zusatz zum Viehfutter
Methanal (Formaldehyd)	$HCHO$	Desinfektionsmittel, Konservierungsmittel; Herstellung von Plasten
Methanol	CH_3OH	Lösungsmittel, Brennstoff, Raketentreibstoff; Ausgangsstoff für chemisch-technische Verfahren
Methansäure (Ameisensäure)	$HCOOH$	Desinfektionsmittel, Konservierungsmittel, in der Textilveredlung und Gerberei
Paraffin	Gemisch fester Alkane	Herstellung von Kerzen, Polituren, Kunstblumen, Fettsäuren, Waschmitteln; Isolierstoff, Imprägnierungsmittel, Salbengrundlage
Phenol	C_6H_5OH	Herstellung von Plasten, Chemiefaserstoffen, Schädlingsbekämpfungsmitteln, Gerbstoffen, Farbstoffen, Arzneimitteln
Zellstoff	fast reine Cellulose	Herstellung von Chemiefaserstoffen, Papier, Folien, Plasten, Kleb- und Appreturmitteln, Lacken, Explosivstoffen, Verbandmaterial

Plaste, Elaste, Chemiefaserstoffe

↗ Makromolekulare Werkstoffe S. 213

Name	Zusammensetzung	Verwendung
Aminoplaste	Polykondensationsprodukte von Aminen (oder Harnstoff) und Methanal	Herstellung von Lacken, Leimen, Kitten, Schichtpreßstoffen, Preßmassen, Isolierstoffen

Name	Zusammensetzung	Verwendung
Gummi	Synthesekautschuk (Buna) oder Natur-kautschuk, mit Schwefel vulkanisiert; Elast	Fahrzeugreifen, Regen- und Arbeitsschutz-bekleidung, Schläuche, Treibriemen, Massenbedarfsartikel
Phenoplaste	Polykondensations-produkte von Phenol (bzw. seinen Homo-logen) und Methanal	Herstellung von Gießharzen, Lacken, Leimen, Kitten, Schichtpreßstoffen, Preßmassen
Polyvinyl-chlorid (PVC)	Polymerisations-produkt des Vinylchlorids	Herstellung von Armaturen, Rohrleitungen, Apparaten für die chemische Industrie, Verpackungsmaterial, Haushaltgeräten, Platten, Folien, Fußbodenbelag, Schläuchen Isolierstoff für die Elektrotechnik
Poly-acrylnitril (PAN)	Polymerisationspro-dukt von Acrylnitril	Chemiefaserstoff (Wolpryla)
Polyamide (PA)	Polykondensations-produkte von ε-Caprolactam oder anderen Stoffen	Herstellung von Formteilen für die Industrie, Massenbedarfsartikeln, Möbel-beschlägen, Armaturen, Haushaltgeräten, Seilen, Folien; Chemiefaserstoff (Dederon, Nylon)
Polyester (PE)	Polykondensations-produkte von Estern der Terephthalsäure und Ethandiol	Herstellung von Formteilen für die Industrie, Bootskörpern, Karosserieteilen, Badewannen; Chemiefaserstoff (Grisuten)
Polyethen (Polyethylen)	Polymerisations-produkte des Ethens	Herstellung von Haushaltgeräten, Verpackungsmaterial, Rohren, Schläuchen; Isolierstoff in der Elektrotechnik
Polystyren (Polystyrol, PS)	Polymerisations-produkt des Styrens	Herstellung von Haushaltgeräten, Spiel-waren, Verpackungsmaterial, Formteilen für die Industrie
Poly-urethane (PUR)	Polyadditions-produkte von Poly-isocyanaten und Polyhydroxylverbin-dungen	Herstellung von Schaumstoffen, Gieß-harzen, Kunstleder, Klebstoffen, Lacken

Heizgase und Synthesegase

Gase, die auf Grund ihrer Zusammensetzung als Ausgangsstoffe für chemisch-technische Synthesen oder zur Erzeugung von Wärmeenergie genutzt werden können.

Name	Volumenanteile	Verwendung
Braunkohlen-kokereigas	etwa 35% Wasserstoff, etwa 20% Kohlenmonoxid, etwa 15% Methan, etwa 18% Kohlendioxid, etwa 11% Stickstoff	Stadtgas, Industriegas
Mischgas	etwa 38% Wasserstoff, etwa 18% Kohlenmonoxid, etwa 10% Methan, etwa 30% Kohlendioxid	Industriegas
Steinkohlen-kokereigas	etwa 50% Wasserstoff, etwa 30% Methan, etwa 10% Kohlenmonoxid	Stadtgas, Industriegas
Erdgas	bis zu 95% Methan	Industriegas, Stadtgas

Kraftstoffe

Brennbare Stoffe, die zum Betrieb von Verbrennungsmotoren verwendbar sind.

Name	Zusammensetzung	Verwendung
Diesel-kraftstoff	Gemisch aus Alkanen und ringförmigen Kohlenwasserstoffen des Siedebereichs 190 ··· 345 °C	Kraftstoff für Dieselmotoren
Vergaser-kraftstoff	Gemisch aus Alkanen (Pentan bis Dodecan), ringförmigen Kohlenwasserstoffen und Antiklopfmitteln	Kraftstoff für Ottomotoren

8.5. Chemische Industrie

Stellung der chemischen Industrie in der Volkswirtschaft der DDR

Wirtschaftsbereiche	Industriebereiche	Industriezweige
Industrie	Energie- und Brennstoffindustrie	Kali- und Steinsalzindustrie
Bauwirtschaft	Chemische Industrie	Erdöl-, Erdgas- und Kohlenwertstoffindustrie
Handwerk	Metallurgie	Anorganische und organische Grundchemie
Land- und Forstwirtschaft	Baumaterialienindustrie	Pharmazeutische Industrie
Verkehr, Post- und Fernmeldewesen	Wasserwirtschaft	Plastindustrie
Binnenhandel	Maschinen- und Fahrzeugbau	Gummi- und Asbestindustrie
Außenwirtschaft	Elektrotechnik/ Elektronik/ Gerätebau	Chemiefaserindustrie
	Leichtindustrie (ohne Textilindustrie)	Industrie chemischer und chemisch-technischer Spezialerzeugnisse
	Textilindustrie	Chemieanlagenbau
	Lebensmittelindustrie	

 **8/5**

Industrielle Warenproduktion, Beschäftigte und Betriebe der Industriebereiche der DDR 1985[1]

Industriebereich	Waren- produk- tion in Mio. M effektive Preise	Arbeiter und An- gestellte (ohne Lehr- linge)	Anzahl der Be- triebe
Energie- und Brennstoffindustrie	63 894	225 300	49
Chemische Industrie	**103 565**	**343 734**	**260**
Metallurgie	49 384	139 295	43
Baumaterialienindustrie	10 280	94 492	145
Wasserwirtschaft	3 087	24 735	16
Maschinen- und Fahrzeugbau	99 167	973 283	1 193
Elektrotechnik/Elektronik/Gerätebau	44 411	466 858	315
Leichtindustrie (ohne Textilindustrie)	49 902	495 363	774
Textilindustrie	30 517	221 188	174
Lebensmittelindustrie	70 636	277 604	557
Zusammen	**524 844**	**3 261 852**	**3 526**

[1] Zahlenangaben nach dem Statistischen Jahrbuch der DDR 1986

Chemische Industrie der DDR

Strukturbestimmender Industriebereich der DDR, der durch chemisch-technische Verfahren Werkstoffe, Hilfsstoffe, Energieträger und andere Erzeugnisse für alle Wirtschaftsbereiche sowie für den unmittelbaren Bevölkerungsbedarf erzeugt.

Leitung: Ministerium für chemische Industrie, Sitz Berlin.
Struktur: Kombinate.

Anteil der Bezirke an der Bruttoproduktion der chemischen Industrie der DDR 1984

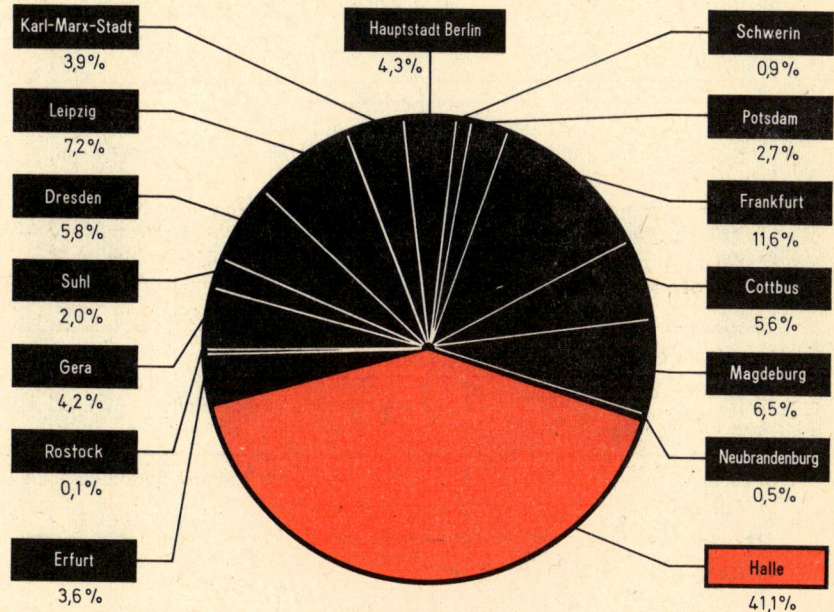

| Karl-Marx-Stadt | Hauptstadt Berlin | Schwerin |
| 3,9% | 4,3% | 0,9% |

Leipzig 7,2%

Dresden 5,8%

Suhl 2,0%

Gera 4,2%

Rostock 0,1%

Erfurt 3,6%

Potsdam 2,7%

Frankfurt 11,6%

Cottbus 5,6%

Magdeburg 6,5%

Neubrandenburg 0,5%

Halle 41,1%

Kombinat

Leistungsfähige Wirtschaftsform, in dem ein Rohstoff komplex zur Erzeugung verschiedener Produkte ausgenutzt wird, oder in dem verschiedene Teilbetriebe mit ähnlichen technischen Verfahren zusammengefaßt sind.

Durch Kombinatsbildung werden rationelle Ausnutzung der Rohstoffe, Kontinuität des Produktionsprozesses, bessere Koordinierung der Produktion und Senkung der Kosten durch Konzentration der Produktion erreicht.

Kombinate der chemischen Industrie

Kombinat	Hauptprodukte
VEB Chemiekombinat Bitterfeld	Aluminium, Chemikalien, Düngemittel, Pflanzenschutz- und Schädlingsbekämpfungsmittel, Farbstoffe, Textil- und Lederhilfsmittel, Wasch- und Reinigungsmittel, PVC, pharmazeutische Produkte
VEB Kombinat Agrochemie Piesteritz	Phosphat- und Stickstoffdüngemittel, Futterharnstoff, Pflanzenschutz- und Schädlingsbekämpfungsmittel, Wirkstoffe, Chemikalien

Kombinat	Hauptprodukte
VEB Chemiefaser-kombinat Schwarza „Wilhelm Pieck"	Chemiefaserstoffe
VEB Petrolchemisches Kombinat Schwedt	Kraftstoffe, Schmierstoffe, Heizöle, Paraffine, Montanwachs, Bitumen, Petrolchemikalien, Bioeiweiß
VEB Kombinat Plast- und Elast-verarbeitung Berlin	Plast- und Elasterzeugnisse für alle Industriebereiche, Fördergurte, Schichtpreßstoffe, Schläuche
VEB Pharmazeutisches Kombinat GERMED, Dresden	Pharmaka, Seren, Impfstoffe und Diagnostika, pharmazeutische Wirkstoffe, Drogen, Labor- und Feinchemikalien, Verbandstoffe
VEB Kombinat Lacke und Farben Berlin	Farben, Lacke, Anstrichmittel, Spezialprodukte für Korrosionsschutz
VEB Filmfabrik Wolfen, Fotochemisches Kombinat	Filme, Fotopapiere, Fotochemikalien, Chemiefaser-stoffe
VEB Kosmetik-Kombinat Berlin	Kosmetika, Parfüme, Riechstoffe, Badezusätze, Seifen, Mund- und Zahnpflegemittel, Aerosole
VEB Kombinat Haushaltchemie Genthin	Wasch- und Waschhilfsmittel, Kitte, Leime, Wachse, Paraffine, Kerzen, Leder- und Textilhilfsmittel
VEB Leuna-Werke „Walter Ulbricht"	Stickstoffprodukte, Kraftstoffe, Lösungsmittel, Plaste, Vor- und Hilfsprodukte für Plaste und Chemiefaserstoffe, Waschmittel und Textilhilfsmittel, Klebstoffe, Katalysatoren, Chemikalien
Kombinat VEB Chemische Werke Buna, Schkopau	Synthesekautschuk, PVC, Lösungsmittel, Weichmacher, Textilhilfsmittel, Leime, Katalysatoren
VEB Reifenkombinat Fürstenwalde	Fahrzeugbereifung
VEB Synthesewerk Schwarzheide	Polyurethane, Herbizide und andere Agro-chemikalien

Kombinat	Hauptprodukte
VEB Chemieanlagenbau-kombinat Leipzig–Grimma	Anlagen zum Aufbereiten und Bearbeiten von Erdöl und Erdgas, zum Gewinnen technischer Gase, für die Plast-, Chemiefaser- und Düngemittelerzeugung, für Zuckerfabriken und Sodaerzeugung
VEB Kombinat Minol Berlin	Kraftstoffvertrieb

Rat für Gegenseitige Wirtschaftshilfe (RGW)

1949 gegründete internationale Organisation sozialistischer Staaten für die wirtschaftliche und wissenschaftlich-technische Zusammenarbeit. Aufgaben des RGW auf dem Gebiete der Chemie und der chemischen Industrie:
– Koordinierung der Volkswirtschaftspläne zur Spezialisierung und Kooperation der Produktion;
– Koordinierung der Investitionspläne und gemeinsame Investitionen;
– Koordinierung der Forschungs- und Entwicklungsarbeiten; Austausch von Konstruktions- und Projektierungsunterlagen;
– langfristige Planung gegenseitiger Warenlieferungen.
1971 Beschluß des Komplexprogramms der sozialistischen ökonomischen Integration.

Internationale Wirtschaftsorganisationen der chemischen Industrie im RGW

Fachorgane für die Organisation der mehrseitigen wirtschaftlichen und wissenschaftlich-technischen Zusammenarbeit im Industriebereich „Chemische Industrie" und den zugehörigen Industriezweigen.

Ständige Kommission für chemische Industrie: Fachorgan für den Industriebereich, gegründet 1956; nimmt zu Fragen der Zusammenarbeit Empfehlungen an die Mitgliedsländer an und arbeitet Vorschläge für ihre praktische Durchführung aus.

Interchim: Industriezweigorganisation für die Zusammenarbeit auf dem Gebiet kleintonnagiger chemischer Erzeugnisse; gegründet 1969; organisiert die Zusammenarbeit bei der Produktion synthetischer Farbstoffe, Pflanzenschutz- und Schädlingsbekämpfungsmittel, Hilfsstoffe für die Elast-, Plast-, Textil-, Chemiefaser-, Leder-, Zellstoff- und Papierindustrie; Mitglieder: VR Bulgarien, Ungarische VR, DDR, VR Polen, SR Rumänien, UdSSR, ČSSR, SFR Jugoslawien.

Assofoto: Industriezweigorganisation für die Zusammenarbeit auf dem Gebiet Foto- und Aufzeichnungsmaterialien; gegründet 1973; Mitglieder: UdSSR, DDR.

Domochim: bilaterale Industriezweigorganisation für die Zusammenarbeit auf dem Gebiet der Haushaltchemie; gegründet 1974; Mitglieder: UdSSR, DDR.

Interchimwolokno (Interchemiefaser): Industriezweigorganisation für die Zusammenarbeit auf dem Gebiet der Chemiefaserproduktion; Mitglieder: UdSSR, SR Rumänien, VR Polen, DDR.

Olefinproduktion: bilateraler Vertrag (1971) über die Erzeugung, den Transport und die Weiterverarbeitung von Alkenen (Olefinen) zwischen der DDR (Böhlen) und der ČSSR (Litvinov, Neratovice).
Analoge Vorhaben wurden zwischen der UdSSR und der Ungarischen VR sowie zwischen der SR Rumänien und der SFR Jugoslawien realisiert.

Erdöl- und Erdgastransitleitungen in den europäischen Mitgliedsländern des RGW

Erdöl- und Produktenleitungen der chemischen Industrie der DDR

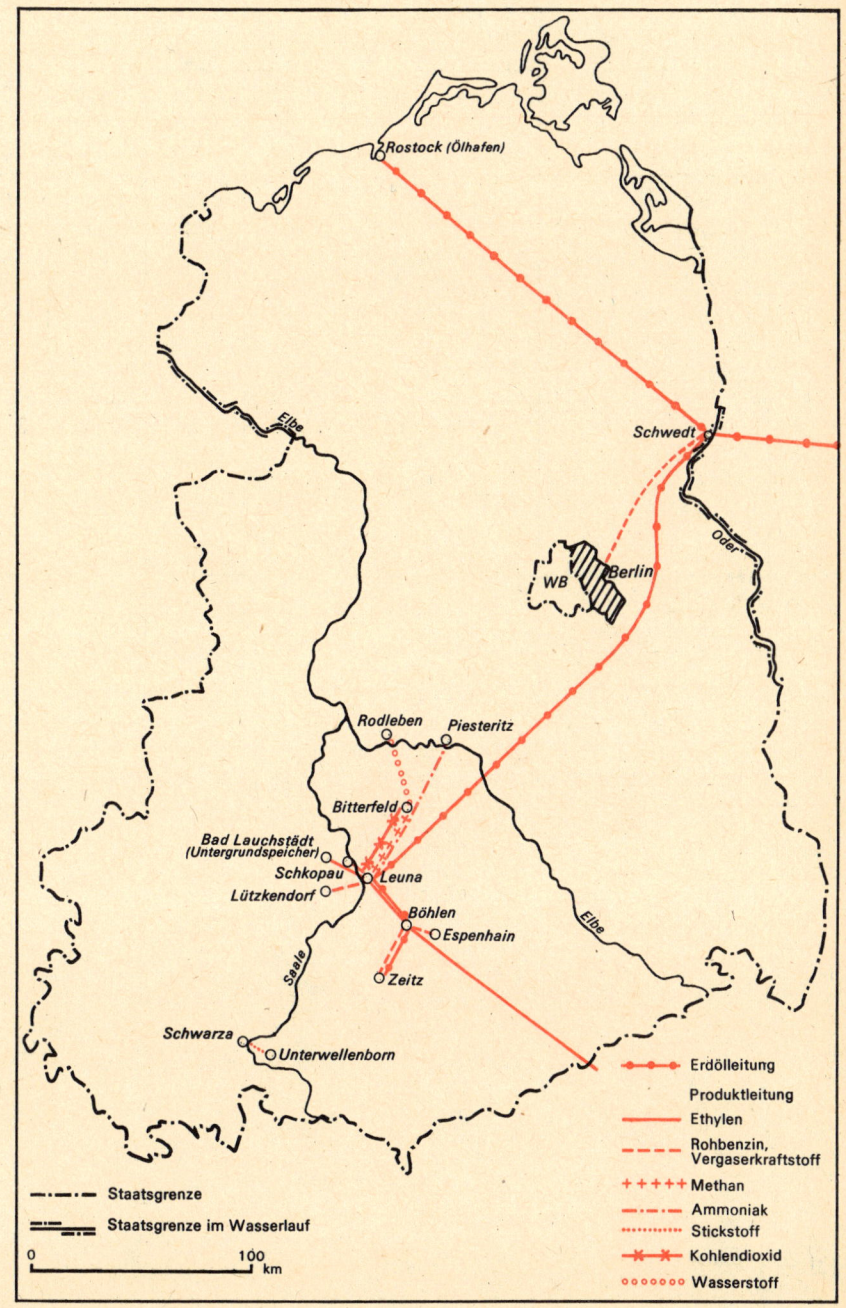

Rostock (Ölhafen)

Elbe

Schwedt

Oder

WB Berlin

Rodleben   Piesteritz

Bitterfeld

Bad Lauchstädt
(Untergrundspeicher)
Schkopau   Leuna
Lützkendorf

Böhlen
Espenhain

Zeitz

Saale

Elbe

Schwarza
Unterwellenborn

	Erdölleitung
	Produktleitung
	Ethylen
	Rohbenzin, Vergaserkraftstoff
+++++	Methan
	Ammoniak
....	Stickstoff
×—×—×	Kohlendioxid
ooooo	Wasserstoff

Staatsgrenze

Staatsgrenze im Wasserlauf

0 _____ 100 km

Produktion ausgewählter Erzeugnisse der chemischen Industrie der DDR[1]

Erzeugnis	Einheit	1950	1960	1970	1980
Vergaserkraftstoff	1 000 t	486	1 080	2 236	3 333
Dieselkraftstoff	1 000 t	446	1 289	3 619	6 119
Schmieröle	1 000 t	124	218	352	414
Steinsalz	1 000 t	983	1 785	2 131	3 076
Schwefelsäure	1 000 t H_2SO_4	300	730	1 099	958
Natriumhydroxid	1 000 t $NaOH$	150	327	413	626
Soda	1 000 t Na_2CO_3	103	594	676	866
Chlorwasser-stoffsäure	1 000 t HCl	56	75	78	106
Calciumcarbid	1 000 t	606	923	1 248	1 199
Kalidüngemittel	1 000 t K_2O	1 336	1 666	2 420	3 422
Stickstoffdünge-mittel	1 000 t N	231	334	395	943
Phosphatdünge-mittel	1 000 t P_2O_5	25	166	430	370
Plaste	1 000 t		115	370	861
Chemiefaserstoffe auf Cellulosebasis	1 000 t	78	111	115	123
Chemiefaserstoffe, vollsynthetisch	1 000 t	0,7	8	47	139

[1] Zahlenangaben nach dem Statistischen Jahrbuch der DDR 1981, gerundet

Wichtige Forschungen und Entdeckungen auf dem Gebiet der Chemie

1662 Entdeckung des Zusammenhangs zwischen Luftvolumen und Änderung des Druckes durch den englischen Chemiker Robert Boyle (1627 bis 1691); 1679 durch den französischen Chemiker Edme Moriotte (1620 bis 1684) exakt formuliert: $p \cdot V = $ const. (Boyle-Mariottesches Gesetz).

1748 Entdeckung des Gesetzes von der Erhaltung der Masse durch den russischen Wissenschaftler Michail Wassiliewitsch Lomonossow (1711 bis 1765).

↗ Gesetz von der Erhaltung der Masse S. 65

1772 Entdeckung des Sauerstoffs durch den deutschen Chemiker Carl Wilhelm Scheele (1742 bis 1786) und 1774 durch den englischen Chemiker Joseph Priestley (1733 bis 1804).

1777 Erklärung des Verbrennungsvorgangs durch den französischen Chemiker Antoine Laurent Lavoisier (1743 bis 1794) als Reaktion mit Sauerstoff.

↗ Oxydation S. 81

1785 Endgültige Formulierung des Gesetzes von der Erhaltung der Masse durch den französischen Chemiker Antoine Laurent Lavoisier (1743 bis 1794).

↗ Gesetz von der Erhaltung der Masse S. 65

1798 Feststellung der Übereinstimmung der elektrochemischen Spannungsreihe der Metalle (Volta 1793) mit der Oxydationsreihe der Metalle durch den deutschen Chemiker Johann Wilhelm Ritter (1776 bis 1810).

1803 Aufstellung einer Atomhypothese durch den englischen Naturforscher John Dalton (1766 bis 1844), wonach jedes Element aus gleichen kleinsten Teilchen, den Atomen, aufgebaut ist.

1810 Formulierung des Gesetzes der konstanten Proportionen durch den französischen Chemiker Joseph Louis Proust (1754 bis 1826).

↗ Gesetz der konstanten Proportionen S. 65

 **A**

1811 Entdeckung des Zusammenhangs zwischen den Volumen aller Gase bei gleicher Temperatur und gleichem Druck und der Anzahl von Teilchen durch den italienischen Physiker Amadeo Avogadro (1776 bis 1856).

⤳ molares Volumen S. 116

1815 Vorschlag zur Einführung der heute gebräuchlichen chemischen Zeichensprache durch den schwedischen Chemiker Jöns Jakob Berzelius (1779 bis 1848).

⤳ chemische Zeichensprache S. 15

1824 Synthetische Herstellung der organischen Verbindung Oxalsäure durch den deutschen Chemiker Friedrich Wöhler (1800 bis 1882).

1825 Begründung des systematischen Laborunterrichts durch den deutschen Chemiker Justus von Liebig (1803 bis 1873) in Gießen.

1828 Synthetische Herstellung der organischen Verbindung Harnstoff aus einer anorganischen Verbindung durch den deutschen Chemiker Friedrich Wöhler (1800 bis 1882).

1829 Versuch einer Ordnung der chemischen Elemente in Triaden durch den deutschen Chemiker Johann Wolfgang Doebereiner (1780 bis 1849).

1834 Entdeckung der quantitativen Zusammenhänge zwischen dem Stoffumsatz und der Elektrizitätsmenge durch den englischen Naturforscher Michael Faraday (1791 bis 1867) und Formulierung der nach ihm benannten Gesetze. Einführung der Begriffe Elektrolyse, Katode, Anode, Kation, Anion.

⤳ Faradaysche Gesetze, S. 100

1835 Einführung des Begriffs Katalyse durch den schwedischen Chemiker Jöns Jakob Berzelius (1779 bis 1848).

um 1840 Grundlegende Erkenntnisse auf dem Gebiet der Pflanzenernährung und Bodenkunde durch den deutschen Chemiker Justus von Liebig (1803 bis 1873).

1840 Entdeckung des Gesetzes der konstanten Wärmesummen durch den russischen Chemiker Hermann Heinrich Hess (1802 bis 1850), wonach die Enthalpieänderung nur vom Ausgangs- und Endzustand abhängt.

⤳ Satz von Hess S. 79

1842 Aufstellung der homologen Reihen der Kohlenwasserstoffe durch den deutschen Chemiker Jakob Schiel.

1845 Synthetische Herstellung der Essigsäure durch den deutschen Chemiker Hermann Kolbe (1818 bis 1884).

1859 Einführung der Spektralanalyse durch den deutschen Chemiker Robert Wilhelm Bunsen (1811 bis 1899) und den deutschen Physiker Gustav Robert Kirchhoff (1824 bis 1887).

1861 Synthetische Herstellung von Zuckerarten durch den russischen Chemiker Alexander Michailowitsch Butlerow (1828 bis 1886).

1858 bis 1861 Entwicklung der Strukturlehre durch den deutschen Chemiker August Kekulé von Stradonitz (1829 bis 1896) und den englischen Chemiker Archibald Couper (1831 bis 1892); Aufklärung des Zusammenhangs zwischen Eigenschaften und Struktur organischer Verbindungen durch den russischen Chemiker Alexander Michailowitsch Butlerow (1828 bis 1886).

1864 Nachweis der Gleichwertigkeit der vier Valenzen des Kohlenstoffatoms durch den deutschen Chemiker Carl Schorlemmer (1834 bis 1892).

1865 Aufstellung einer Strukturformel des Benzens durch den deutschen Chemiker August Kekulé von Stradonitz (1829 bis 1896).

1867 Entdeckung des Massenwirkungsgesetzes durch den norwegischen Mathematiker Cato Maximilian Guldberg (1836 bis 1902) und den norwegischen Chemiker Peter Waage. Einführung des Begriffs Aktivierungsenergie.

   ↗ Massenwirkungsgesetz S. 73; Aktivierungsenergie S. 80

1869 Entdeckung des Gesetzes der Periodizität und Systematisierung der chemischen Elemente im Periodensystem durch den russischen Chemiker Dmitri Iwanowitsch Mendelejew (1834 bis 1907).

   ↗ Gesetz der Periodizität S. 57

1869 Systematisierung der chemischen Elemente auf der Grundlage ihrer relativen Atommassen durch den deutschen Chemiker Lothar Meyer (1830 bis 1895).

1883 Entdeckung der elektrischen Leitfähigkeit wäßriger Lösungen von Säuren und Basen durch den schwedischen Chemiker Svante Arrhenius (1859 bis 1927; Nobelpreis 1903).

1883 Entwicklung der Lehre von der Reaktionsgeschwindigkeit durch den niederländischen Chemiker Jacobus Henricus van't Hoff (1852 bis 1911; Nobelpreis 1901).

   ↗ Reaktionsgeschwindigkeit S. 71

1884 Formulierung der Abhängigkeit des chemischen Gleichgewichts von den Reaktionsbedingungen durch den französischen Physiker und Chemiker Henry Louis Le Chatelier (1850 bis 1936) in dem nach ihm benannten Prinzip.

   ↗ Prinzip von Le Chatelier S. 75

 **A**

1885 Erfindung des Gasglühlichts durch den österreichischen Chemiker Carl Auer von Welsbach (1858 bis 1929).

1887 Aufstellung einer Theorie über die Vorgänge bei der Dissoziation in wäßrigen Lösungen durch den schwedischen Chemiker Svante Arrhenius (1859 bis 1927; Nobelpreis 1903). Definition der Begriffe Säure, Base und Salz.

 ↗ Dissoziation S. 89; Säure S. 13; Base S. 13

1894 Entdeckung der Edelgase durch den englischen Chemiker William Ramsay
bis (1852 bis 1916; Nobelpreis 1904) und den englischen Physiker Lord John William
1898 Rayleigh (1842 bis 1919; Nobelpreis 1904).

1898 Entdeckung der Elemente Radium und Polonium durch das polnisch-französische Physikerehepaar Marie Curie (1867 bis 1934; Nobelpreis 1903 und 1911) und Pierre Curie (1859 bis 1906; Nobelpreis 1903).

um Entwicklung der Grundlagen des chemisch-technischen Verfahrens zur Schwefel-
1900 säureherstellung durch die deutschen Chemiker Clemens Winkler (1838 bis 1904) und Rudolf Knietsch (1854 bis 1906).

 ↗ Schwefelsäure-Kontaktverfahren S. 258

um Begründung der Komplexchemie durch den Schweizer Chemiker Alfred Werner
1900 (1866 bis 1919).

 ↗ Komplexverbindung S. 9

um Theoretische Klärung des Wesens der Katalyse durch den deutschen Physiko-
1900 chemiker Wilhelm Ostwald (1853 bis 1932; Nobelpreis 1909).

 ↗ Katalyse S. 75

1903 Synthetische Darstellung von Peptiden aus 2-Aminosäuren durch den deutschen
bis Chemiker Emil Fischer (1852 bis 1919; Nobelpreis 1902); Nachweis der 2-Amino-
1907 säuren als Grundbausteine der Eiweiße.

 ↗ 2-Aminosäuren S. 208

1902 Entwicklung der Grundlagen für die katalytische Fetthärtung durch den deutschen Chemiker Wilhelm Normann (1870 bis 1939).

1902 Entwicklung der Grundlagen für die technische Herstellung von Salpetersäure durch katalytische Oxydation von Ammoniak durch den deutschen Physikochemiker Wilhelm Ostwald (1853 bis 1932; Nobelpreis 1909).

1907 Technische Nutzung der Polykondensation von Phenol mit Methanal zur Herstellung von Phenoplasten durch den belgischen Chemiker Leo Hendrik Baekeland (1863 bis 1944).

 ↗ Herstellung von Phenoplasten S. 265

1909   Einführung des Begriffs pH-Wert durch Paul Lauritz Sörensen (1868 bis 1939).

     ↗ pH-Wert S. 91

um   Ausarbeitung der Grundlagen des chemisch-technischen Verfahrens zur Ammo-
1910   niaksynthese durch die deutschen Chemiker Fritz Haber (1868 bis 1934; Nobel-
        preis 1918) und Carl Bosch (1874 bis 1940; Nobelpreis 1931).

     ↗ Ammoniaksynthese S. 259

1911   Entwicklung des Planetenmodells vom Atom durch den englischen Physiker
        Ernest Rutherford (1871 bis 1937; Nobelpreis 1908).

1913   Technische Polymerisation von Monochlorethen (Vinylchlorid) zu Polyvinyl-
        chlorid durch den deutschen Chemiker Fritz Klatte (1880 bis 1934).

1913   Entwicklung des Bahnenmodells vom Atom durch den dänischen Physiker Niels
        Bohr (1885 bis 1962; Nobelpreis 1922); Vervollkommnung des Atommodells von
        Rutherford zum Rutherford-Bohrschen Atommodell.

1916   Ausarbeitung von Beiträgen zur Theorie der Ionenbeziehung und der Atom-
        bindung durch den deutschen Physikochemiker Walter Kossel (1888 bis 1956)
        und den amerikanischen Physikochemiker Gilbert Newton Lewis (1875 bis
        1946).

     ↗ Atombindung S. 42; Ionenbeziehung S. 47

um   Nachweis von ringförmigen Strukturen in Eiweißen durch den sowjetischen
1920   Chemiker Nikolai Dmitrijewitsch Selinski (1861 bis 1953).

1920   Wichtige Forschungen über den Atombau, die zu unserem heutigen Atommodell
bis   führten, durch den französischen Physiker Louis de Broglie (geb. 1892; Nobel-
1930   preis 1929), den österreichischen Physiker Erwin Schrödinger (1887 bis 1961;
        Nobelpreis 1933), die deutschen Physiker Max Born (1882 bis 1970; Nobelpreis
        1954) und Werner Heisenberg (1901 bis 1976; Nobelpreis 1932) sowie den eng-
        lischen Physiker Paul Adrien Maurice Dirac (geb. 1902; Nobelpreis 1933).

     ↗ Atommodell S. 27

1922   Nachweis der Zusammensetzung von Kautschuk und anderen natürlichen und
        synthetischen Werkstoffen als makromolekulare Stoffe durch den deutschen
        Chemiker Hermann Staudinger (1881 bis 1965; Nobelpreis 1953).

1923   Neue Definition der Begriffe Säure und Base durch den dänischen Chemiker
        Johann Nicolaus Brönsted (1879 bis 1947).

     ↗ Säure S. 13; Base S. 13

1932   Entdeckung des Neutrons durch den englischen Physiker James Chadwick (geb.
        1891; Nobelpreis 1935).

     ↗ Neutronen S. 31

 **A**

1939 Erklärung der chemischen Bindung mit Hilfe der Elektronegativitätstabelle durch den amerikanischen Chemiker Linus Pauling (geb. 1901; Nobelpreis 1954).

↗ Elektronegativitätswert S. 47

1939 Technische Herstellung des Chemiefaserstoffs Nylon auf Grund der Arbeiten des amerikanischen Chemikers Wallace Hume Carothers (1896 bis 1937).

1940 Technische Herstellung des Chemiefaserstoffs Perlon auf Grund der Arbeiten des deutschen Chemikers Paul Schlack.

↗ Polyamide S. 215

1951 Entwicklung eines Modells einer Polypeptidschraube durch den amerikanischen Chemiker Linus Pauling (geb. 1901; Nobelpreis 1954).

↗ Proteine, Sekundärstruktur S. 211

1953 Aufklärung der Struktur der Desoxyribonukleinsäure durch den amerikanischen Biologen James Dewey Watson (geb. 1928; Nobelpreis 1962) und den englischen Molekularbiologen Francis H. C. Crick (geb. 1916; Nobelpreis 1962).

um Erforschung des Mechanismus chemischer Reaktionen durch den sowjetischen
1954 Physikochemiker Nikolai Nikolajewitsch Semjonow (geb. 1896; Nobelpreis 1956) und den englischen Physikochemiker Cyril Norman Hinshelwood (1897 bis 1967; Nobelpreis 1956).

1957 Aufklärung der Primärstruktur des Insulins durch den englischen Biochemiker F. Sanger (geb. 1918; Nobelpreis 1958).

1958 Entdeckung des Mechanismus in der biologischen Synthese der Ribonukleinsäure und der Desoxyribonukleinsäure durch den amerikanischen Biochemiker Arthur Kornberg (geb. 1918; Nobelpreis 1959) und den spanischen Biochemiker Severo Ochoa (geb. 1905; Nobelpreis 1959).

Elektronenkonfiguration der Atome im Grundzustand

Kernladungszahl	Name	Symbol	1s	2s 2p	3s 3p 3d	4s 4p 4d 4f	5s 5p 5d 5f	6s 6p 6d	7s
Periode 1	Wasserstoff	H	1						
1 2	Helium	He	2						
Periode 3	Lithium	Li	2	1					
2 4	Beryllium	Be	2	2					
5	Bor	B	2	2 1					
6	Kohlenstoff	C	2	2 2					
7	Stickstoff	N	2	2 3					
8	Sauerstoff	O	2	2 4					
9	Fluor	F	2	2 5					
10	Neon	Ne	2	2 6					
Periode 11	Natrium	Na	2	2 6	1				
3 12	Magnesium	Mg	2	2 6	2				
13	Aluminium	Al	2	2 6	2 1				
14	Silicium	Si	2	2 6	2 2				
15	Phosphor	P	2	2 6	2 3				
16	Schwefel	S	2	2 6	2 4				
17	Chlor	Cl	2	2 6	2 5				
18	Argon	Ar	2	2 6	2 6				
Periode 19	Kalium	K	2	2 6	2 6	1			
4 20	Calcium	Ca	2	2 6	2 6	2			
21	Scandium	Sc	2	2 6	2 6 1	2			
22	Titanium	Ti	2	2 6	2 6 2	2			
23	Vanadium	V	2	2 6	2 6 3	2			
24	Chromium	Cr	2	2 6	2 6 5	1			
25	Mangan	Mn	2	2 6	2 6 5	2			
26	Eisen	Fe	2	2 6	2 6 6	2			
27	Cobalt	Co	2	2 6	2 6 7	2			
28	Nickel	Ni	2	2 6	2 6 8	2			
29	Kupfer	Cu	2	2 6	2 6 10	1			
30	Zink	Zn	2	2 6	2 6 10	2			
31	Gallium	Ga	2	2 6	2 6 10	2 1			
32	Germanium	Ge	2	2 6	2 6 10	2 2			
33	Arsen	As	2	2 6	2 6 10	2 3			
34	Selen	Se	2	2 6	2 6 10	2 4			
35	Brom	Br	2	2 6	2 6 10	2 5			
36	Krypton	Kr	2	2 6	2 6 10	2 6			
Periode 37	Rubidium	Rb	2	2 6	2 6 10	2 6	1		
5 38	Strontium	Sr	2	2 6	2 6 10	2 6	2		
39	Yttrium	Y	2	2 6	2 6 10	2 6 1	2		
40	Zirconium	Zr	2	2 6	2 6 10	2 6 2	2		
41	Niobium	Nb	2	2 6	2 6 10	2 6 4	1		
42	Molybdän	Mo	2	2 6	2 6 10	2 6 5	1		
43	Technetium	Tc	2	2 6	2 6 10	2 6 5	2*		
44	Ruthenium	Ru	2	2 6	2 6 10	2 6 7	1		
45	Rhodium	Rh	2	2 6	2 6 10	2 6 8	1		
46	Palladium	Pd	2	2 6	2 6 10	2 6 10			
47	Silber	Ag	2	2 6	2 6 10	2 6 10	1		
48	Cadmium	Cd	2	2 6	2 6 10	2 6 10	2		
49	Indium	In	2	2 6	2 6 10	2 6 10	2 1		
50	Zinn	Sn	2	2 6	2 6 10	2 6 10	2 2		
51	Antimon	Sb	2	2 6	2 6 10	2 6 10	2 3		
52	Tellur	Te	2	2 6	2 6 10	2 6 10	2 4		
53	Iod	I	2	2 6	2 6 10	2 6 10	2 5		
54	Xenon	Xe	2	2 6	2 6 10	2 6 10	2 6		

* Elektronenkonfiguration der Atome nicht gesichert

 **A**

Kern-ladungs-zahl	Name	Symbol	1s	2s 2p	3s 3p 3d	4s 4p 4d 4f	5s 5p 5d 5f	6s 6p 6d	7s
Periode 55	Caesium	Cs	2	2 6	2 6 10	2 6 10	2 6	1	
6 56	Barium	Ba	2	2 6	2 6 10	2 6 10	2 6	2	
57	Lanthan	La	2	2 6	2 6 10	2 6 10	2 6 1	2	
58	Cerium	Ce	2	2 6	2 6 10	2 6 10 1	2 6 1	2*	
59	Praseodymium	Pr	2	2 6	2 6 10	2 6 10 3	2 6	2	
60	Neodymium	Nd	2	2 6	2 6 10	2 6 10 4	2 6	2	
61	Promethium	Pm	2	2 6	2 6 10	2 6 10 5	2 6	2*	
62	Samarium	Sm	2	2 6	2 6 10	2 6 10 6	2 6	2	
63	Europium	Eu	2	2 6	2 6 10	2 6 10 7	2 6	2	
64	Gadolinium	Gd	2	2 6	2 6 10	2 6 10 7	2 6 1	2	
65	Terbium	Tb	2	2 6	2 6 10	2 6 10 9	2 6	2	
66	Dysprosium	Dy	2	2 6	2 6 10	2 6 10 10	2 6	2	
67	Holmium	Ho	2	2 6	2 6 10	2 6 10 11	2 6	2	
68	Erbium	Er	2	2 6	2 6 10	2 6 10 12	2 6	2	
69	Thulium	Tm	2	2 6	2 6 10	2 6 10 13	2 6	2	
70	Ytterbium	Yb	2	2 6	2 6 10	2 6 10 14	2 6	2	
71	Lutetium	Lu	2	2 6	2 6 10	2 6 10 14	2 6 1	2	
72	Hafnium	Hf	2	2 6	2 6 10	2 6 10 14	2 6 2	2	
73	Tantal	Ta	2	2 6	2 6 10	2 6 10 14	2 6 3	2	
74	Wolfram	W	2	2 6	2 6 10	2 6 10 14	2 6 4	2	
75	Rhenium	Re	2	2 6	2 6 10	2 6 10 14	2 6 5	2	
76	Osmium	Os	2	2 6	2 6 10	2 6 10 14	2 6 6	2	
77	Iridium	Ir	2	2 6	2 6 10	2 6 10 14	2 6 7	2	
78	Platin	Pt	2	2 6	2 6 10	2 6 10 14	2 6 9	1*	
79	Gold	Au	2	2 6	2 6 10	2 6 10 14	2 6 10	1	
80	Quecksilber	Hg	2	2 6	2 6 10	2 6 10 14	2 6 10	2	
81	Thallium	Tl	2	2 6	2 6 10	2 6 10 14	2 6 10	2 1	
82	Blei	Pb	2	2 6	2 6 10	2 6 10 14	2 6 10	2 2	
83	Bismut	Bi	2	2 6	2 6 10	2 6 10 14	2 6 10	2 3	
84	Polonium	Po	2	2 6	2 6 10	2 6 10 14	2 6 10	2 4	
85	Astat	At	2	2 6	2 6 10	2 6 10 14	2 6 10	2 5	
86	Radon	Rn	2	2 6	2 6 10	2 6 10 14	2 6 10	2 6	
Periode 87	Francium	Fr	2	2 6	2 6 10	2 6 10 14	2 6 10	2 6	1
7 88	Radium	Ra	2	2 6	2 6 10	2 6 10 14	2 6 10	2 6	2
89	Actinium	Ac	2	2 6	2 6 10	2 6 10 14	2 6 10	2 6 1	2
90	Thorium	Th	2	2 6	2 6 10	2 6 10 14	2 6 10	2 6 2	2*
91	Protactinium	Pa	2	2 6	2 6 10	2 6 10 14	2 6 10 2	2 6 1	2*
92	Uranium	U	2	2 6	2 6 10	2 6 10 14	2 6 10 3	2 6 1	2*
93	Neptunium	Np	2	2 6	2 6 10	2 6 10 14	2 6 10 4	2 6 1	2*
94	Plutonium	Pu	2	2 6	2 6 10	2 6 10 14	2 6 10 6	2 6	2*
95	Americium	Am	2	2 6	2 6 10	2 6 10 14	2 6 10 7	2 6	2*
96	Curium	Cm	2	2 6	2 6 10	2 6 10 14	2 6 10 7	2 6 1	2*
97	Berkelium	Bk	2	2 6	2 6 10	2 6 10 14	2 6 10 9	2 6	2*
98	Californium	Cf	2	2 6	2 6 10	2 6 10 14	2 6 10 10	2 6	2*
99	Einsteinium	Es	2	2 6	2 6 10	2 6 10 14	2 6 10 11	2 6	2*
100	Fermium	Fm	2	2 6	2 6 10	2 6 10 14	2 6 10 12	2 6	2*
101	Mendelevium	Md	2	2 6	2 6 10	2 6 10 14	2 6 10 13	2 6	2*
102	Nobelium	No	2	2 6	2 6 10	2 6 10 14	2 6 10 14	2 6	2*
103	Lawrencium	Lr	2	2 6	2 6 10	2 6 10 14	2 6 10 14	2 6 1	2*
104	Kurtschatovium	Ku	2	2 6	2 6 10	2 6 10 14	2 6 10 14	2 6 2	2*
105	Nielsbohrium	Ns	2	2 6	2 6 10	2 6 10 14	2 6 10 14	2 6 3	2*

* Elektronenkonfiguration der Atome nicht gesichert

 **R**

 **R**

 **R**

 **R**

➡ R

 **R**

In der Wissensspeicher-Reihe des Verlages erschienen weiterhin:

Wissensspeicher Physik

336 Seiten mit 375 Abbildungen, Pappband zellophaniert
DDR 11,20 M, Ausland 16,80 DM
Bestell-Nr. 707 799 6, Kurzwort: 02 17 08 Wissenssp. Phys.
ISBN 3-06-021708-4

Wissensspeicher Biologie

416 Seiten mit 500 Abbildungen, Pappband zellophaniert
DDR 12,80 M, Ausland 17,90 DM
Bestell-Nr. 707 055 9, Kurzwort: 01 17 12 Wissenssp. Biologie
ISBN 3-06-011712-8

Wissensspeicher Mathematik

216 Seiten mit 250 Abbildungen, Pappband zellophaniert
DDR 6,00 M, Ausland 10,50 DM
Bestell-Nr. 706 975 0, Kurzwort: 00 17 13 Wissenssp. Mathe.
ISBN 3-06-001713-1

Volk und Wissen Volkseigener Verlag Berlin

Wissensspeicher Größen · Einheiten

272 Seiten mit 17 Abbildungen, Pappband zellophaniert
DDR 7,50 M, Ausland 14,90 DM
Bestell-Nr. 707 542 1, Kurzwort: 02 17 07 Wissenssp. Groessen
ISBN 3-06-021707-6

Wissensspeicher Formeln · Werte

192 Seiten mit 161 Abbildungen, Pappband zellophaniert
DDR 5,80 M, Ausland 12,80 DM
Bestell-Nr. 707 438 1, Kurzwort: 00 17 19 Formeln und Werte
ISBN 3-06-001719-0

Wissensspeicher Astronomie

192 Seiten mit 150 Abbildungen, Pappband zellophaniert
DDR 7,10 M, Ausland 18,90 DM
Bestell-Nr. 709 206 1, Kurzwort: 08 17 02 Wissenssp. Astronom
ISBN 3-06-081702-2

Wissensspeicher BASIC

304 Seiten mit 250 Abbildungen, Pappband zellophaniert
DDR 14,50 M, Ausland 17,60 DM
Bestell-Nr. 709 183 5, Kurzwort: 06 17 15 Wissenssp. BASIC
ISBN 3-06-061715-5

Volk und Wissen Volkseigener Verlag Berlin

Periodensystem der Elemente (Langperiodensystem)

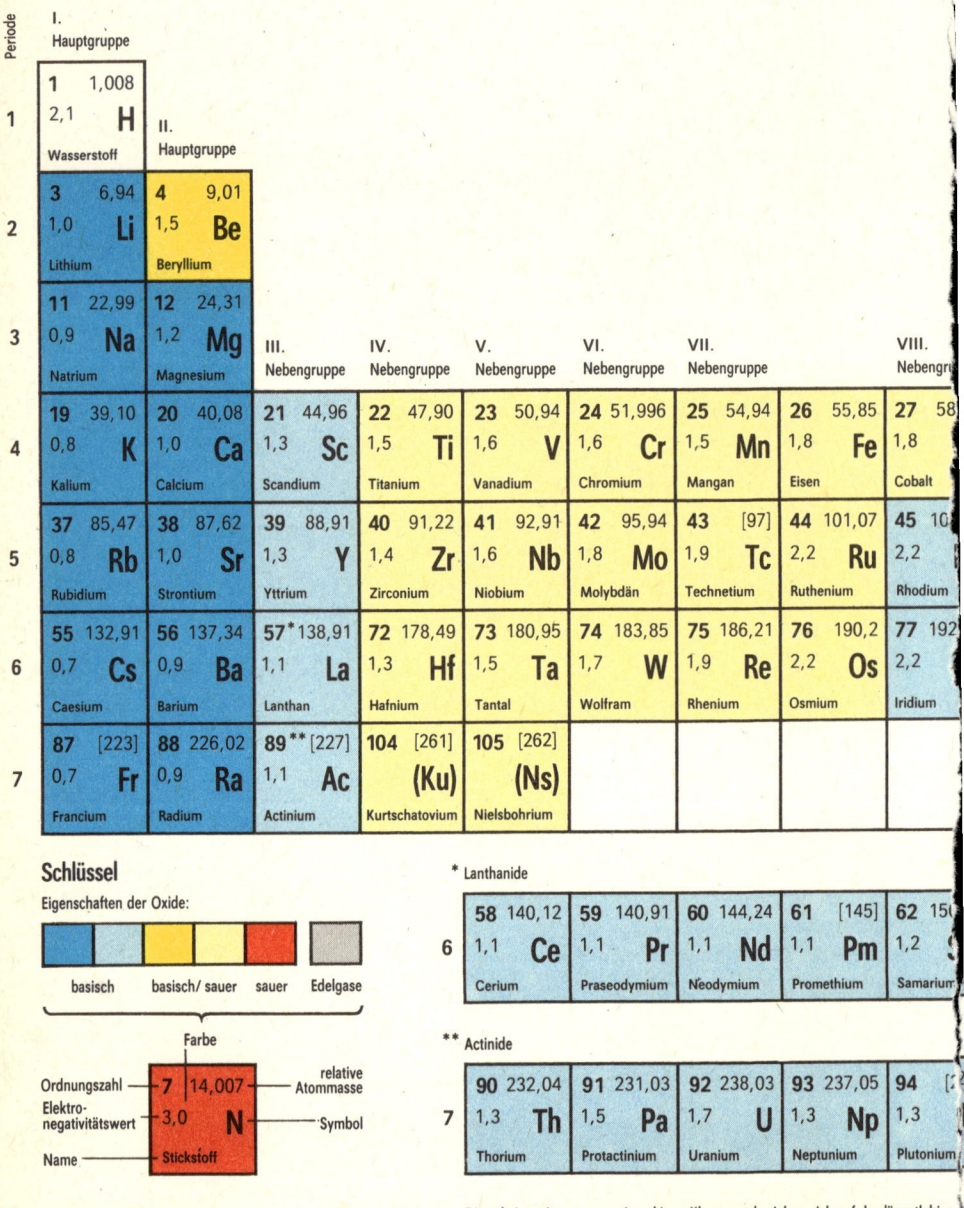

Periode

I. Hauptgruppe	II. Hauptgruppe	III. Nebengruppe	IV. Nebengruppe	V. Nebengruppe	VI. Nebengruppe	VII. Nebengruppe			VIII. Nebengr
1 1,008 2,1 **H** Wasserstoff									
3 6,94 1,0 **Li** Lithium	**4** 9,01 1,5 **Be** Beryllium								
11 22,99 0,9 **Na** Natrium	**12** 24,31 1,2 **Mg** Magnesium								
19 39,10 0,8 **K** Kalium	**20** 40,08 1,0 **Ca** Calcium	**21** 44,96 1,3 **Sc** Scandium	**22** 47,90 1,5 **Ti** Titanium	**23** 50,94 1,6 **V** Vanadium	**24** 51,996 1,6 **Cr** Chromium	**25** 54,94 1,5 **Mn** Mangan	**26** 55,85 1,8 **Fe** Eisen	**27** 58 1,8 Cobalt	
37 85,47 0,8 **Rb** Rubidium	**38** 87,62 1,0 **Sr** Strontium	**39** 88,91 1,3 **Y** Yttrium	**40** 91,22 1,4 **Zr** Zirconium	**41** 92,91 1,6 **Nb** Niobium	**42** 95,94 1,8 **Mo** Molybdän	**43** [97] 1,9 **Tc** Technetium	**44** 101,07 2,2 **Ru** Ruthenium	**45** 10 2,2 Rhodium	
55 132,91 0,7 **Cs** Caesium	**56** 137,34 0,9 **Ba** Barium	**57*** 138,91 1,1 **La** Lanthan	**72** 178,49 1,3 **Hf** Hafnium	**73** 180,95 1,5 **Ta** Tantal	**74** 183,85 1,7 **W** Wolfram	**75** 186,21 1,9 **Re** Rhenium	**76** 190,2 2,2 **Os** Osmium	**77** 192 2,2 Iridium	
87 [223] 0,7 **Fr** Francium	**88** 226,02 0,9 **Ra** Radium	**89*** * [227] 1,1 **Ac** Actinium	**104** [261] **(Ku)** Kurtschatovium	**105** [262] **(Ns)** Nielsbohrium					

Schlüssel

Eigenschaften der Oxide:

basisch   basisch/ sauer   sauer   Edelgase

Farbe

Ordnungszahl — **7** | 14,007 — relative Atommasse
Elektronegativitätswert — 3,0 **N** — Symbol
Name — Stickstoff

*** Lanthanide**

6	**58** 140,12 1,1 **Ce** Cerium	**59** 140,91 1,1 **Pr** Praseodymium	**60** 144,24 1,1 **Nd** Neodymium	**61** [145] 1,1 **Pm** Promethium	**62** 15 1,2 Samarium

**** Actinide**

7	**90** 232,04 1,3 **Th** Thorium	**91** 231,03 1,5 **Pa** Protactinium	**92** 238,03 1,7 **U** Uranium	**93** 237,05 1,3 **Np** Neptunium	**94** [1,3 Plutonium

Die relativen Atommassen in eckigen Klammern beziehen sich auf das längstlebige